인격-자아를 향한 여정과 분열성의 문제에 대한 탐험

짧게 쓴
정신분석의 역사

| Harry Guntrip 저 · 정승아 역 |

Psychoanalytic Theory, Therapy, and the Self

A basic guide to the human personality in Freud, Erikson, Klein,
Sullivan, Fairbairn, Hartmann, Jacobson, & Winnicott

학지사

Psychoanalytic Theory, Therapy, and the Self
‐ A basic guide to the human personality in Freud, Erikson, Klein,
Sullivan, Fairbairn, Hartmann, Jacobson, & Winnicott
by Harry Guntrip

역자 서문

정신분석학은 그 탄생과 전개과정에 있어서 다른 학문과 비교해 볼 때 독특한 점이 있다. 정신분석학은 단 한 사람에 의해 시작되었고 그에 의해 이론의 기본적인 뼈대가 완성되었으며, 심지어 그 자신이 이론을 다양한 영역에 응용해 보는 모범까지 보였다는 점이다. 그 사람은 프로이트Freud(1856~1939)이며 그의 사후에 정신분석학은 다양한 관점과 깊이에서 수정되고 확장되고 때로는 갈라져 나가고 합쳐지면서 오늘에 이르렀다.

이 책은 그러한 정신분석학의 발전과정에 있었던 기념비적 인물들 중의 한 명으로 간주될 수 있는 해리 건트립Harry Guntrip(1901~1975)이 직접 그 전개과정을 자신만의 관점으로 역사적인 시각에서 조망하고 있다는 점에서 의의를 갖는다. 저자는 프로이트로부터 시작되어 자아심리학과 대상관계 이론으로 발전하는 과정에 서 있었던 주요 이론가들인 클라인과 하르트만 그리고 에릭슨, 페어베언, 위니컷, 설리반, 제이콥슨의 이론들을 소개한다. 단순히 그들의 이론을 기계적으로 인용하며 설명하는 것이 이 책의 목적은 아니다. 건트립 자신의 관점에서 그 이론들이 지니고 있는 태생적 한계와 공헌점을 포함하여 그 역사적 의미를 객관적인 입장에서 전달하려고 노력했다는 느낌을 받는다. 저자가 페어베언과 위니컷에게서 분석을 받았고 그들의 영향을 가장 많이 받았다는 점에서, 그가 취하려는 객관적인 태도 역시 어느 쪽으론가 치우치지 않을 수는 없었을 것이다. 따라서 이 책은 대상관계 이론의 입장에서 바라본 정신분석의 긴 역사를 스케치하듯 묘사하고 있다고도 말할 수 있을 것이다.

저자는 서문에서 이 책이 "더 두꺼운 책을 공부할 여력이 없는 학생들에게 유용하기를 바란다."라고 쓰고 있지만, 정신분석학에서 사용되는 개념들에 대한 기본적인 이해가 없는 독자가 입문용으로 쉽게 읽을 만한 책은 아니다. 독자가 이미 알고 있을 것으로 전제하고 저자가 생략한 분량 덕분에 그만큼 책이 얇아진 것이기 때문이다. 그러므로 이 책은 정신분석에 대해 어느 정도 기초지식을 갖춘 독자가 거시적인 입장에서 정신분석의 주요 이론가들의 출현과 그 전개과정의 역사적 의미를 음미해 보려는 목적으로 접근할 때 더 큰 만족을 줄 것이다.

프로이트를 포함하여 정신분석가들의 글은 대체로 읽기가 쉽지 않다. 따라서 그런 글을 번역한다는 것도 쉽지 않은 일이었으며, 저자가 무슨 의미로 이런 말을 하는지 이해되지 않는 문장들이 군데군데 섞여 있었음을 고백한다. 일반인에게 널리 읽힐 수 있는 책도 아니고, 더구나 매끄럽게 번역되기도 쉽지 않은 역서임에도 불구하고 고심 끝에 출간을 허락해 주신 학지사의 김진환 사장님께 감사의 인사를 전하고 싶다.

일러두기

* 원저의 이탤릭체는 본문에 고딕체로 표시하였습니다.
* 각 페이지의 각주는 역자의 주석입니다.
* ( ) 안의 내용은 저자가 직접 보충한 내용이고, [ ] 안의 내용은 역자가 문맥 이해를 위해 삽입한 내용입니다.
* 원주는 본문에 번호로 표시한 후 각 장의 맨 끝에 한꺼번에 모아서 제시하였습니다.
* 한글로 옮기는 것이 낯설거나 원어를 제시할 필요가 있을 때는 원어를 첨자로 제시하였습니다.
* 저자가 인용하는 저서의 제목은 원어를 병기하였습니다.
* 처음 등장하는 인명은 한글 뒤에 첨자로 본명을 제시하고 이후부터는 생략하였습니다.

화이트 연구소의 서문

1968년 해리 건트립Harry Guntrip 박사는 저명한 방문분석가Visiting Distinguished Psychoanalyst 자격으로 정신의학, 정신분석학 및 심리학을 위한 윌리엄 앨런슨 화이트 연구소William Alanson White Institute를 방문했다. 이 책은 두 번의 세미나를 기록한 것인데, 하나는 이론에 관한 것이고 다른 하나는 임상적 자료에 관한 것이다. 미기록된 자료는 여기에 기록된 자료보다 훨씬 더 분량이 많고 아마도 더 중요한 것이다. 건트립 박사는 이론적인 면에서나 임상적인 면에서나 그의 임상 자료에 열정, 온화함 그리고 재기 넘치는 유머를 불어넣었다. 그의 강렬한 흥미와 인내심 그리고 진지한 배려 덕분에 그 모임에 참석한 모든 사람은 더 활기를 얻고 자극되어 자신의 생각과 자신이 환자를 보는 방식에 대해 더 명료하게 생각할 수 있었다.

건트립은 "사람을 다루는 것은 개념을 다루는 것보다 더 중요하다."라고 쓰고 있다. 이러한 인간적인 태도는 그의 환자들과 동료들, 그리고 과거와 현재의 이론들 모두에 걸친 해리 건트립의 접근방식에서 분명하게 드러난다. 무엇보다 우선적으로 그는 환자와 함께 경험하는 것을 느끼며, 그 경험으로부터 이론과 경험이 밀착될 수 있도록 개념화한다. 건트립은 페어베언Fairbairn이나 위니컷Winnicott과 가장 긴밀하게 연결되어 있음에도 불구하고 어떤 다른 학파와도 동일시되지 않는다. 이처럼 독자적인 사고를 지니고 있기 때문에 그는 프로이트, 설리반Sullivan, 클라인Klein, 에릭슨Erikson, 페어베언, 하르트만Hartmann, 제이콥슨Jacobson과 위니컷의 이론을 매우 간명하게 해설하고 비평할 수 있다. 그는 말한다. "인간본성에 대한 이론은 항상 특정하게 제한된 사회적 역사의 문화적 조망이라는 한계의 범위 내에서 기술되는 한 조각의 사실만을 표현할 뿐이라는 결론에 도달했습니다." 건트립 박사가 강조한 것은 한 개인의 인생에서 가장 본질적인 속성이지 기계장치에 대한 것은 아니다. 그는 고전적 프로이트 학파에서 요구되는 범위의 한계를 넘어서서 분석이 진행되어야 한다고 믿는 이유에 대해 어느 정도 상세하게 설명했다. 이것은 환자가 오이디푸스 시기를 넘어서서 전성기적pre-genital 단계로 퇴행하는 것을 촉진하는 것이다. 분열적 자리schizoid position에서 수용되고 이해됨으로써 환자는 희망을 갖게 되고 '재탄생'하게 된다. 이러한 접근법이 지닌 장점이나 실행 가능성이 무엇이건, 건트립 박사는 인간적인 사례를 설득력 있게 그려 낸다.

화이트 연구소는 이 기록이 출간되는 것을 기쁘게 생각한다.

Earl G. Witenberg

베이직북스 출판사의 문고판(1973)에 붙인 서문

인간의 성격에 대한 현대의 정신역동적 연구는 1880년대 후반에서 1938년까지 이루어진 지그문트 프로이트^{Sigmund Freud}의 업적으로부터 시작되었다는 데에는 논쟁의 여지가 없다. 몇몇 지식인에게는 여전히 19세기의 실증주의와 경험주의에 발을 담근 채 프로이트를 비과학적이라고 매도하는 것이 유행이다. 사실 프로이트의 업적에는 두 가지 측면이 있는바, (그 자신이 받아 온 19세기의 실증주의적 과학 교육에 기반하고 있는) 이론과 실제로 접한 정신병리적 현상으로부터 얻은 예리한 임상적 관찰결과들이 그것이다. 이론은 모든 위대한 과학자들의 이론이 그러한 것처럼 시간이 지나면 구식이 되고, 임상적 사실들은 계속 확장된다. 하레^{R. Harré} 박사는 "히스테리 발작과 같은 비정상적인 현상들의 원인뿐 아니라 말의 실수와 같은 일상적인 사건들의 원인도 탐구했기 때문에 프로이트는 위대한 과학자였다."라고 썼다(*The Philosophies of Science*, Oxford, p. 115). 정신분석의 과학적 지위를 비판하는 사람들은 후기 아인슈타인 시대와 후기 실증주의 시대에 과학철학 분야에서 일어난 엄청난 변화를 고려해야만 한다. 하레는 이것을 다음과 같

9

이 요약한다. "실증주의는 경험적 지식을 감각경험의 시사풍자극으로 축소시켰다. …… 사실주의자들의 관점은 인간 상상력의 작용을 강조하여 그것이 경험의 배후에서 현실에 대한 개념으로 이끈다고 생각한다. 나는 지적 · 역사적 그리고 도덕적인 근거에서 실증주의에 반대할 수 있는 사례가 압도적이라고 믿는다."(앞의 책, 서문에서 인용) 당시의 교육에 의해 키워진 실증주의자로서의 프로이트는 고통을 겪는 환자들을 직접 만나면서 키워진 사실주의자로서의 프로이트보다 본인도 의식하지 못한 채 항상 뒤처져 있었다. 그 결과, 있을 수 있는 유일한 실험실인 임상현장에서의 인격적 관계 속에서 발생하는 정신역동적 현상에 대한 체계적인, 즉 과학적인 연구인 정신분석학은 지속적으로 그리고 전향적으로 변화해 왔다. 그동안 전 세계적인 규모에서 탐구욕 강한 정신들의 교류가 있어 왔는데, 그중 상당수가 협소한 범위에서 조직화된 정신분석 운동의 울타리 밖에서 진행되었다. 정신역동적 연구가 상이한 이론적 지향을 가진 극소수의 폐쇄된 학파에만 한정되는 것은 좋은 일도 아니고 또 가능하지도 않을 것이다. 고전적인 프로이트 학파나 아들러Adler와 융Jung 학파 외에도 현재 미국에는 자신의 학술지를 가지고 있는 미국 정신분석학회American Academy of Psychoanalysis와, 「현대정신분석학회지Journal of Contemporary Psychoanalysis」를 발간하는 뉴욕의 W. A. 화이트 연구소W. A. White Institute가 있다. 영국에는 새롭게 조직된 왕립정신과의사협회Royal College of Psychiatrists가 필연적으로 이 분야의 연구를 지원할 수밖에 없는 특별한 '심리치료 분과'를 가지고 있다.

베이직북스 출판사의 문고판(1973)에 붙인 서문

이런 [작은] 분량의 책에서는 가장 중요한 연구자라 하더라도 그들이 기여한 내용을 충분히 언급하는 것이 불가능하다. 영국에서 프로이트 학파와 융 학파가 공통의 기반을 발견하려는 몇 가지 시도를 해 왔음에도 불구하고, 나는 융을 생략했다. 프로이트가 그 중요성을 인식하기 이미 오래전에 자아Ego[1] 또는 인격적 자기Personal Self [2]가 지니고 있는 근본적인 중요성을 깨닫고 있었음에도 불구하고 나는 아들러도 생략했다. 공식적인 정신분석학official psychoanalysis [3]은 제1차 세계대전이 끝난 후 1920년대의 프로이트의 논문 속에서 '생물학적 이드biological Id'를 넘어서서 진정한 '심리학적 자아psychological Ego'를 향해서만 이동했다. [이 책을 쓰는] 나의 목표는 더 범위가 좁은 것이었고, 각 장의 제목에서 몇몇 이름을 언급하는 것으로 그 목표를 보여 주었다. 나는 그들이 내가 추적하기로 선택했던 [정신분석 이론] 발전의 특정한 경로만을 주로 대변한다고 의심하지 않아도 될 것이라 생각한다.

이 작은 책에서 소개하는 자료는 윌리엄 앨런슨 화이트 연구소, 뉴욕의 정신분석과 심리학 연구소Psychoanalysis and Psychology, 워싱턴 정신의학교실Washington School of Psychiatry에서 내가 했던 일련의 강연을 요약한 것이다. 그중 몇 가지는 스톡브리지에 있는 오스틴 리그스

---

1) 이 문장에서처럼 건트립은 자아(Ego)와 자기(Self)를 엄밀하게 구별하지 않고 혼용해서 쓰고 있다. 이 서문에서도 건트립은 정신적 자기(psychic self)와 인격-자아(Person-Ego)라는 용어를 교환 가능한 것처럼 사용하고 있다.
2) 여기서 건트립이 가장 자주 사용하는 personal 혹은 person과 self라는 용어의 구체적인 의미는 본문에서 따로 역주를 달았다.
3) 프로이트가 개척했던 초기의 정신분석학, 즉 프로이트의 고전적인 정신분석학을 의미하는 것으로 보인다.

베이직북스 출판사의 문고판(1973)에 붙인 서문

센터Austen Riggs Center와 베데스다 국립건강연구소Bethesda National Institute of Health 정신건강부의 성인정신의학과를 잠시 방문했을 때 소개했던 것이다. 제2장에서 제5장은 '대상관계 이론Object-Relations Theory' 또는 '대인관계 이론Interpersonal Relations Theory'에 관한 네 개의 강의를 기반으로 한다. 제6장과 제7장은 '분열성향을 가진 사람들에 대한 치료Treatment of Schizoid Persons'라는 주제로 열렸던 일련의 세미나를 요약한 것이다. 여기에 포함된 자료들 중 상당 부분은 1969년 로스앤젤레스 정신분석학회를 방문했을 때에도 상술했던 것이다. 나는 몇몇 사람으로부터 더 큰 분량의 연구서[1]에서 내가 전반적인 정신분석 이론의 입장에 대해 제시한 요약된 내용을 책으로 써 달라는 요청을 받아 왔다. 나는 이 작은 분량의 책이 그 목적에 정확히 부합되기를 바라며, 특히 시간의 압박으로 큰 분량의 많은 책을 공부할 여유가 없는 학생들에게도 유용하기를 바란다. 다른 한편으로는 이러한 이론의 뼈대가 더 두꺼운 책들을 탐구할 수 있는 예비 단계가 될수도 있다. 그런 책에는 이론의 지적인 뼈대가 실제 임상적 자료라는 살과 피로 덮여 있으며, 개념들은 구성에 필요한 증거들과 긴밀하게 연관되어 있고, 위니컷의 연구가 담고 있는 더 폭넓은 측면들을 다루고 있다.

이 책에서 제이콥슨의 연구를 언급할 수 있는 기회가 있어 좋았고, 만일 내가 이 책을 처음부터 다시 쓴다면 틀림없이 발린트Balint의 저서인 『기본적 결함The Basic Fault』에 한 절을 할애할 것이다. 그 책은 '퇴행'하고자 하는 환자의 욕구에 대하여 매우 값진 설명을 하고 있는데, 그 욕구는 소위 말하는 본능적인 욕구의 '충족

베이직북스 출판사의 문고판(1973)에 붙인 서문

satisfaction'이 아닌 하나의 '개인Person'으로 자신을 '자각Recognition'하려는 목적을 갖는다. 이는 '개인적 관계 속에서의 자아Ego in the Personal Relationships'가 핵심적인 정신역동적 개념이라는 페어베언의 견해 그리고 일차적인 어머니와 유아의 관계 속에서 아기에게 내재된 '기본적 자아관계basic Ego-relatedness'의 성장을 강조한 위니컷의 견해에 대해 매우 중요한 강조점을 덧붙인다. 프로이트가 연구를 시작했던 이래로 과학철학, 일반심리학, 생물학에서 있었던 관점의 변화에 대해서는 간략하게만 언급했다. 나는 정신분석학을 위해 인식론에서의 한 가지 매우 중요한 관점에 관해 여기서 짧게 덧붙이고자 한다. 과학자들은 객관적인 과학적 탐구가 가능한 것으로서의 '외적 현실'과 객관적인 탐구로 접근할 수 없는 것으로서의 '내적 주관적 경험' 사이를 너무 자주 구분한다. 그렇게 되면 '객관적인 현상'만이 '실체real'로 간주되고, 주관적인 현상은 환상으로 간주되어 일축된다. 이러한 구분은 분명히 그 자체로 비현실적이다. 우리의 주관적 경험들은 '우리 자신에게 주관적'이며 또한 불가피하게 '타인에게는 객관적인 현실'이다. 만일 누군가가 우리를 위협한다면, 우리는 그에게 정말로 그런 의도가 있는지 알아야만 한다. 히틀러의 과대망상과 스탈린의 편집망상은 모든 사람에게 끔찍한 객관적 현실이다. 지적인 편견만이 '주관적 현실'을 단순한 공상으로 일축해 버린다. 그것은 우리 삶의 중요한 요소로서 정신분석학이 연구해야만 하는 '정신역동적 현상'인 것이다. 현대의 과학철학과 인식론은 이것을 가능케 하였다. 지식의 구조에 대한 위계적 모형은 '현실reality'을 일련의 상이한 수준 위에 존재하는 것으로 기술한다.

한 건물에 존재하는 각 층들과 같이 물리학과 화학은 맨 아래층에 있고 그 위에 하나씩 층들이 올라가는데, 무기물, 유기물, 사회적 현상과 심리적 현상으로 그 복잡성이 점점 증가한다. 각 수준에는 메다워Medawar가 말하듯, "새로운 관념은 언어로 혹은 그 밑 단계에 있는 개념적 자원으로 설명할 수 없는 방식으로 출현하는 것 같다. 우리는 사회학을 생물학의 용어로 해석하거나 생물학을 물리학의 용어로 설명할 수가 없다"(*Induction and Intuition in Scientific Thought*, Jayne Lecture, American Philosophical Society, 1968). 여기서 우리는 심리학을 생물학, 신경생리학, 혹은 다른 어떤 낮은 단계의 과학으로 해석할 수 없다는 말을 덧붙여야만 한다. 환원론과 그런 관점에 서 있는 극단적인 행동주의는 낡은 것이 되었다.

마지막으로, 나는 이 책의 이번 판에서 심리 내부의 구조에 관한 페어베언의 이론적 기술에 관해 몇 가지 사항을 덧붙일 수 있었다(pp. 165-166). 심리 내부의 구조에 대한 이론은 어떤 것이건 통합되지 못한 우리의 정신 기능의 다양한 측면이나 영역에 대한 일종의 '개념적 지도'가 되며, '자아분열'과 같은 용어처럼 '공간적' 의미를 내포하면서 우리가 그것을 분명한 경계선을 가진 실체인 것처럼 간주하지 않는다면 유용한 것이 될 수 있다. 정신 기능의 그러한 다양한 측면은, 서로 갈등하긴 하지만 한 사람의 유동적인 정서적 기능이 동시에 작동하는 방식이며 동일한 정신적 자기psychic self이다. '억압'과정은 '경계선'이라는 착각을 불러일으킨다. 이론적인 명칭들은 무엇을 어떻게 탐구해야 하는지를 안내하는 지침들이며, 분석은 항상 임상적 경험의 빛에 비추어 언제든지 새롭

베이직북스 출판사의 문고판(1973)에 붙인 서문

게 개정할 수 있는 개방적인 것이다. 현재로서는 정신적 자기 혹은 인격-자아Person-Ego 내에 존재하는 가장 깊은 혹은 초기의 '분열들'을 개념화하는 데 있어서 몇 가지 혼란이 있다. 나쁜-대상 경험에 의해 파생되는 자아분열에 대한 페어베언의 분석은 어머니를 필요로 하는 상태에 있는 유아의 기본적인 속성인 리비도적 자아Libidinal Ego: L. E.를 확인하는 정도의 깊이까지만 내려간다. 그는 나에게 퇴행을 그러한 구도에 끼워 맞출 수가 없었다고 썼으며, 최종적인 자아-분열final Ego-split이라는 나의 제안을 받아들였다. 리비도적 자아는 자신의 욕구를 채워 달라고 어머니에게 아우성을 치지만 자아의 또 다른 부분은 희망을 잃고 포기하며 무감동한 퇴행된 자아Regressed Ego: Rd. E.가 되는데, 이것은 가장 나쁜 비인격화된 depersonalized[4] 분열성 경험이 발생하는 기반이다. 위니컷은 나에게 "당신이 말하는 퇴행된 자아는 철수한 것입니까 아니면 억압된 것입니까?"라고 묻는 편지를 보내 왔다. 사실 그것은 그 두 가지가 다 포함된다. 최초에 그것은 철수하여 무감동한 상태에 빠지고, 어머니가 자신의 아기와 관계하지 못함으로써 성장을 향한 그 잠재력이 일깨워지지 않는다. 그러나 그 이후에 그것은 억압될 수밖에 없는데, 그것이 분출되어 비인격화된 의식 상태를 유발하지 않도록 하기 위해서이다. 페어베언은 유아를 '출생 시부터 원래 그대로 전

---

4) 이 용어는 자신이 누구인지에 대한 뚜렷하고 생생한 느낌을 가질 수 없는 상태를 나타내는 말로서, 현대 정신의학에서는 일반적으로 '이인화(異人化)된'이라는 말로 번역된다. 그러나 건트립이 줄곧 사용하는 'person'이라는 용어가 인격적인 정체감을 가진 사람이라는 의미를 더 내포하고 있기 때문에 이 역서에서는 '비인격화된'이라는 말로 번역하였다.

체인 자아'로 보았기 때문에 이런 경험을 설명할 수가 없었다. 위니컷은 "아기는 태어날 때부터 전체인 인간이다." 그리고 "바로 그 생의 초기 상태에 있는 자기self는 단지 가능성일 뿐이다."라는 말로 만족했다. 그는 만일 어머니가 아이의 욕구에 맞추어 주지 못하면, 아기는 "더 나은 조건에서 재탄생하기를 기다리며 차가운 저장고 속으로 자신의 진정한 자기를 집어넣는다."라고 생각했다. 나는 유아가 '태어날 때부터 인간의 자아잠재력을 갖춘 전체로서의 정신'이며, 이 잠재력이 일깨워져서 진정한 자아real Ego 혹은 인격적 자기Personal Self로 성장할 수 있는지의 여부는 어머니가 제공하는 '관계'에 달려 있다고 말하고 싶다. 만일 그런 관계가 제공되지 못한다면, '참자기true self'는 '차가운 저장고 속으로 다시 들어가는' 것이 아니라, 그것이 성장할 수 있는 어떠한 대상관계도 없이 일깨워지지 않은 상태로 방치된다. 이것은 정도의 문제이며 인공적인 거짓자기들이 그에 대한 대체물로서 의식 수준에서 발달한다. 그 가장 깊은 수준에 존재하는 정신의 분열된 조각들은, 철수되고 억압된 일깨워지지 않은 경험들을 포함하고 있는 것으로서, 분열성적이고 정신분열증적인 가장 나쁜 상태가 초래될 수 있는 원천이다. 환자에 대한 치료자의 최고의 의무는 발린트가 '재인식Recognition'이라 불렀던 '관계하기relating'의 요소를 제공하는 것이다.

끝으로, 나는 나 자신과 아내를 대신하여 우리가 모든 곳에서 받았던 따뜻한 환대와 모든 강의 뒤에 이어졌던 활력을 자극하는 날카로운 토론에 대해 깊은 감사의 마음을 표현하고자 한다. 세상은 인격적 관계에 관한 이론만이 아니라 이 분야나 다른 분야에서 그

베이직북스 출판사의 문고판(1973)에 붙인 서문

것을 서로 함께 실행할 수 있는 증거를 요구한다. 또한 지리적인 거리 때문에 개인적인 접촉이 불가능했을 때 초고에서 출간까지 매 단계에서 도움을 준 베이직북스Basic Books에도 감사를 드린다.

⊕ 원주

1. Harry Guntrip, *Personality Structure and Human Interaction*, The Internation Psycho-Analytical Library(London: The Hogarth Press; New York: Internation Universities Press, 1961); *Schizoid Phenomena, Object-Relations and the Self*, The Internation Psycho-Analytical Library(London: The Hogarth Press; New York: International Universities Press, 1968); "The Object-Relations Theory of W. R. D. Fairbairn," The American Handbook of Psychiatry, vol. I(New York: Basic Books, 1973), chap. 39.

베이직북스 출판사의 문고판(1973)에 붙인 서문

차례

제2부 **치료** / **231**

제 1 부
이론

·
·
·

제 1 장

역사적 조망에서의 프로이트

정신분석학에서 프로이트를 언급하는 것은 물리학에서 뉴턴을 언급하는 것과도 이제는 드디어 비슷한 일이 되고 있다. 이 두 사람은 분명히 진정한 개척자들이 속한 사상의 역사 속에서 영구한 위치를 점하고 있다. 개척자의 역할이란 최후의 결정적 진술을 하는 것이 아니라 첫마디 말을 꺼내는 것이다. 그것이 가장 어려운 단계이다. 모든 개척자가 맞이할 수밖에 없는 첫 시작은 하나의 문제이며, 그것은 늘 거기에 있어 왔던 것이지만 그때까지 아무도 그 현상을 특별한 방식으로 바라보지 못했던 것이다. 개척자는 갑자기 새로운 종류의 질문을 던진다. 일단 지극히 중요한 그 출발점이 어떤 새로운 탐구의 방향을 따라 펼쳐지기 시작하면, 뒤를 따르는 사람들은 그것이 시사하는 모든 가능한 탐구의 방향으로 충실하게 따라가기만 하면 된다. 그중 몇몇 방향은 그릇된 것일 수도 있고, 또 다른 방향은 어딘가로 인도할 수 있으나, 그 모든 방향이 탐색되어야만 한다.

프로이트는 개척자의 길 위에서 출발했는데, 그 당시에 그는 생계를 이어 가야 할 필요성 때문에 실험실을 나와 임상 작업으로 전환할 수밖에 없었다. 프로이트는 신경증 증상에 대한 그 시대의 치료법이 얼마나 효율적인지에 대해 의심을 품은 최초의 신경학자는 분명 아니었다. 그러나 다른 어느 누구도 프로이트처럼 반응하지 않았다. 당시 샤르코Charcot와 프랑스의 최면학자들이 하던 연구가 분명히 그에게 도움이 되었겠지만, 최면술을 포기하고 신경증의 증상이 그 환자의 인생사로 설명될 수 있는 어떤 의미를 지니고 있다는 창조적인 생각을 형성하기 시작했던 것은 프로이트의 통찰이었다. 그때까지 의학적 증상들이란 그저 차가운 신체적 사실들이었다. 그러나 프로이트는 몇몇 증상은 다르다는 것을 알았다. 몇몇 정신신경증 환자들은 그의 가족사에 내재된 사적인 관계경험들과 더 긴밀하게 연결된 신체 증상들을 보였다. 프로이트는 적어도 히스테리 신경증에 있어서 환자가 의사에게 안정감을 느낄 때 그 증상이 사라질 수 있으며, 의사와의 관계가 불안정해지면 그것이 다시 출현한다는 것을 발견했다. 그리하여 전적으로 새로운 영역의 사실들이 서서히 드러나기 시작했는데, 그것은 어떤 신체적 증상에 대한 것일 뿐 아니라 마음의 상태와 행동의 양상에 관한 것이었다.

이러한 영역의 연구는 환자에 대한 전례 없이 철두철미한 탐색을 요구했다. 그러나 어쨌든 영국에서 '문명화된 성적 도덕과 현대의 신경과민Civilized Sexual Morality and Modern Nervousness'에 관한 논문을 썼던 1908년경의 프로이트보다 정신분석을 비판하는 사람들이 이후에 이 분야에서 있었던 일들에 관하여 직접적인 지식을 좀처럼 제시하지 못하고 있다는 것은 놀랄 만한 일이다.

이것은 우리의 모든 문제는 본능의 억압에 기인하며 승화(또는 본능적 에너지를 사회적으로 수용 가능한 목표로 전환하는 것)가 너무 어렵기 때문에 대부분의 우리는 신경증적이거나 범죄적, 즉 반사회적 상태에 빠질 수밖에 없다는 고전적인 정신분석학적 '본능이론'을 통해 타협할 수 없는 방식으로 나타났다. 마틴 제임스Martin James 박사는 프로이트의 초기 생각이 얼마나 점진적으로 교육 및 아동양육 분야의 진보적인 사상가들에게 영향을 끼치게 되었는지 설명한다. 또한 그는 다음과 같이 설명한다.

그 혁명적인 명제를 채택한 수호성인이 바로 프로이트였고 동시에 그 명제에 대해 프로이트에게 상의한 바 없다는 역설적인 현상 때문에 프로이트의 생각에 대해 혼란이 야기되었다. 그는 완전히 전통적으로 도덕적인 사람이었으며 그의 이름으로 행해지던 많은 것을 거부했을 것이다. …… 그 카타르시스를 주장하는 움직임은 20세기 초에 시작되었고 '억압은 없어야 한다.'라는 모토를 갖고 있었다. …… 그 '하고 싶은 대로 하라'는 학파do-as-you-please school와 '자유'라는 슬로건…… 이러한 사태에 대한 정신분석학자들의

25

반응은 그 반대편의 말을 하는 수밖에 없었다. ⋯⋯ 그들은 마지막 20세기가 지나도록 억압이 필요하며 증상이 형성되는 것은 심지어 강한 자아를 지니고 있다는 것을 나타낸다고 설명하려 애쓸 수밖에 없었다.[1]

프로이트의 새로운 작업결과를 대중적으로 사용하려는 이러한 설익은 시도는 일반인들에게 그것이 프로이트의 초기 견해의 전부인 것처럼 그 의미를 고착시키는 결과를 초래한 것 같다. 케임브리지의 심리학자인 맥스 해머튼Max Hammerton 박사는 다음과 같이 쓰고 있다.

나는 실험심리학자이다. ⋯⋯ 그러나 내가 만난 대부분의 사람은 내 장사도구가 [정신분석에서 쓰이는] 카우치와 리비도와 이드에 관한 그 많은 장황한 수식어로 이루어져 있다고 상상하는 것 같았다. 가끔 나는 진심으로 프로이트 박사가 이 세상에 태어나지 않았기를 바랐다.[2]

해머튼 박사나 많은 비슷한 비판자, 특히 행동주의 심리학자들이 가장 강경한 목소리를 내었는데, 프로이트의 초기 시절 이후 정신분석학의 영역에서 일어났던 엄청난 변화들에 대해서는 아무것도 들은 바가 없는 것 같았다.

오늘날 해야 할 질문은 더 이상 '프로이트가 무슨 말을 했는가?'가 아닌 '프로이트의 작업이 우리를 어디로 이끌고 가는가?'이다.

그것이 바로 프로이트가 출발했던 모든 것이며 그것은 점점 더 중요해졌다. 정신분석은 더 이상 단순히 원래의 고전적 심리생물학 psychobiology으로 간주될 수 없다. 프로이트 자신이 먼저 그 출발점을 넘어서서 중요한 일보를 내딛었는데, 그것은 1920년대에 그가 '자아'에 대한 분석으로 주의를 돌렸을 때이다. 주로 생화학적인 면에 관심을 가지고 있던 어떤 정신과 교수가 언젠가 나에게 "프로이트는 자가당착에 가장 쉽게 빠질 수 있는 저술가입니다."라고 말한 적이 있다. 이것은 사실 그의 생각이 항상 진행의 도상에 놓여 있고, 거의 이해할 수 없는 방식으로 작용하는 인간정신을 탐색하는 두려움을 모르는 사상가였기 때문일 것이다. 그는 인간의 경험이 내적으로 작동하는 방식을 체계적으로 탐구하는 전적으로 새로운 영역을 열어젖힌 개척가였다.

그러한 영역은 전통적으로 문학, 종교 그리고 예술의 상징주의에서 탐구되어 왔던 것으로, 프로이트 이전의 어느 누구도 시도한 바 없었다. 그리고 그가 했던 그 특별하게 개인적인 방식은 정신질환이나 혼란된 행동 등으로 표현될 수밖에 없는 인간존재의 정서적 혼란을 체계적으로 탐색했던 방식이었다. 그처럼 무한히 복잡한 탐색은 아마도 프로이트에 의해서만 완결되거나 끝날 수 있는 것은 아닐 것이다. 그리고 그의 작업이 현재 이끌어 가고 있는 지점은 그것이 시작되었던 지점보다 훨씬 더 중요해지고 있다. 이 시점에서 프로이트가 만난 환자들로부터 관찰한 심리적 현상인 그의 임상경험과 그러한 경험과 현상을 의미 있게 연결 짓고자 했고 가능하다면 그것을 설명하고자 했던 그의 이론을 구분하는 것이 중요해졌다. 이러한 구분이 항상 쉬운 것은 아닌데, 심리적 현상이란 다른 것들과 상대적으로 분리되어 존재하는 것도 아니고 만질 수 있는 '물체'와 같이 보이는 대상도 아니기 때문이다. 심리적 현상은 상이한 사람들이 상이한 방식으로 언어화하는 주관적인 경험이다. 그럼에도 불구하고 극단적으로 서로 다른 유형의 사람들로부터 어떤 공통된 경험을 기술하는 것은 누적적 일관성을 지닌다는 것이 알려졌다. 정신분석가는 그 자신이 인간이며, 자신의 경험을 참조하여 그들이 말하는 의미를 인식할 수 있다. 더구나 이런 의미에서 임상적으로 관찰할 수 있는 것은 더 직접적으로 알려진 것들의 의미를 파악하기 위해 추론되어야 할 다른 주관적 경험들이 존재한다는 것을 시사한다. 따라서 무의식은 임상적 사실인 동시에 추론 또는 가설이다. 이 점을 예를 들어 정확하게 표현하자면, 한 남자 환자가 매일 밤 격한 꿈을 꾸었지만 아침이 되면 아무것도 기억할 수 없었다. 그래서 그는 밤중에 꾸었던 꿈을 적기 위해 연필과 종이를 들고 침대에 들었지만 결국 그는 밤에 아무런 꿈도 꾸지 않았다. 나흘 밤을 그렇게 보낸 후, 그는 자신이 더 이상 꿈을 꾸지 않는다고 결론 내렸고, 연필과 종이를 내버려 두고 침대에 들었다. 그러자 전과 마찬가지로 다시 격하게 꿈을 꾸었고, 아침에는 아무것도 기억하지 못하였다. 그가 자신이 꾸는 꿈을 의식으로 진입하지 못하게 했다는 것은 쉽게 추론할 수 있다(아마도 그의 각성상태의 자아는 그가 얼마나 깊이 혼란으로 빠져들었는지 그리고 왜 그렇게 되는지를 스스로 알기가 몹시 두려웠기 때문에 그랬을 것이다). 그러나 그는 이러한 자신의 의도를 전혀 의식할 수 없었다. 그 모든 것은 자기 자신에 대한 경험 속에서 강력하게 작용하는 사실이었기 때문이다. 이것을 깨닫게 되자, 그는 어려움을 겪고 있는 자신의 꿈생활에 대한 몇 가지 사실을 서서히 기억하기 시작했다. 나는 프로이트가 지속적으로 축적해 온 이런 종류의 경험들을 '그가 발견한 임상적 사실들'이라고 부를 수밖에 없으며, 이것을 '그가 그러한 임상적 사실들을 설명하고자 공식화했던 이론들'과 구분한다. 비록 우리가 그 둘 사이를 명확하게 구분할 수 없을지라도, 넓은 의미로는 심리적 사실들에 대한 프로이트의 관찰 자료는 그의 이론들보다 더 영속적인 가치가 있는 것으로 입증되었다. 이론을 만들어 가는 과정에서 프로이트는 자신이 받았던 과학적 교육, 그리고 그가 자신의 작업을 시작해야 했던 문화 속에서 일반적으로 받아들여지고 있던 사상에 의해 주로 영향을 받을 수밖에 없었다. 사실에 기반한 그의 발견 자료들은 이번에는 자신이 속한 문화를 변화시키는 새로운 영향력 중의 하나가 되었다. 이러한 과정은 모든 창조적 지성이 보여 주는 바이다. 자신의 최초 작업이 자신이 받았던 교육적 유산들의 한계를 넘어 그 자신을 이끌어 가고 있는 것이다. 이 짧은 일련의 강의에서 내가 시도하는 것은 1890년대 이전까지 거슬러 올라가는 시점에 프로이트가 섰던 출발점에서 시작하여 정신분석 이론에서 이미 일어났던 변화와 현재 진행 중인 변화를 추적하는 것이다.

나는 정신경험들에 대한 프로이트의 많은 임상적 관찰이 입증가능한 사실이며, 폭넓은 다양한 사람에게서 반복적으로 드러나는 것이고, 영속적인 타당성과 중요성을 가진다고 말한 적이 있다. 이것을 보여 주기 위해 우리는 단지 다양한 형태의 공포와 불안, 사랑과 성적 욕망, 분노, 미움, 질투와 공격성, 그리고 종종 동일한 사람에게서 나타나듯이, 이러한 경험들로부터 파생되는 갈등을 참조할 수 있다. 또한 그러한 갈등이 종종 갈등하는 몇몇 감정에 대한 억압을 초래하고, 그럼에도 불구하고 그 감정경험들은 억압에 의해 그치지 않으며, 비록 무의식적이긴 하지만 의식적 경험과 행동을 크게 동요시키는 영향을 미친다는 사실도 언급할 수 있다. 내부로 억눌린 이러한 정신적 동요로부터 신체적이고 동시에 정신적인 다양한 정신신경증 증상이 파생된다. 이러한 동요는 질병에만 한정되는 것은 아니고, 어떤 경우에는 반사회적 행동 또는 심지어 범죄적 행동으로 행동화된다. 게다가 이 억압된 정신경험은 밤에는 꿈속에서, 낮에는 백일몽으로 제3의 출구를 찾는다. 이러한 유형의 정신경험은 개인의 인생사라는 측면에서 이해될 수 있는 의미를 갖는 독특한 방식으로 특징지어진다. 꿈은 과거의 외상적 사건들에 대한 변장한 또는 평이하고 변장하지 않은 기억들을 담고 있을 수도 있다. 한발 더 나아가 대개 꿈은 전부가 그런 것은 아니지만 잠자는 동안에 인간관계 속에서 경험한 전체 과거 인생사 속의 모든 해결되지 않은 정서적 문제들을 재현한다. 그 과거 인생사가 계속 동요를 일으켜 왔다면 말이다. 따라서 만일 어떤 사람이 꿈을 꾸었고 그 꿈이 자유연상의 흐름을 이끌어 내는 시발점이 되었다면, 그가 과거에는 만족스럽게 다룰 수 없었던 모든 것을 지금 다시 새롭게 탐색하고 있다는 사실을 계속 깨닫게 될 것이며, 묻혀 있던 이 동요하는 경험들이 드디어 놀랄 만큼 이른 어린 시절의 경험으로 자신을 다시 이끌어 가는 것을 알게 될 것이다. 우리는 결코 우리의 어린 시절의 경험을 전적으로 극복해서 성장할 수는 없다는 것, 그리고 그런 경험들이 급성적인 불안이나 불안정감, 분노감의 원천이 되고 있는 한 일상생활을 살아가는 우리의 의식적 자아가 동조나 반항을 바탕으로 하여(더 일반적으로는 이 두 가지의 혼합물을 바탕으로 하여) 형성되고 있는 동안 대부분이 우리의 무의식 속에 묻혀 있다는 것이 명확해졌다. 우리의 의식적 자아는 요동치는 무의식적 갈등에 의해 의식 속으로 미묘하게 침투하며 솟아오르는 것들에 대항하여 자아방어를 발달시켜야만 한다. 이러한 방어가 약해지거나 와해되면 혼란스러운 과거의 묻혀 있던 유산이 의식 위로 부상하게 되고, 경미한 불안 증상에서부터 성인의 정신기능이 완전히 붕괴되는 정도에 이르는 다양한 정도의 정신적인 혹은 인격적인 기능장애를 초래한다. 이 모든 것을 고려한다면, 초기 아동기의 발달적 경험들이 얼마나 막대한 중요성을 지니고 있는 것인지 강조하지 않을 수 없다. 일찍이 1909년까지 거슬러 올라가는 시점에 다섯 살짜리 소년이 지니고 있던 말 공포증을 치료함으로써, 성인에게 있어서 치료보다는 예방이 더 중요하다는 가정에 따라 최초로 행동했던 사람이 바로 프로이트였다. 오늘날 아동지도 진료소는 어디서나 볼 수 있을 정도로 번창해 있다.

더 나아가 프로이트는 아동기의 억압된 경험에 일어나는 일들 중 하나는 이후의 삶에서 그것과 관련된 감정이 현재의 대략적으로 유사한 형상으로 전이됨으로써 출구를 찾게 된다는 것을 발견했다. 이 '전이'라는 현상은—우정, 결혼 그리고 모든 유형의 성인기 인간관계를 붕괴시키는데—치료 상황에서 당사자가 전혀 자각하지 못한 채 분출될 수밖에 없다. 그러면 치료자는 환자로 하여금 점진적으로 그것을 자각하여 과거 경험의 잔존물로부터 벗어나서 현재의 사람들과 정서적으로 현실적이고 적절한 방식으로 관계를 맺는 자유를 얻게끔 도와줄 수 있는 기회를 잡게 된다. 프로이트는 환자들로 하여금 묻힌 정서적 과거에서 벗어나 친절하고 자발적이며 현재의 생산적인 삶을 향해 새로운 인격의 발달을 이룰 수 있도록 스스로를 해방시키는 데 도움을 줄 수 있는 주된 방법이란 그저 자신에게 일어나는 일을 전적으로 자유롭게 말할 수 있도록 내버려 두는 것뿐이라는 것을 알게 되었다. 이것은 생각만큼 쉬운 것은 아닌데, 인생의 어떤 기간 동안 금지의 영역에 묶여 있던 것들이 얼마 지나지 않아 제 목소리를 내기 시작하기 때문이다. 그러나 환자는 분석가가 여전히 자신을 존중하고 있으며 자신을 전적으로 진지하게 받아들이고 있다는 것을 서서히 알아 가면서, 항상 혼란스럽게 여겨지던 자신의 상당 부분을 이해하고 수용할 수 있게 된다. 환자는 어떻게 해서 인간존재가, 맞닥뜨릴 수밖에 없는 행운이나 불운을 담고 있는 인간관계의 속성에 의존하게 마련인 인간존재가, 치료자에 의해 제공된 자유를 주고 안전감을 주는 새로운 인간관계 속에서 새롭게 재창조될 수 있는지를 이해하기 시작한다. 신뢰, 공감적 객관성 그리고 분석가에 의해 주어지는 진실한 이해 덕분에 정서적으로 동요하던 한 개인은 서서히 '자유연상', 즉 그때까지 자신이 빠져 있던 과거의 불행이라는 정서적 수렁에 대해 자유롭게 말할 수 있다는 확신을 얻게 된다. 그리고 이러한 경험을 통해 환자는 치료자로부터 시작하여 현재의 삶 속에서 그가 다루어야만 할 다른 모든 사람과 현실적이고 적절한 관계를 만들어 나갈 수 있게 된다. 무엇보다 그는 자각하고, 자신의 동기를 합리화하지 않으며, 타인을 더 잘 이해하는 법을 배운다. 그가 이제 자신을 이해할 수 있기 때문이다. 우리는 이 모든 것 그리고 그 이상의 것들을 프로이트가 실제 임상 사례로부터 얻은 항구적으로 유효한 발견들에서 인용할 수 있다. 왜냐하면 그 발견들은 인식 가능한 인간의 경험으로 우리 모두가 관찰할 수 있는 것이기 때문이다.

프로이트가 발견한 더 미묘하면서도 예리한 통찰을 주는 발견들에 대한 예로서, 나는 단적으로 한 가지만 말하겠다. 프로이트는 '동일시란 상실한 인간관계의 대용물' 또는 간절히 필요로 하면서도 얻을 수 없었던 것들에 대한 대용물이라는 것을 관찰하였다. 너무나 차갑고 거리감을 주거나, 너무 공격적이거나 권위적인 부모와는 어떠한 만족스러운 관계도 가질 수 없다는 걸 알게 된 아이는, 마치 자신이 필요로 하는 부모를 자신의 내부에 소유하기라도 한 것처럼 그 부모와 동일시하거나 그 부모처럼 성장함으로써 분리되고 고립되어 있다는 자신의 느낌을 보상하려는 경향이 있다. 프로이트의 저작물들은 이러한 탐색적 통찰로 가득 차 있다. 인간 경험에 대한 프로이트의 이러한 사실적인 관찰결과들이 바로 그의 항구적인 공헌이다. 이것이 바로 인간본성을 통합적으로 이해할 수 있는 잘 연결된 지식체계로 통합하고 설명을 찾으려는 이론이 근거하고 있는 것이다. 자연스럽게, 프로이트는 그 자신만의 이론적 설명을 시도했으며, 여기서 우리는 항상 새롭게 발견된 사실에 맞추어 변경하고 발전시키려고 했던 그의 이론이, 비록 가장 자극적인 출발점이라는 것이 입증되었음에도 불구하고 필연적으로 그가 관찰한 사실적 발견물들이 가지고 있는 영속성은 결여할 수밖에 없다는 사실을 언급해야만 한다. 모든 이론, 특히 인간본성에 대한 이론은 문화적 시대, 지배적 지적 풍토, 그 이론이 속한 그 시대의 우세한 사상들에 의해 조건 지어진다. 프로이트의 이론화 작업은 필연적으로 그 출발점에서부터 물리학, 화학, 생리학, 신경학 및 일반 의학에서의 과학적 교육에 의해서, 그리고 심리학, 철학 및 그 당시에 널리 퍼져 있던 사회적 현상들에 대한 연구들에서의 지배적 관념에 의해서 결정될 수밖에 없었다. 인간본성에 대한 자신만의 통찰을 발전시키려는 그 시도가 그 자신이 받아 온 교육적 유산과 그의 동시대인들이 가지고 있던 사상이라는 유산과 그렇게 자주 충돌할 수밖에 없도록 스스로 강요당했던 것이 바로 프로이트가 지닌 운명의 한 부분이었으며, 그 운명은 결코 적지 않은 정신적 고통을 담고 있는 것이었다.

이 작은 책의 한정된 공간에서 가능한 한 분명하게 내가 묘사하려고 애쓰는 것은 프로이트가 시작했던 작업 이후 정신분석학의 이론 구축과정에서 일어난 엄청난 변화에 대한 것이다. 자신의 자료를 최신 상태로 유지하는 데 관심을 가지고 있는 특수한 전문 분야 밖의 사람들은 최초의 이론이 얼마나 변해 왔는지에 대해 거의 깨닫지 못한다. [정신분석 이론의 발전에 기여한] 가장 중요한 공헌자들조차도 너무 많아서 단지 그중의 소수만이라도 이 책에서 언급하고 그 업적을 평가하기가 어려울 정도이다. 따라서 나는 중심적이고 일관되게 발전해 온, 가장 중요한 것처럼 보이는 하나의 흐름을 선택하였고, 그 흐름과 가장 긴밀하게 관련된 몇 안 되는 선도적인 정신분석가를 다룸으로써 그 변화를 그려 보고자 한다.

이 가장 기본적인 주제는 내가 보기에 프로이트 자신의 저작물에 대한 연구로부터 파생된다. 프로이트는 고도로 훈련받은 생리학 실험실의 연구자로 시작하여, 신체적인 것을 넘어서서 역동적으로 혼란스러운 심리적, 정서적, 지극히 개인적인personal,[1] 그리고 부모와 아이 사이의 관계에서 시작하여 서로 간에 매우 중요한 관계 속에 존재하는 한 개인으로서의 풍부한 의미를 지닌 인간존재에 대한 탐구로 서서히 나아가고 있었다. 다른 면에서 건강한 기질의 사람들이 삶의 가장 기본적인 인간관계에서 받은 고통만으로도 병에 걸릴 수 있다는 것과 같은 사실은 가정의들 사이에서는 잘 알려져 있지만 그것을 순전히 정신역동적 수준에서 최초로 탐색했던 사람은 프로이트였다. 여기에 그만의 독특한 모순이 존재한다. 그는 신체적 문제를 다루는 과학자가 되기 위해 훈련받았으나 새로

---

1) 건트립이 이 책에서 계속 사용하는 이 용어는 건트립에게는 매우 중요한 의미를 지니고 있는 것이지만, 적절한 우리말을 찾기가 어렵다. 풀어서 설명한다면, 집단으로서의 개인이 아닌 그 개인만이 가진 독특한 경험과 독특한 표현방식, 고유한 의미를 지닌, 특정한 개별적 대인관계의 역동 속에서만 그 의미를 발견하고 소통할 수 있는 특성을 지닌 한 인간을 뜻한다. 건트립은 '추상적인' '기계적인' '생물학적인' '물질적인'이라는 의미와는 대비되는 맥락에서 이 용어를 사용하고 있으며, 본 역서에서는 불만족스럽지만 혼란을 피하기 위해 대부분 '인격적인' 또는 '개인적인'으로 번역했으며, 이러한 번역어가 적절치 않다고 생각되는 경우에는 문맥에 따라 '개성적인' '독특한' '인간적인' 등으로도 번역하였고 그때마다 원어를 제시하였다.

운 정신역동적 과학의 창시자가 될 운명이었다. 그의 전 저작에 걸쳐 이 두 가닥의 사상적 흐름이 서로 얽혀 있는데, 그것은 신체적인 것과 심리학적인 혹은 개인사적인personal 것이었다. 개인사적인 것을 고려하는 생각들이 매우 점진적으로 전면에 출현하면서 유물론적인 생각들에 우선하게 되었다.

이 시점에서는 전개되어 온 변화의 일반적인 특징만을 지적하는 것으로 충분할 것이다. 처음에 프로이트는 자신이 발견한 사실들을 모두 신체적인 요인에 근거해서 설명하고자 했다. '불안'에 관한 그의 최초 이론은 불안이 성적 긴장을 축적시키고 그 긴장을 방출할 만한 어떠한 다른 건강한 출구도 거부한다는 것이었다. 리오 랑겔Leo Rangell 박사는 런던의 어떤 강연에서 불안이 위험에 대한 자아 방어 반응—급박한 위협에 직면한 개인의 경험에서 파생되는 하나의 신호—이라는 심리학적 이론으로 대체할 것을 요구하는 어니스트 존스Ernest Jones 박사의 독려에도 불구하고 프로이트가 이러한 신체이론을 포기하기까지는 25년이 걸렸다고 말한 바 있다. 여기서 우리는 심리생물학적인 본능으로부터 자아ego 또는 자기self로 강조점이 옮겨 가고 있는 것을 본다. 프로이트는 성적 충동drive과 공격적 충동이라는 두 가지 선천적인 본능instinct을 참고함으로써 인간의 모든 동기를 설명하려 했다. 하지만 그가 살았던 세기가 전환되는 시기 이후로 프로이트가 살았던 시기에는 의문을 품지 않았던 본능이라는 관념은 동물행동학자들에 의해 주의 깊게 재검토되었으며, 결코 재생될 수 없는 매우 불명료하고 불만족스러운 개념이라는 것이 입증되었다. 성욕은 식욕으로, 그리고 공격 욕구는 적대적이고 공격적인 행동을 유발하는 선천적인 충동이 아니라 불안처럼 위협—특히 인격personality에 대한 위협—에 대한 자아의 반응으로 간주되었다. 불안에 대한 프로이트의 후기 이론은 본능에서 자아로 그의 이론적 강조점이 이동했음을 보여 준다. 하지만 그는 '본능이론'을 버리지 않았는데, 그것은 고유한 인격적 자기personal self를 충분히 현실적으로 다루는 데 방해가 되었다. 즉, 그는 어떤 경우에는 자아ego를 고유한 인격인 자기self로 취급했다가, 다시 전체 인격의 일부분에 불과한 하나의 생물학적 통제체계로 취급하는 등 오락가락하였다. 많은 정신분석적 논의가 이 문제를 중심으로 들끓었다. 나는 단지 오늘날의 정신분석적 이론은 본능의 통제에 관한 정신분석학적 이론은 점점 줄어들고 자기됨selfhood의 안정적인 핵[2]이 어떻게 발달하는지에 대한 이론은 점점 더 많아지고 있다는 것만 여기서 언급해 두고자 한다. 자기됨의 핵의 발달이란 인생 초기에 좋은 엄마-아이 관계 속에서 강한 인격적 자아의 기초를 놓아 가는 것이며, 우리의 인생을 구성하는 늘 변화하는 유형의 인간적 관계 속에서 그것이 좋은 것이건 나쁜 것이건 이후의 운명을 만들어 가는 것이다. 강조점이 변해 온 이론의 변화에 대한 보다 자세한 내용은 이와 같은 이론적 발전에 있어서 가장 중요한 역

---

2) '자기(self)' 혹은 '인격적 자기(personal self)'를 의미하는 것으로 보인다. 건트립은 이 책에서 자아(ego)와 자기(self)의 개념을 명확하게 구분하지 않고 혼용하고 있다. 그러나 대체로 초기의 프로이트가 그랬듯이 기계론적이고 생물학적인 관점에서의 하나의 심리장치 속에 위치한 정신적 주체를 의미할 경우에는 자아(ego)라는 용어를 사용하고 인간관계의 고유한 역동 속에서의 정신적 주체를 의미할 때는 자기(self) 또는 정신적 자기(psychic self)라는 용어를 계속 사용하는 경향이 있다.

할을 했던 선도적인 사상가들의 저작물을 개관해 봄으로써 이어지는 장에서 다룰 것이다. 정신분석학이 본능이론에 묶인 채 남아 있었다면 진퇴양난에 빠져 버릴 수 있었겠지만, 정신분석의 진정한 심리학적 본질은 '대상관계 이론'(이 용어는 해리 스택 설리반Harry Stack Sullivan의 '대인관계 이론'이라는 용어에 의해 더 분명한 빛을 발했다) 속에서 출현하게 되었다.

　적어도 이론 형성에 있어서는 정신분석학이 일반 심리학으로부터 도움이 될 만한 많은 것을 이끌어 낼 수 있었을 것이다. 특히 제임스 스키너James Skinner나 한스 아이젱크Hans Eysenck와 같은 저자들의 경직된 행동주의에 대항하여 심리학자들 사이에 반란의 징후가 보이고 있었기 때문이다. 필립스R. Phillips가 언급했듯이, "편견 없는 관찰자에게는 실험심리학자들이 점점 더 복잡한 실험기구들에 의존하게 되는 것이 분명 어떤 사람이 그의 동료로부터 소외되었다는 또 다른 징후이며…… 우리가 필요로 하는 것은 실험자와 피험자가 따듯하고 친절한 관계 속에서 서로를 바라보았던 우리의 선배 심리학자들을 향해 반대 쪽으로 크게 도약하는 것이다."[3] 필립스는 오늘날의 검사기구들을 '일종의 마지막 필사적인 방어기제로서 실험심리학자들에 의해 세워진 것'으로 간주했으며, "심리학에 대한 연구, 즉 인간주체가 인류에 대한 적절한 연구가 되는 심리학적인 심리학만이 우리를 그것으로부터 구해 낼 수 있다."라고 결론짓고 있다.[4] 정신분석학은 이런 종류의 진정으로 인격적이고 인간적인 심리학과 많은 것을 공유할 수 있었을 것이다. 그 시대의 또 다른 징후는 점점 더 많은 수의 자연과학자가 그들 자신의 전문 분야의 성장 때문에 빅토리아와 후기 빅토리아시대의 정통적인 과학적 유물론에 대해 심각한 의문을 품게 되었다는 것이다. 솔크 생물학 연구소Salk Institute of Biology의 제이콥 브로노스키Jacob Bronowski 박사는 인간은 하나의 기계이자 하나의 자기이며, 질적으로 상이한 두 가지 종류의 지식이 있다고 주장했다. 하나는 기계에 관한 지식으로 자연과학이며, 다른 하나는 자기self에 대한 지식으로 자연과학이 아님에도 불구하고 진정한 지식이다. 그는 이런 지식을 문학에서 발견하였다. 그러나 문학에서만 자기에 대한 지식에 관한 자료를 찾을 수 있는 것은 아니다. 진정한 지식의 영역이 과학이라는 영역의 바깥에만 남겨질 수 있다는 것은 받아들일 수 없다. 우리는 사실 자기에 대한 체계적인 연구, 인간 개인의 주관적 경험은 과학이라는 영역을 확장하는 것으로 받아들여져야 한다고 믿는다. 필립스가 말한 '심리학적인 심리학, 즉 인간을 주관적 경험의 존재로 연구하는 것'은 정신분석보다 더 광범위한 경험 영역을 다룬다. 그것은 지능, 능력, 모든 종류의 개인차, 기술 습득에 있어서의 학습 과정, 습관 형성 그리고 그 이상의 모든 것에 대한 연구를 포함한다. 하지만 그의 관점은 정신분석학의 관점과 전적으로 일치한다. 왜냐하면 정신분석은 기본적으로는 임상적 목적(정서적으로 동요되거나 병든 사람들에 대한 치료)을 지니고 있기 때문에 대인관계 속에 내재된 인격적 자기가 지니고 있는 정서적이고 동기적인 역동에 초점을 맞출 수밖에 없기 때문이다. 나는 여기서 정신분석 치료가 브로노스키의 문헌보다 자기self에 관하여 훨씬 더 깊은 원천의 자료를 제공해 준다고 주장하는 바이다. 왜냐하면 우리는 여기서 오직 진정한 도움을 줄 것으로 희망하는 사람에게만 자신이 겪은 최악의 고통을 드러내는 것을 허용할 사람들과 직접적으로 접촉하고 있기 때문이다. 위대한 작품들 속에는 정신병리가 가득 차 있다. 정말이지 많은 위대한 작가들과 예술가들이 심각한 동요를 겪었고, 심지어 결국 온전한 정신을 잃기도 하였다. 하지만 그들은 자기표현에 있어 천재들이었으며, 그들의 고통스러운 경험들은 작품 속에 등장하는 가공의 주인공들이 겪는 고통을 묘사하는 가운데 튀어나왔다. 정신분석 치료에서 우리는 치료적 관계 속에서 다시 성장하는 자기에 의해 그 고통이 어떻게 경감될 수 있는지를 발견할 수 있다는 기대를 가지고 인간이 겪은 고통의 가장 심층적 수준에 관한 체계적 연구결과를 직접적으로 환자와 함께 공유한다. 이것이 정신역동적 과학이다. 그것은 과학의 전 영역 중 나머지 반쪽을 보완해 줄 수 있는 과학이며, 초기의 유사철학인 과학적 유물론에서 규정했던 협소한 한계 속에 머물 수 없는 과학이다.

영국의 가장 저명한 심리학자 중 한 사람인 시릴 버트Cyril Burt 교수는 1950년에는 대부분의 과학자가 마음과 의식을 그 자체의 독립적 현상으로 진지하게 받아들여야 한다는 생각을 일축했겠지만, 현재 이 논쟁이 다시 시작되고 있다고 언급했다. 그는 『뇌와 마음 Brain and Mind』(Smythies, 1965)에서 신경학자들의 네 명 중 세 명은 심신이원론에 대한 타협할 수 없는 강력한 지지자임이 드러났다. …… 슈뢰딩거Schrödinger가 '과학이 여태껏 직면하지 못했던 가장 중요한 문제'라고 했던 것에서 관심이 예기치 않게 부활한 것이다."[5] 라고 썼다. 뇌는 의식을 양방향에서 전달하고 탐지하는 것이지, 의

식 자체를 유발하는 것이 아니라고 간주되고 있다. 그는 펜필드
Penfield[3]를 '부수현상론자epiphenominalist[4]보다는 이원론자로 남아 있
는' 것으로 인용한다. 펜필드는 인간존재가 두 가지 독립된 요소—
몸과 마음—로 구성되어 있다는 것은 거의 생각할 수 없지만, 그렇
다고 해서 오직 하나의 요소만이 존재하고 그것이 두 가지 측면을
드러낸다는 주장도 똑같이 이해할 수 없다는 데 동의한다.[6] 버트는
로드 애드리언Lord Adrian의 말을 인용한다. "우리 중의 많은 사람에
게 있어서, 깔끔하고 익숙한 (유물론자) 관점의 바깥에는 그래도 여
전히 뭔가 한 가지—지각하고, 생각하고, 행동하는 주체인 '나'—
가 더 있는 것 같다."[7] 그리고 메이스Mace 교수의 말도 인용했다.
"프로이트는 심리학에서의 가장 기본적인 설명방식으로서 정신적
결정론을 최초로 진지하게 고려했던 사람인 것 같다."[8] 버트 자신
은 다음과 같이 결론짓는다.

> 한 인간의 의식적인 삶은 단지 하나의 연속적인 사건들을 구성
> 하며…… 이처럼 사건들 간에 통일성과 연속성이 있다는 것은 어떤
> 영원하고 중심적인 실체, 특별히 비물질적인 종류의 실체, 간단히
> 말해 이러한 사건들을 소유하고 그것을 나의 의식적 경험 또는 상

---

3) 와일더 그레이브스 펜필드(Wilder Graves Penfield, 1891~1976)는 캐나다의 신경외
과 의사로 간질환자의 뇌 수술과정에서 직접 뇌를 전기적으로 자극하여 뇌의 각 부
분이 각각 특정한 신체 부위와 연관되어 있다는 것을 보여 주었다.
4) 부수현상론(epiphenomenalism)은 마음과 몸이 어떤 관계인지를 논하는 철학적 관
점의 하나로서, 마음이란 뇌가 기능하는 가운데 연기처럼 부수적으로 나타난 현상이
라고 주장하며, 따라서 마음은 정신 기능에 있어서 주체적이고 인과적인 역할을 하
지 못한다고 생각한다.

태로 부르면서 스스로를 '나'라는 이름으로 묘사하는 인격적 자기 personal self가 있다는 것을 강력하게 암시한다.[9]

이렇게 해서 자연과학적 사고의 분위기는 현재 진정으로 정신적이고 개인 특유의 경험을 강조하는 심리학[5]을 요구하고 있다. 우리는 버트가 말한 '의식적 마음'이라는 말에 '무의식적'이라는 말을 덧붙일 뿐이며, 정신분석적 연구라는 분야를 가지게 되었다.

보다 넓은 과학적이고 문화적인 토양 속에서 발효되고 있는 이런 생각은 프로이트가 살았던 시기에는 알려지지 않았던 것이다. 이런 생각들이 그때 존재했다면, 프로이트는 그 당시 진정한 과학이라고 여겨졌던 경직성으로부터 훨씬 더 완전하게 벗어날 수 있었을 것이다. 그동안 정신분석은 내부의 임상적 경험들로부터 생긴 압력 아래서 발전해 왔고, 지금은 그 변화를 이용할 수 있는 위치에 도달해 있다. 정신역동적 과학은 독자적 영역으로 확고하게 자리 잡아야 할 것이며, 그것은 최근의 행동주의자들의 실험적 심리학이 가진 협소한 전망을 극복한 일반 심리학과 우호적이고 협력적인 관계를 맺을 수 있을 것이다. 정서적, 동기적 그리고 인간관계의 삶에 내재된 인간의 인성에 대한 현대의 정신역동적 연구

---

5) 원어는 personalistic psychology(역주1 참조)이다. 이 책에서 건트립이 사용하는 personality 혹은 personal이라는 용어는, 그 이전까지 인간을 집단화시켜 평균적인 속성을 다루는 방식과 정신역동적 정신분석이 어떤 차별점이 있는지를 강조하고자 할 때 자주 등장한다. 따라서 personality는 '성격'이라는 일반적 뜻보다는 '개성'이나 '독특한 인성' 혹은 '인격'으로, 그리고 personal은 '사적인'이라는 뜻보다는 '개인에 독특한' '개별적인' 또는 '타인과는 구별되는 특성을 지닌'이라는 뜻으로 이해하는 것이 더 적절해 보인다.

의 출발점은 이론의 여지없이 1890년부터 1938년에 걸친 프로이트의 작업물이다. 이후에 이루어진 발전은 국제적 규모에서 행해진 마음에 대한 물음들의 상호작용에 의해 이루어졌고, 그중 많은 움직임은 더 협소하게 조직화된 정신분석적 운동의 외부에서 이루어지고 있다. 정신분석은 심지어 '남을 돕는 일을 전문적으로 하는 직업helping professions'이라 할 수 있는 훈련된 사회적 · 교육적 작업으로까지 확산되어 있다. 이 책의 분량상 그러한 영역에서 일하는 많은 중요한 인물이 어떤 공헌을 하고 있는지 모두 언급하기는 불가능하다. 프로이트 학파와 융 학파가 서로 간에 공통기반을 가지고 있음을 보여 주려는 시도가 있으나 나는 융C. G. Jung에 대해서는 언급을 생략했다. 융의 직관적인 천재성은 통찰을 뛰어넘었는데, 그중 많은 부분이 분석가들의 꾸준하면서도 느리게 진행되는 연구에 의해 접근되고 있다. 나는 해리 스택 설리반의 작업에 대해서는 더 충분히 다룰 것이다. 멜라니 클라인Menanie Klein은 그 두 사람[프로이트와 융]을 그[설리반]와 함께 논의할 기회가 있다면 반겼을 것이라고 알려져 있다. 그랬더라면 많은 성과물이 나왔을 것이다. 왜냐하면 내가 지적했듯이 그의 기본 개념 중 몇 가지는 이 영역에서의 사상의 발전에 있어서 큰 중요성을 지니고 있기 때문이다.

그 외에는 정신분석적 사상가들만을 언급하는 데 한정하려고 한다. 정신분석적 운동은 이러한 연구의 영역에서는 가장 중요한 단일한 추진력으로 인정되어야 할 것이기 때문이다. 각 장의 제목에 포함된 몇몇 이름은 내가 추적해야만 하는 정신분석적 발전의 특정한 계열을 대표하는 탁월한 인물들이라는 것에 대해서 이의를 제기할 사람이 별로 없을 것이라 생각한다. 그러나 인간본성이라는 다면적인 현상에 대한 연구를 어느 한 전문 분야나 학파의 독점적인 보존물로 취급할 수 있는 가능성은 현재도 그리고 앞으로도 없을 것이다. 생물학적, 행동적 그리고 역동적 과학은 서로가 기여한 바와 자신들의 한계에 대해서 인정하는 것을 배워야만 하며, 협동하는 것도 배워야 한다. 정신역동적 과학의 더 좁은 영역에서 자기들만의 집단에 폐쇄되어 배타적인 이론의 학파를 보존하려는 어떠한 경향성도 개방적 태도의 과학적 탐구에 죽음을 부르는 저주가 되며, 전진을 심각하게 방해할 수밖에 없을 것이다. 이 책에서 내가 시도하는 것은 신체에 바탕을 둔 정신생리학과 정신생물학으로서 19세기에 출발했던 정신분석학이 20세기에는 전면적으로 확장된 과학의 영역에서 새로운 분야를 탐색하는 정신역동학psychodynamics[6]으로 성장하게 된 궤적을 추적하는 것이다. 정신역동학은 의미와 동기를 지닌 인간존재의 삶에 대한 연구로 정의된다. 그 인간존재란 인격적인 관계를 매개로 하여 형성되고, 그 관계는 삶을 구성하는 것이다. 얼마나 그들의 타고난 재능과 가능성이 개발되고, 도널드 위니컷의 용어를 빌리자면 '성숙과정maturational processes'이 다른 중요한 인간존재들의 '촉진적facilitating' 또는 더 자주 '비촉진적인 환경' 속에서 얼마나 발현될 수 있을지를 광범위하게

---

6) 건트립은 정신분석학(psychoanalysis)을 정신역동학(psychodynamics), 정신역동적 과학(psychodynamic science)이라는 용어로 문맥에 따라 혼용하고 있다. 건트립이 정신분석을 psychodynamic이라는 말로 쓰는 경우는 인간에 대한 기계적 혹은 생물학에 바탕을 둔 연구가 아닌 각 인간이 지닌 내면의 고유한 내적 동기나 개인적 의미를 탐색하는 학문으로서의 정신분석학을 강조할 때이다.

결정한다.

⊕ 원주

1. Martin James, "Psychoanalysis and Childhood, 1967," *The Psychoanalytic Approaches*, ed. J. Sutherland (1968).
2. Max Hammerton, "Freud: The Status of an Illusion," *The Listener* (August 29, 1968).
3. R. Phillips, "Psychological Psychology: A New Science?" *The Bulletin of the British Psychological Society* (April, 1968): pp. 83–87.
4. 위의 논문.
5. Cyril Burt, "Brain and Consciousness," *The Bulletin of the British Psychological Society* (1968): pp. 29–36.
6. 위의 논문.
7. 위의 논문.
8. 위의 논문.
9. Cyril Burt, "The Structure of the Mind," *British Journal of Statistical Psychology,* 14 (1961): pp. 145–170.

제2장

정신역동적 탐구의 출발점
- 프로이트

    친숙한 문제들에 대해서 항상 새롭고 예기치 않은 정보를 제공하는 환자들과 매일매일 임상적 작업을 벌이는 가운데 자극을 받게 되면 자신의 이론적 입장을 일정하게 유지하기가 불가능하기 때문에, 내가 1961년에 『인격구조와 인간 상호작용Personality Structure and Human Interaction』[1]이라는 책에서 제시했던, 그리고 『분열성 문제, 대상관계와 자기Schizoid Problems, Object-Relations and the Self』[2]라는 책을 위한 원고에서 더 발전시켰던 이론적 입장을 개관하고 지금 다시 논의하게 될 기회가 되어 반갑다. 그 원고는 1967년 초에 완성되었기 때문에, 어떤 점에서는 기본 개념들을 더 명료하게 다듬었어야 한다는 것, 그리고 오늘날 내가 바라보는 정신역동 이론의 핵심을

압축하여 기술하는 작업을 더 하게 된다면 도움이 될 것이라는 것
도 알게 되었다.

그러므로 나는 우선 나의 전반적인 계획이 무엇인지부터 간단히
언급하겠다. 내가 강조하고 싶은 가장 중요한 것은 '대상관계 이
론Object-Relations Theory'을 정신분석학의 영국학파로서가 아니라 훨
씬 더 근본적인 현상으로서 소개해야 한다는 것이다. 『미국 정신의
학 편람The American Handbook of Psychiatry』에 이와 동일한 주제로 페어
베언의 관점을 제시할 기회가 있었는데, 가장 포괄적이고 표준적
인 책에서는 그렇게 할 만한 정당한 근거가 있었다.[3] 하지만 지금
은 페어베언에게 인간본성에 대한 정신역동적 탐색에서 오랫동안
진행되어 왔고 현재도 진행 중인 사상의 흐름 중 하나로서 그가 있
어야 할 진정한 자리를 잡아 주고 싶다. 따라서 대상관계 이론을 프
로이트의 작업에서 가장 초기에 시작되었던 것으로부터 정신분석
학 내에 섞여 있고 혼동되었던 두 가지 상이한 유형의 사상 중 하
나의 사상이 우세를 점하기 위해 투쟁해 온 과정으로 묘사할 것이
다. 대상관계 이론 또는 미국식 용어로 '대인관계 이론Interpersonal-
Relations Theory'은 프로이트 자신의 정신역동적 사고를 자연과학과
비인격적이고impersonal 지적인 유산에 속박되어 있던 상태로부터
해방시킨 것이다. 따라서 우리는 프로이트의 독창적이고 탐색적인
끊임없는 지성의 전장 속에서 신경생리학neurophysiology, 정신생물학
psychobiology 그리고 정신역동학psychodynamics이 서로 충돌하는 것을
다시 한번 자세히 살펴보아야 한다. 정신분석적 이론화 작업의 단

계 속에는 그 두 계열의 사고[1]가 눈에 띄지 않은 적이 없었지만, 점차 자아와 인격적personal 인간관계에 대한 연구가 점점 더 무대의 중심을 점령해 왔던 것이다.

하르트만이 고전적인 정신생물학을 정교하게 현대화하는 동안, 영국과 미국에 있는 다른 사람들은 프로이트의 작업에 내재된 인격적이고 정신역동적인 시사점을 발전시켜 나가고 있었다. 카렌 호나이Karen Horney, 에리히 프롬Erich Fromm, 클라라 톰슨Clara Thompson과 그 밖의 다른 사람들이 프로이트의 이론이 지나치게 생물학적 이론으로 편향되었음을 드러내고 사회적 요인들을 더 특별하게 고려하려고 애쓰는 동안, 해리 스택 설리반이 인간적 심리학을 위한 적절한 개념으로서 생물학적 본능의 개념을 분명히 거부한 것과 기본 개념으로 대인관계 경험을 도입한 것은—내 생각에 그 시기는 1925년까지 거슬러 올라가는데—대상관계 이론의 최초의 돌파구였다. 이는 그 당시에 정신분석가들에게 지금보다는 더 당혹스러운 느낌을 주었을 것이며, 오늘날에는 설리반의 이론이 가진 한계점들이 더 명확해졌다. 그럼에도 불구하고 그것은 공인된 정신분석적 운동의 외부에서 이루어진 도전적이고 중요한 전진이었다.

제3장에서 나는 멜라니 클라인의 연구가 미묘한 방식으로(심층

---

1) 여기서 말하는 두 계열의 사고란 정신생물학(또는 신경생리학)과 정신역동학을 의미한다. 건트립은 여기서 신경생리학(neurophysiology)이나 정신생물학(psychobiology)이라는 용어를 별개로 사용하고 있는데, 이 용어는 현대의 학문 분야에서는 잘 쓰이지 않는다. 건트립은 이 용어를 정신역동적 정신분석학(즉, 대상관계 이론)과 대비되는 의미에서, 즉 정신작용을 뉴런의 신경작용으로 환원하여 설명하고자 했던 초기의 프로이트의 관점과 내비시키려는 의도에서 사용하고 있다.

심리학과 밀접하게 연관되어) 어떻게 자신도 모르게 정신분석 운동의 내부로부터 대상관계 이론의 방향을 재설정하는 주요 창설자가 되었는지 보여 줄 것이다. 그때 이후로 사상의 이러한 흐름은 불가항력적으로 확장되었다. 프로이트와 하르트만의 체계-자아system-ego[2]와는 구별되어, 현재 페어베언과 에릭슨 그리고 아동치료 분야의 위니컷 및 다른 사람들의 작업 속에서 결실을 맺고 있는 인격-자아person-ego 이론이 지속적으로 성장했다. 인격-자아 이론은 전체적인 인격으로서의 정신 속에서 어떻게 자기됨의 핵이 가장 초기 단계의 자아성장을 이루어 나가는가 하는 것이 최초 그리고 가장 기본적인 대상관계, 즉 엄마와 아기의 관계에 전적으로 묶여 있다는 것을 보여 준다.

1. 이미 언급했듯이, 나는 대상관계 이론을 정신분석학의 새로운 학파라고 생각하지 않는다. 인간본성에 대해 생각할 때, 우리는 너무 쉽게 이론에 감정적으로 개입된다. 이 분야에서 경쟁 학파들, 내부 집단들, 너무 자기들끼리만 통하는 이론들이 형성된다는 것은 불안으로 인해 나타나는 배반의 징후이다. 만일 우리의 이론적

---

2) 체계-자아(system-ego)와 인격-자아(person-ego)라는 용어는 이 책에서 건트립이 고전적 프로이트 이론과 이후 새롭게 생겨난 정신분석 이론의 차이점을 기술하기 위해 사용하는 중요한 용어이다. 체계-자아란 이드, 자아, 초자아라는 프로이트의 지형학적 심리구조 이론 속에서 기술되는 자아를 의미하며, 마치 유기체 속에서 기계장치와 같이 구분되어 있는 하나의 시스템으로서의 의미를 갖는다. 이 문장에서 건트립이 사용하는 인격-자아는 대조적으로 대인관계의 역동 속에서 파생되는 대상표상을 기초로 형성되는 자아로, 보다 대상 특정적이고 상황 특정적이며 역동적인 의미를 갖는다.

개념들이 정체되거나 너무 오랫동안 변화에 의해 침투되지 않는다면 그것은 우리에게 뭔가 잘못이 있는 것이다. 이론이란 환자들이 현재까지 우리에게 제공한 경험들을 개념화하는 최선의 방법일 뿐이다. 언젠가 위니컷은 (어떤 환자로부터) 어제 배운 것을 오늘 쓰기 때문에 분석가가 독창적이 된다는 것은 불가능하다고 말하였다. 사실, 우리는 환자들에게 자신의 고정관념을 덮어씌우는 것은 아닌지 조심해야 한다. 나는 얼마나 경험이 많은 사람이건 모든 분석가는 초보 시절에는 책에서 배운 대로 해석을 하고 환자로부터는 어떤 반응도 얻지 못한 적이 얼마나 많은지 기억할 수 있으리라 생각한다. 경험이 없던 시절에 우리 대부분은 이론적 지침 없이는 아무것도 할 수 없지만, 환자에게 그 특정한 순간에는 맞지 않거나 관련이 없는 개념들을 덮어씌우는 것이 몇몇 비평가가 생각하는 것처럼 그렇게 쉬운 일은 아니다. 해석을 위한 가장 이상적인 시점은 환자가 자기 자신에 대해서 뭔가를 막 보기 시작하고, 마지막 한 조각 남아 있는 저항을 극복하기 위해 도움을 필요로 하는 그 순간이라고 늘 언급되어 왔다. 분석경험이 늘어나면서, 분석가는 환자가 다음과 같이 말하는 것을 더 자주 경험하게 된다. "당신이 그렇게 말하는 것이 이상하게 느껴집니다. 내가 정말 그와 같은 것을 단지 오늘 아침이 되어서야 생각했기 때문입니다." 그러나 치료의 매 단계에서 환자는 오래된 문제에 대해 미묘한 새로운 통찰을 던져 주는 몇몇 사항을 언급한다. 만일 우리가 수용적이라면 이런 경험들은 우리의 이론을 계속 살아 움직이게 만들어 준다. 나는 정신분석 실무를 시작하기 전에 철학 분야에서 엄격하게 훈련을

51

받았기에 모든 이론에 대해 회의적이었다. 분명히 인간의 사고는 결코 최종점에 도달할 수 없다. 나는 특히 인간본성에 대한 이론이란 것이 항상 사회적 역사의 한정된 시대의 문화적 시야라는 한계 내에서 기술될 수 있는 얼마 안 되는 사실을 반영할 뿐이라고 결론 짓게 되었다. 이런 결론이 프로이트, 토머스 헉슬리Thomas H. Huxley에 의해 묘사된 빅토리아시대의 과학, 또는 영국에서 한스 아이젱크에 의해 기술된 새로운 학습이론과 행동치료의 경우에도 얼마나 잘 들어맞는지 쉽게 보여 줄 수 있다. 최소한 헉슬리는 이런 것들에 대해서는 "아마도 나는 색맹일 것이다."라는 아쉬움 섞인 논평을 함으로써 과학적 유물론과 부수현상론epiphenominalism, 또는 마음이란 것이 단지 기차에서 나오는 기적소리와 같으며 실제로는 아무런 영향력을 갖지 못한다는 등의 견해에 대해 그가 가진 관점의 정당성을 판정할 만한 통찰력을 지니고 있었다.

레온 살즈만Leon Salzman은 디터 와이스Dieter Wyss가 쓴 『심층심리학: 비판적 역사Depth Psychology: A Critical History』란 책을 개관하면서 말한다. "정신분석학의 두 가지 역사가 이 책에 합쳐져 있다. 그중 하나는 그 시절에 우세하던 에너지 역학모형과 인과론에 대한 지나치게 단순화된 개념들 속의 행동이론…… 모든 프로이트의 초기 추론들을 계속 유지할 것을 주장하는, 그러나 결국은 그런 가능성을 파괴한 가장 경직된 정신분석 이론가들의 변천과정이다. 다른 하나의 역사는 성격이론을 인간과 그의 심리학에 관해 타당한 언급에 보다 가까운 쪽으로 옮기고…… 현재까지 제시되어 온 신체모형은 생리화학적 변화뿐 아니라 가치의 체계를 통해서 기능하는 인간을 적절하게 포괄하지 못했다."[4] 살즈만은 두 가지 중요한 논평을 다음과 같이 덧붙인다.

정신분석학은 하나의 과학이지, 종교 혹은 충성을 바치고 종교적 숭배를 필요로 하는 믿음체계가 아니다. 이론의 순수성과 개업 임상가들의 지위를 유지하기 위해 정신분석적 훈련을 제도화하고 협회를 조직하는 것은 정신역동 원리에 기반한 궁극적인 성격이론의 미래에 가장 큰 해가 되는 것이었다. 성격발달의 역동적 개념과 관련된 프로이트의 본질적인 공헌, 인간행동에 있어서 초기경험과 자각의 범위를 벗어난 요소들이 미치는 영향, 내면에서 일어나는 주관적인 경험을 탐색하는 기법은 계속 살아남을 것임이 분명하다.[5]

내가 프로이트의 사고 속에 공존하는 두 가지 흐름을 분리해 내고자 하는 것은 정확히 살즈만이 말하고자 하는 바와 같다. 프로이트 자신은 관찰된 사실에 의해 항상 이론을 변경할 준비를 하고 있었는데, 이것은 우리가 그에게 가장 감사해야 할 만한 충분한 이유 중 하나이다. 그는 계속해서 자신의 이론을 수정할 만한 용기를 가지고 있었다. 조안 리비에르Joan Riviere는 언젠가 말했다. "1924년, 내가 『자아와 이드The Ego and the Id』를 번역하면서 애매한 문장들과 씨름하고 있을 때 그가 말한 의미가 무엇인지 좀 더 분명하게 표현해 달라고 프로이트에게 성가시게 요청하자, 그는 화를 내며 내게 '그 책은 30년 내에 쓸모없는 것이 될 것입니다.'라고 답했다."[6] 프로이트는 우리에게 출발점을 제공해 주었다. 그 출발점이란 영원한 가치를 지닌 요소들을 담고 있는 이론이었으며, 그냥 그곳에서 가라앉아 버리지 않을, 그러기는커녕 새로운 가설에 의해 새로운 경험과 실험을 계속 축적해 나갈 수 있는 엄청난 관찰 사례였던 것이다.

2. 또한 바로 그 이유로 '대상관계 이론'이라는 용어는 페어베언의 작업에만 한정되어서는 안 된다. 만일 그가 정신분석의 새로운 학파를 창설하려 한다는 생각을 했다면 아마 섬뜩한 느낌을 가졌을 것이다. 그는 상식적으로 받아들이고 있던 것들을 재고해 볼 수 있는 독창적인 개념들을 제공해 주었다. 파킨슨병과 뇌혈전증이 그를 덮치자 그는 작업을 완료할 수 없었다. 그는 히스테리에 관한 완전한 연구를 위해 자료를 모으고 책을 쓰려고 했다. 그는 과학으로서의 정신분석학의 본질에 대해 자신이 발전시켜 가고 있었던 몇 가지 생각을 나에게 요약해 주었다. 애석하게도 나는 그때 나눈 대화를 기록해 두지 못했는데, 그 분야를 다시 검토해 달라고 그에게 요청할 수 없었기 때문이다. 그 일이 있고 얼마 지나지 않아 그가 자아취약성에 관한 나의 초고를 읽었을 때 "당신이 이것을 써서 기쁩니다."라고 말했다. 지금 내가 쓸 수 있다면, 그것이 바로 내가 쓰고자 하는 것이다. 우리에게 제공할 것이 더 있다는 것을 알고 있었지만 점점 몸이 더 쇠약해져 그것을 표현할 기력을 강탈당하고 있는 사람을 보는 것은 슬픈 일이었다. 내가 그가 지닌 영감에 대해 큰 신세를 지고 있으며 그것을 발전시키기 위해 뭔가를 했어

야 했지만, 나는 그저 이 남자의 정신을 존중하고 나는 '페어베언 주의자'가 아니며 그런 주의나 학파는 존재하지 않는다고 말하는 것이 도리라고 느꼈다. 그는 그런 용어에 대해 생각하지 않았다. 그의 머릿속에 있었던 것은 사상의 학파가 아니라 끊임없이 지속 적으로 집중하고 있던 '대상관계 속에서의 인격적 자아'에 관한 것 이었다. 페어베언은 멜라니 클라인에게 자극을 받아, 도그마를 제 공하는 대신 연구를 위한 자극을 주었을 뿐이지만 이 영역에서 걸 출한 기여를 하였다.

따라서 '대상관계 이론'이란 용어는 페어베언의 업적에만 한정 되어서는 안 된다. 1940년대와 1950년대 초에야 그는 자신의 작업 을 대상관계 이론이라 불렀는데, 이것은 이 이론이 새로운 것이 아 니라 부모-자녀 간의 (오이디푸스적) 관계에 관한 프로이트의 이론 에서 인간관계적 측면을 더 섬세하게 강조한 것일 뿐임을 시사한 다. 타비스톡 클리닉Tavistock Clinic 3)의 동조자들은 대상관계 이론의 축약형을 제안했다. 이 기관의 초기 멤버이자 페어베언이 언젠가 "수티는 정말 중요한 생각을 가지고 있습니다."라고 말했던 이안 수티Ian Suttie는 「사랑과 미움의 기원Origins of Love and Hate」이라는 자신 의 논문에서, 어떤 의미에서는 페어베언의 선구자였다. 그러나 진 실을 말하자면, 중요한 생각들은 특별히 미묘한 사상적 분위기 속

---

3) 타비스톡 클리닉은 1920년 정신과의사인 휴 크라이턴 밀러(Hugh Crichton-Miller) 에 의해 런던에 창설된 자선적 정신과 의료기관으로 초기에 제1차 세계대전 후 외상 적 경험을 한 군인들과 아동들을 무료로 치료해 주었다. 존 볼비(John Bowlby), 마 이클 발린트(Michael Ballint), 윌프레드 비온(Wilfred Bion), 메리 에인스워스(Mary Ainsworth) 등 역사적으로 정신분석학계의 떠어난 인물들이 이 기관에 참여하였다.

에서 성장하는 것이다. 그 마지막 세기의 말이었거나 초기의 20년 동안이었다면, 페어베언은 그기 했던 것처럼 자신의 생각을 글로 쓰지 못했을 것이다. 그 시기에 프로이트는 과학적인 접근을 그만두지 않으면서도, 정신분석 또는 지금의 맥락에서 내가 더 선호하는 용어로 정신역동적 과학의 초석을 놓기 위해 자연과학의 경직된 울타리를 벗어나려고 투쟁하던 중이었다. 그러한 투쟁의 결과로 프로이트에 의해 시작되었던 그 사상적 분위기 속에서 태동한 미묘한 변화는 초기의 사고방식을 해방시켜 더 앞으로 나아가는 변화를 이루었는데, 설리반, 클라인, 페어베언이 거기에 속해 있었다. 역사적 관점에서 바라볼 때에만 어떤 다른 사상의 학파를 방어하거나 공격하는 측면에서가 아니라 이런 문제들에 대해 현실적으로 생각할 수 있다.

대상관계 이론 또는 차라리 대상관계적 사고는 오늘날 존재하는 많은 다양한 사고의 흐름을 폭넓게 담고 있다. 그 뿌리는 오이디푸스 콤플렉스와 치료과정에서의 전이와 저항이라는 현상에 대한 프로이트의 작업에서 발견할 수 있을 것이다. 그것은 내적 대상에 대한 멜라니 클라인의 작업 속에서 엄청나게 확장되었고, 미국의 심리사회학psychosociology[4]과 페어베언의 내적 대상의 분열 및 자아분열에 대한 논의에서 보다 명료해졌으며, 에릭슨의 자아정체감 연구에서 임상적으로 발전되어 왔고, 가장 초기의 엄마-유아 관계에

---

4) 이 용어도 오늘날 심리학의 한 분야를 지칭하는 일반적인 용어는 아니다. 미국의 심리학자들 중 생물학적 측면을 중시하는 생물심리학이나 객관적으로 관찰 가능한 행동만을 다루어야 한다는 행동주의적 관점과는 달리 사회적·대인관계적 측면을 강조하는 일군의 심리학자들을 지칭하기 위해 사용한 용어로 보인다.

존재하는 자아의 싹에 관한 위니컷의 작업에 의해 가장 철저한 방식으로 깊이를 더했다. 이러한 걸출한 이름들은 많은 사람이 정신분석학계의 내부와 외부에서 각자의 역할을 해 왔던 정신분석학의 발전과정을 나타낸다. 페어베언과 위니컷에 의해 정신분석적 방법으로 작업했고 정신분석 내에서 훈련받았음에도 불구하고, 어떤 정신분석 단체의 일원도 아니었던 사람으로서 나는 한두 명을 제외하면 우리 모두는 그러한 조직화된 연구결과들을 보존해 온 정신분석적 운동에 큰 빚을 지고 있다고 말하고 싶다. 그러나 오늘날은 정신분석적 운동이 이념적으로 동질적이지 않고 모두가 대상관계 이론에 기여하고 있는 것도 아니다. 사실 대상관계적 사고방식은 오늘날 조직체가 아니라, 엄청나게 성장한 신체에 관한 과학에 균형을 잡아 주는 역할을 하는 반대운동으로서 오늘날의 시대에 특별한 방식으로 소속된 폭넓은 사상운동이다. 이러한 발전이 이루어지게 된 주요 동력은 우리와는 정반대 쪽에 서 있는 비역동적이고 비대상관계적이고, 비개성적인 이론들, 그리고 단지 증상만을 언급하고 주관적 경험의 의미와 가치를 무시함으로써 인간의 친밀하고 개인적인 삶에 대한 연구에 자연과학적 사고 형식을 부여하려는 이론들에 균형추를 달아 주어야 할 필요성에서 나왔다. 제1장에서 보여 주려고 했듯이, 역동적인 또는 비역동적인 두 가지 상이한 심리학이 존재한다는 것이 그 둘이 서로를 반대해야 한다는 것을 의미할 필요는 없다. 모든 그러한 반대는 본질적으로 비과학적인 것이다. 하지만 그런 반대 움직임이 실제 일어난다면(나는 네대낏 행동주의자들이 정신분석 치료가 필요하다는 것을 인정할 준비가 되었던 것보다 정신분석가들이 행동치료가 필요하다는 것을 더 기꺼이 받아들일 준비를 해 왔다고 느끼지만), 그것은 우리 시대의 문화가 궁지에 몰렸다는 것을 나타내는 징후인 동시에, 순전히 객관적이고 기계적인 과학과 기술이 지배하는 시대에서 개인들이 생존을 위해 투쟁해야만 하는 삶을 살고 있음을 보여 준다. 이때 정신역동적 생각을 가진 사람들은 전통적 과학의 진영과 전투를 벌여 그들이 정신적 실체[5]를 다루는 데 무능하다는 것을 보여 줄 의무가 있다.

3. 개관한 정신분석학의 영역이 너무 광범위하다는 점을 고려해서 내가 마지막으로 제한된 언급밖에는 할 수 없는 것은, 어떤 의미에서도 내가 박학다식한 정신분석가라거나 이 분야의 중요한 모든 문헌을 다 읽었다고 주장할 수는 없다는 것이다. 오늘날 이 분야와 관련된 문헌들이 너무나 광범위하기 때문에, 정신분석 운동의 전체 역사만을 전문적으로 연구하는 정신분석 역사학자라야 그런 작업을 할 수 있을 것이다. 그러나 그 밖에 또 다른 이유가 있다. 학문 연구에만 너무 많은 시간을 투자하면 환자를 진료하는 데는 너무 적은 시간을 쓸 수밖에 없게 되고(이것은 매우 중요한 것이다), 그러면 자신의 독립적인 사고를 막게 되는 결과를 초래한다. 우리는 책이나 서로를 통해 지침이 될 만한 생각들을 배워야

___

5) 정신적 실체(psychic reality)는 프로이트가 언급했던 유명한 말이다. 즉, 환상, 상상, 기억과 같이 그것이 실제 존재하는 객관적인 현실을 반영하는 것이 아닌 주관적인 것이거나 심지어 객관적 현실을 왜곡한 것이라 해도 그것은 그 개인의 삶에 중요한 영향을 미치는 하나의 심리적 실체로 현실에서 작용한다는 의미이다.

만 한다. 그러나 우리 자신의 개인분석 경험을 감안하면서 인간의 본성에 대해 직접적인 사실을 배울 수 있는 것은 환자들로부터이다. 나는 설리반, 클라인, 페어베언, 에릭슨, 하르트만 그리고 위니컷과 같이, 내게는 두드러져 보이는 진정으로 창조적인 몇몇 저자를 연구하려고 선택했다. 카를 아브라함Karl Abraham, 산도르 페렌치Sandor Ferenczi 그리고 어니스트 존스Ernest Jones의 논문들 역시 읽지 않을 수 없다. 그녀의 저서와 개인적인 토론과정에서 받은 자극뿐 아니라, 호감을 주는 용어는 아니지만 없어서는 안 될 개념인 관상학personology[6])이라는 개념을 정신분석학의 전장에 도입했던 마조리 브리얼리Marjorie Brierley에게 나는 빚진 바 있다. 내가 학부생 시절 들었던 플뤼겔J. C. Flügel의 강연들과 그의 전문 서적들도 귀중한 것이었다. 기꺼이 통독을 했을 만한 다른 저자들의 저작들도 있었지만, 그들의 저서들과 내 관심을 끌었던『국제학술지The International Journal』에 실린 논문들은 그저 맛만 보았을 정도이다. 이 기회를 빌려 나는 맥스웰 기텔슨Maxwell Gitelson, 리오 랑겔Leo Rangell, 로버트 홀트Robert Holt, 그리고 특히 하르트만의 저서와 그가 자극했던 자아심리학의 운동을 다양하고 상이한 미국인의 시각을 통해 볼 수 있게 해 주었던 버나드 아펠바움Bernard Apfelbaum이 발간한『국제학술지』에 실렸던 논문들에도 신세진 바 있음을 전한다. 그러나 이론의 근본적인 전제들에 기반을 둔 이후에는 환자들이 보여 주는 증거들

---

6) 마조리 브리얼리(Marjorie Brierley, 1893~1984)가 사용했던 용어이다. 그녀는 추상적인 이론체계를 다루는 초심리학(metapsychology)으로서의 정신분석학과 개인의 주관적인 경험을 다루는 심리학(personology)으로서의 정신분석학을 구분하였다.

에 의해서 지속적으로 그 개념들을 검증해 나가는 것이 중요하다는 것이 내 생각이다. 사람을 돌보는 것은 관념을 돌보는 것보다 더 중요하다. 관념이나 이론은 좋은 하인일 수 있지만 나쁜 주인이 될 수 있으며, 나의 관심은 항상 그와 같은 이론보다는 주로 임상적 작업에 머물러 왔다. 이어서 개관하는 이론에는 틀림없이 중요한 것들이 많이 누락되겠지만, 그러한 임상 작업은 도움을 요청하고 있고 장애를 가진 인간존재에게서 내가 관찰할 수 있는 실제로 일어나고 있는 것들에 더 가깝고 그것을 반영하는 것들이다.

여러분이 읽었건 또는 읽지 않았건, 반드시 읽어야만 하는 것이 있다. 우리는 모두 프로이트로부터 시작해야만 한다. 그는 프로이트주의자, 신프로이트주의자 그리고 심지어 비프로이트주의자와 반프로이트주의자에게도 모두 동일한 출발점이 되기 때문이다. 아무도 프로이트를 무시하거나 우회할 수 없다. 초기에 융, 아들러, 랑크Rank는 모두 프로이트에게 깊은 영향을 받았다. 멜라니 클라인과 페어베언, 하르트만과 에릭슨은 모두 자신들이 프로이트의 이론을 발전시키는 것과 동시에 다양한 방식으로 그를 넘어서고 있다고 여겼다. 하르트만은 프로이트의 체계-자아 이론을 새로운 방향으로 발전시켰다. 반면에, 클라인의 작업에 의해 크게 자극받은 대상관계적 관점은 인격-자아 이론을 개념화하는 방향으로 나아갔다. 하르트만이 미국으로 가고 클라인이 영국으로 간 것은 사소한 역사적 사건이 아니었다. 그녀의 본능이론이 표면적으로는 정통성을 지니고 있었음에도 불구하고 영국에서 대상관계적 사고를 크게 자극했던 것은 멜라니 클라인의 작업이었기 때문이다. 앞서 설명했듯이 이것이 우리를 오도할 수 있음을 보여 주는 것, 그리고 대상관계적 사고는 그 태생에서부터 정신분석학에 내재된 사상의 운동으로서 연구되어야 한다는 것을 보여 주는 것이 나의 목적이다. 미국의 몇몇 사람의 작업에서 그랬던 것만큼 하르트만에게서 우세하게 나타나지는 않지만 그것은 여전히 거기에 있으며, 이 문제들에 관해 연구하는 사람들 사이에서 오늘날 정신역동 이론의 개념들이 상호 교류하는 데 자극을 줄 수 있는 움직임이 대서양의 양쪽 편에서 일어나고 있다.

프로이트의 생각은 두 그룹으로 나뉘었다. ① 이드와 자아통제 장치, ② 전이와 저항의 형태로 치료과정에서 재현되는 가족의 대상관계 상황인 오이디푸스 콤플렉스. 첫 번째 그룹은 정신을 하나의 기계장치, 긴장 감소를 목적으로 하는 비인격적인 조직 배열, 항상성을 유지하는 유기체로 묘사하려는 경향이 있다. 두 번째 그룹은 사람들이 타인들에게, 특히 부모가 자녀의 삶에 미치는 영향을 다루는 인격적 심리학을 지향하는 경향이 있다. 이 두 번째 그룹의 사람들이 가진 생각은 프로이트로 하여금 명백히 생물학적 기반과 기능을 가진 성에 대한 연구를 넘어서서 죄책감과 우울감이라는 명백히 사회적인 수반요소를 지닌 공격성으로, 그리고 생물학에서 유래할 수 없고 부모와의 동일시에 근거하고 있는 정신생활의 한 측면인 초자아의 개념으로 나아가도록 이끌었다. 초자아는 인격적인 대상관계의 결과물을 보존하고 있는데, 오이디푸스 콤플렉스를 극복하기 위해서는 동일시 과정이 부모와의 오이디푸스적 관계를 대체함으로써 가능해진다고 지적했기 때문이다. 따라서 하르트만의 작업에서 초자아가 그 모든 대상관계적 함의와 함께 중요성이 감소하고 자율적 체계-자아와 그 조직체의 배후로 함몰했다는 사실은 매우 중요한 것이다. 반면에, 멜라니 클라인의 작업에서는 초자아가 실제적으로 그녀의 모든 이론이 새롭게 발전해 나가는 출발점이 되었다. 하르트만이 프로이트 이론이 지닌 비인격적인 측면을 한껏 발전시켜 나간 반면, 멜라니 클라인은 대상관계적 측면을 발전시켰다. 아이슬러 부부K. Eissler와 R. Eissler[7]는 하르트만을 기념하는 논문집Festschrift에서 그가 고지식할 정도로 체계적인 사고방식과 고심참담하는 사색가일 뿐 아니라 매우 철저한 과학적 교육에 바탕을 둔 성숙하고 폭넓은 학식을 지닌, 진정으로 고전적인 유형에 속하는 사람임을 보여 주었다. 그는 보다 비개인적인 측면이 다분한 자아의 기제에 관한 프로이트의 생각을 발전시키고 완성하는 과업을 위해 가장 적합한 이상적인 인물이었다. 그의 책『자아심리학에 관한 논설Essays on Ego Psychology』의 14장에서 프로이트의 자아개념에 대해 기술한 것에서 볼 수 있듯이, 그는 프로이트의 자아에 대한 이론의 모든 변화과정을 철저하게 추적해 들어갔다. 그렇게 함으로써 그는 프로이트가 했던 작업을 그 궁극의 세부적인 한계까지 몰고 가면서, 정작 프로이트 자신은 그러한 탐색을 할 만한 시간이나 기회가 없었던 시사점들을 도출해 내었다. 그러나 자율적 자아에 대한 그의 개념에도 불구하고 하르트만은 고

---

7) 쿠르트 아이슬러(Kurt Eissler, 1908~1989)는 비엔나의 정신분석가로 프로이트의 전기작가이자 프로이트 기록보관소를 설립한 인물이다. 그는 프로이트의 가장 충실한 옹호자이자 전달자로 평가받는다. 1936년 역시 동료 정신분석가인 루트 아이슬러(Ruth Eissler, 1906~1989)와 결혼하였다.

전적 정신분석적 전통이라는 관점에서 볼 때 근본적으로는 여전히 정통적[혹은 고전적] 정신분석가의 범주에 속한다. 그것은 그가 단순히 이드의 개념을 보존했기 때문은 아니다. 정도의 차이는 있지만 멜라니 클라인, 에릭슨 그리고 심지어 위니컷도 계속해서 그 용어를 사용했기 때문이다. 그보다는 하르트만의 이론이 인간을 전체적이고 고유한 존재로 바라보는 역동심리학으로서의 생생함을 결코 살려 내지 못했다는 데 있다. 하르트만은 그렇게 하는 대신 일반 심리학과 접촉하려고 노력했는데, 그런 심리학은 오늘날 더욱 뚜렷하게 비역동적이고 비인격적인 경향이 있다. 행동치료가에게 있어 인간존재란 그저 행동 패턴의 목록에 지나지 않듯이, 하르트만이 생각하는 자아와 같이 실제 인간이나 자기가 아닌 성격 패턴이란 내적 통제와 개인의 자아가 아닌 외부 현실에 대한 외적 적응을 위한 유기체의 조직이나 자동기계의 목록인 것이다. 그때 개인의 고유한 부분은 무시되고, 모든 강조점은 프로이트 이론의 이드와 자아통제 장치에만 해당되는 체계-자아에 모아진다. 이것은 구조이론이지, [개인의 독특한 특성을 묘사하는] 개인이론이 아니다.

이 시점에서 우리는 그의 책 『쾌락의 원리를 넘어서Beyond the Pleasure Principle』로 돌아가 봄으로써 어떻게 해서 프로이트의 그런 비개인적인 측면의 생각들이 가능할 수 있었는지를 다시 한번 상기해 보는 것이 온당할 것이다. 프로이트는 인간에 대한 전적으로 새로운 연구의 개척자로서, 그가 자라났고 물질적 현상에 대한 객관적인 연구를 위해 길러졌던 전통적인 자연과학과 그가 창조할 수밖에 없는 운명이었던 새로운 정신역동적 과학 사이에서 어디에 충성을 바쳐야 할 것인가와 관련된 갈등 상황에 자신이 얼마나 깊이 함몰될 것인지에 관해 예견할 수 없었을 것이다. 그의 이론이 가진 이러한 두 가지 측면은 다음과 같다. 한쪽에서는 (한때 수압모형hydraulic model으로 불렸던) 이드의 충동을 통제하기 위한 비인격적인 정신적 조직이 있고, 다른 한쪽에는 부모와 아이로부터 시작되는 의미 충만하고 동기적인 요소가 작용하는 대상관계적 삶이 있다. 프로이트 이론의 비인격적인 측면은 과학자로서의 관심에서 발전되었으며, 우리는 프로이트가 그러한 대규모의 과학적 이론 구축을 위해 처음 시도했던 것이 1895년에 쓴『과학적 심리학을 위한 구상Project for a Scientific Psychology』이나『신경학자를 위한 심리학Psychology for Neurologists』처럼 순전히 신경생물학적인 것임을 잘 알고 있다. 그 개념이 진정으로 심리학적인 현상을 설명하지 못한다는 것을 알았을 때, 프로이트는 그러한 사고의 도식을 버리고 다른 생물학적 개념을 실험하는 방향으로 나아갔다. 오늘날의 새로운 학습이론가들은 프로이트가 실패한 곳에서 자신들이 성공했다고 믿고 있을는지도 모르겠지만, 사실상 그들은 프로이트가 부적절한 것으로 여겨 거부했던 것과 모든 본질적인 면에서 동일한 위치를 점하고 있다. 나는 지금 조건화, 습관 형성 그리고 재조건화에 관한 그들의 연구가 무가치하다고 말하고 있는 것은 아니다. 그렇게 말하는 것은 사실이 아니며, 나는 그런 종류의 연구들도 수행되어야 한다는 것을 인정한다. 그러나 나는 그런 연구는 심리학이 아니며, 그가 진정으로 추구하는 심리학을 해야겠다고 결정한 프로이트의 생각이 옳았다는 것을 주장하려는 것이다.

프로이트는 그의 이론화 작업의 두 번째 위대한 단계에서 본능의 개념으로 관심을 돌렸는데, 그것은 충분히 심리학적인 것처럼 보였다. 그가 언젠가 "본능은 우리의 신화이다."[8]라고 쓴 적이 있긴 하지만, 결코 진정으로 자신의 심리생물학psychobiology[9]을 버린 것이 아니었다. 그러나 약 1915년에서 1920년에 이르러, 그칠 줄 모르는 프로이트의 탐구로서의 강력한 포도주가 옛 이론의 포도주병을 파열시켰다. 그 파열은 그를 자아분석으로 몰고 갔지만 그것은 여전히 그의 심리생물학에 묶여 있는 것이었기에, 우리는 그것을 더 자세히 살펴보아야 한다. 그것은 진정으로 개인의 고유한 측면을 다루는 이론화 작업이라기보다는 근본적으로는 여전히 한층 더 자연과학적인 형태의 이론화 작업이었다. 프로이트는 두 마리 말을 동시에 타려고 했던 것이다. 하나는 그의 경제학적이고 지형학적인 관점이 가미된 기계론적인 것이었고, 다른 하나는 가족관계라는 매개물에 내재된 심인론적 과정들에 근거하여 그의 역동적인 관점에서 조직화된 개인 고유의 특성을 다루는 이론이었다. 역동적인 측면을 추구하려는 프로이트의 동력은 생화학적인(생물학적인) 에너지와 심리학적인 에너지 사이에서 왔다 갔다 했지만, 에너지 개념은 생물학 분야에 속한 것이었기 때문에 정신 에너지라는 개념을 가지고 작업해 나가기가 어려운 것이었다.

『쾌락의 원리를 넘어서Beyond the Pleasure Principle』에서 프로이트는

---

8) 프로이트의 『새로운 정신분석 강의(New Introductory Lectures on Psychoanalysis)』 (1932), 제32강에서 프로이트가 언급한 말이다.
9) 또는 생물학적 심리학, 다시 말해 프로이트가 초기에 구상했듯이 모든 심리학적 이론을 뇌 관의 직용에서 그 기계로 설명하려고 했던 유형의 심리학을 의미한다.

자신의 관점이 추측에 근거한 사변적인 전제라고 말했지만, 어쨌든 그런 전제들은 사실처럼 다루어졌다.

> 정신적 사건에 의해 점유된 과정은 자동적으로 쾌락원리에 의해 조절된다. …… 그러한 사건들의 진행은 언제나 불쾌한 긴장에 의해 작동을 개시하며…… 그 최종적인 결과는 그 긴장을 감소시키는 방향―즉, 불쾌를 피하거나 또는 쾌락을 산출하는 방향―으로 나아간다.[7]

여기서 '자동적으로'라는 용어에 주목하라. 그것은 심리학적인 의미를 담고 있지 않은 기계적인 것이다. 정신적인 혹은 심리학적으로 의미 있는 용어들이어야 할 '쾌와 불쾌'라는 용어는 진정으로 적절한 것은 아니라는 것이 드러났다. 프로이트가 계속해서 다음과 같이 말하고 있기 때문이다.

> 우리는 쾌와 불쾌를 그 당시 마음속에 존재하는 흥분의 양과 관련된 것이며…… 불쾌는 흥분의 양이 증가하는 것과, 쾌는 감소하는 것과 관련이 있다고 결론을 내리게 되었다.[8]

프로이트의 표현을 빌자면, 이러한 견해는 '정신생리학이 가르쳐 준 모든 것'으로부터 유래한다.

> 정신생활에 있어서 쾌락원리가 지배적이라는 것을 우리가 믿도

록 만든 사실들은 정신장치가 정신적 흥분의 양을 가급적 낮은 수
준으로 또는 적어도 일정하게 유지하려고 노력한다는 가설로 표현
될 수도 있다. 이 후자의 가설은 쾌락원리를 표현하는 또 다른 가설
일 뿐이다. …… 쾌락원리는 항상성 원리constancy principle로부터 유
래한다.[9]

이 항상성 원리는 브로이어와 프로이트의 『히스테리 연구Studies
on Hysteria』에서 '두뇌 안의 흥분을 일정한 수준으로 유지하려는 경
향'이라고 정의되었다. 두 가지 상이한 유형의 사고들 간에 미묘한
혼동이 있다는 것은 '정신적 장치가 노력한다.'라는 프로이트의 표
현에서 드러난다. 만일 '노력', 즉 목적적인 추구라는 것이 있다면,
우리는 심리학적인 기반 위에 서 있는 것이며 어떤 장치를 다루고
있는 것이 아닌 동기를 가진 정신적 자기psychic self를 다루고 있는
것이다. 그러나 만일 장치라는 것이 있다면, 그것은 기계적인 개념
이며 '노력한다'라는 용어를 사용하는 것은 잘못된 것이다.

이 쾌락 또는 항상성 원리는 나중에 생리학자들에게 '생체항상
성homeostasis'으로 알려지게 되었는데, 이는 유기체의 기능을 설명
하기 위해서는 가치가 있는 것이었지만 독특한 한 개인으로서의
우리의 삶을 설명하는 데 있어서는 부적절한 용어가 되었다. 정신
적 자기는 흥분의 양을 가능한 한 낮고 일정한 수준, 즉 변치 않는
수준으로 유지하려고 노력하는데, 이것은 매일매일의 우리의 삶
을 지루하게 만드는 조리법이 될 것이다. 그것은 또한 "자, 너무 흥
분하지 마라. 그렇게 웃다간 금방 울게 될 거다."라고 항상 말하는

엄마와도 같다. 빅토리아시대의 젊은 여성들은 '항상성 원리' 또
는 그 당시에 쓰이던 용어인 '겸양원리modesty principle'에 의해 양육
되었기에 '히스테리the vapours'[10]로 불리던 막다른 도피처를 찾게 되
었다. 흥분의 증가는 항상 불쾌감으로 경험되는 것은 결코 아니며,
그저 생리학적인 것이 아니라 우리의 개인적 경험이 관련될 때 지
루함으로부터 해방된 느낌으로 종종 더 자주 경험된다. 진정한 즐
거움을 느낄 수 없을 때, 사람들은 보통 그 즐거움에 대한 대용으
로서 흥분을 향해 날아간다. 이 생리학적인 양(量)의 이론은 사실
상 경험에 대한 어떤 심리적 의식도 그저 신체과정의 부산물 수준
으로 축소시키는데, 이것은 정확하게 헉슬리가 '마음'을 부수현상
이라고 불렀던 것과 일치한다. 이것은 전혀 심리학이 아니며 뇌생
리학이다. 있어야 할 자리를 벗어나 방황하게 될 때, 그것은 뇌생
리학 또는 과학적 유물론이 된다. 오늘날의 정신분석학에서는 그
런 종류의 저작물을 그렇게 많이 만날 수 없다. 그럼에도 불구하고
홀트Holt는 우리가 그것을 다시 기억하기를 원했던 것 같고, 또 심
리학자들은 여전히 그 수준에서 탐구를 진행해 나가고 있기는 하
다. 그 한계, 즉 정신적 혹은 심리적 삶의 신체적 기반에 대한 연구
인 심리생물학 이상의 것만 주장하지 않는다면, 그러한 탐구는 타
당하다. 그러나 그러한 탐구는 그 자신의 고유한 속성을 지니고 있

---

10) 고대 그리스의 체액이론(humor theory)에 뿌리를 둔 빅토리아시대의 의학용어이
다. 여성이 겪는 다양하고 모호한 증상들이 신체 내부의 체액 간 불균형에 기인한다
는 생각을 바탕에 깔고, 그 체액이 몸 안에서 증발하여 수증기처럼 퍼져 나감으로써
당시 여성들이 보이던 다양한 정신적 증상들(우울증, 망상, 히스테리 증상 등)이 나
타나는 것이라고 생각하였다.

는 정신생활에 관한 연구로서의 심리학은 아니다. 우리는 실제로 비심리학적이고 비개인적인 것은 프로이트의 기본적인 이론화 작업 중의 한쪽 측면일 뿐이라는 것, 그리고 그것은 모두 그가 극복하려고 노력했던 것이라는 것을 잊어서는 안 된다. 그러나 감성적 직관과 탐구를 향한 그의 지적 욕구가 그가 받아 왔던 전문적인 과학적 교육에 의해 제한받지 않았다는 바로 그 점이 프로이트의 위대함이었다.

다행히도 우리는 우리가 이해하고 싶은 것을 설명하지 못하는 영역의 신체과학에 대한 폐쇄적인 충성심으로부터 우리는 떠날 수 있게 되었고, 프로이트의 생각이 지닌 대상관계적 측면을 발견하게 되었다. 이것은 그의 작업에서 가장 창조적인 모든 것의 원천이었다. 어니스트 존스는 프로이트의 초기 이론화 작업이 닫혀 있는 완벽한 하나의 전체를 나타내는 것이었고, 구조이론과 자아분석으로 방향을 돌렸을 때 프로이트가 전적으로 새로운 출발을 시작하게 된 것이라고 생각했다. 그러한 변화는 전통적인 과학이 추구하던 물리학적 사고 형식이라는 구속복을 벗어 던지는 프로이트의 통찰이 지니고 있었던 대상관계적 요소를 향한 투쟁이 부분적으로밖에는 성공하지 못한 것이라고 말하는 것이 더 진실에 가깝다고 생각한다. 대상관계적 사고는 정신역동적 통찰의 핵심적인 부분이 해방된 것이다. 이것은 프로이트가 살던 시대의 물치료법이나 다른 경험적이고 무익한 치료법이 내포하고 있던 신경증에 대한 이해에 대해 프로이트가 불만족을 느꼈던, 그리고 인간의 문제에 대해 가장 대담한 지성 중의 한 명에 의해 탐색되고 의문이 제기되었던 가장 초기의 순간들에서부터 정신분석적 사고 내에서 작용하고 있던 추진력이었다. 사실상 그의 대상관계적 통찰은 그가 유산으로 물려받은 이론인 본능의 생리학으로부터 분리될 수밖에 없었다. 비록 오랫동안 실현되지는 않았지만, 프로이트가 성 본능을 넘어서서 두 번째 주요 본능인 공격성을 첨가했을 때 이러한 분리는 실제로 시작되었다. 왜냐하면 공격성이 무엇이건 간에 그것은 분명히 성과 같은 의미에서의 본능이 아니었기 때문이다. 이렇게 모호하고 다의적으로 정의된 '본능'이라는 용어는 '능력faculty'이라는 용어와 유사하다. 일찍이 1931년에 페어베언은 다음과 같이 썼다.

> 현대 과학의 일반적인 경향은 독립적 실체들에 의심의 눈길을 던지는 것이다. 그리고 그 구식의 '능력심리학'이 사라지게 된 것은 이러한 영향에 의해서이다. 아마도 정신적 현상을 기능적 구조의 집단들로 배열하는 것이 심리학적 과학이 시도할 수 있는 최선이었을 것이다 [고딕체는 저자의 강조]. 어쨌든 '본능'에 실체로서의 지위를 부여하는 것은 현대 과학의 정신과는 반대되는 것처럼 보였을 것이다. 또한 현대 지식의 관점에서 볼 때 본능은 특징적인 역동적 행동 패턴으로 간주하는 것이 최선인 것처럼 보인다.[10]

페어베언이나 설리반처럼 나는 본능이란 용어를 사용하지 않는 편이 더 좋다고 생각한다(페어베언은 '본능'이라는 명사가 아닌 '본능적인'이라는 형용사를 사용하곤 했는데, 이는 본능을 실체인 것처럼 구체화하거나 실체화하는 것에 대한 보호장치였다). 아마도 오늘날이었다면, 그는 '행동의 패턴'이라는 용어가 '역동적인'이라는 형용사에 의해 의미가 고정된다고 하더라도 그 행동주의가 담고 있는 의미의 측면에서 너무 비개인적이고 고정적인 것처럼 느꼈을 것이다. 동일한 의미에서 그는 '리비도'라는 용어도 이후에는 사용하려고 하지 않았고 항상 리비도적 자아에 관해서만 얘기했다. 그는 소위 말하는 본능이라는 것이 실체가 아니며 '그 자신의 외부에서부터 자아로 침투하고 자아를 비난하거나 걷어차는' 힘들이 아닌 '인격-자아person-ego'의 역동적인 반응이며, 그것이 성적인 것이건 공격적인 것이건 그 반응은 대상관계적 상황 속에서 그리고 그러한 상황에 직면했을 때 나타나는 것이라고 주장했다. 그렇다 하더라도 대상에 대한 성적인 자아의 반응과 공격적인 반응 사이에는 근본적인 차이가 있다. 성적인 경우에는 정신적 경험의 질이나 뒤따르는 행동이 최초에는 유기체의 물리적이고 생화학적인 상태로부터 나온다. 공격적인 경우에는 그 반대이다. 공격적 반응을 동반하는 생화학적 상태는 정신적이고 정서적인 경험으로부터 유래한다. 이것을 보다 폭넓은 맥락에서 기술하자면, 성적인 것은 우리가 배고픔, 목마름, 배설, 호흡(공기에 대한 욕구) 그리고 아마도 수면과 신체적 운동을 향한 욕구와 함께 '식욕'으로 묶을 수 있는 현상에 속한다. 식욕은 모두 신체를 가진 유기체의 생존 및 번식과 주로 관련되며 개인적 정신의 욕구와는 주된 관련이 없다. 이 식욕은 모두 개인적 관계성personal-relationship이라는 의미를 부여받을 수도 있으며, 성, 배고픔, 목마름, 그리고 운동을 통해 가장 쉽게 그렇게 된다. 강박적 성격을 가진 어머니들은 어떻게 해서든 배설행위에 대해 불필요할 정도의 엄청난 죄책감이 실린 개인적 관계성의 의미를 부여하려고 애쓴다. 숨 막히게 하는 어머니가 딸을 천식으로 몰고 갈 때 똑같은 일이 발생하는데, 내 환자들 중 한 명이 그런 경우였다. 이 환자는 깃털 쿠션에 알레르기 반응도 보이게 되었는데, 그것이 자신의 마음을 상하게 만드는 자기 어머니의 쿠션일 경우에만 그런 것이라는 점이 드러났다. 다른 사람이 있을 때 잠드는 능력이 그 사람과의 관계에서 안전감을 표현하는 것이라면, 수면은 깊은 개인적 관계성의 중요성을 갖는다. 따라서 성공적인 분석의 종결을 향해서 나아갈 때, 만일 환자가 분석회기 중에 편하게 이완할 수 있고 잠들 수 있게 된다면 그것은 좋은 징조이다. 어떤 환자에게 그런 경우가 있었는데, "내 속에서 뭔가가 나를 치유하면서 깊이 가라앉게 하는 것 같았어요."라고 말했다. 반면에 어떤 남자 환자는 자신이 평생 여자와 한 침대에 들었던 적이 단 한 번 있는데―그는 그것이 어떤 것인지 알기 위해 그렇게 하는 것을 꺼리지 않았다―잠드는 것이 두려웠다고 했다. 이후 그의 약혼녀가 자신들이 더블베드에서 함께 자는 것을 당연한 것으로 생각하고 있다는 것을 알았을 때, 그는 자신 인생에서 유일했던 그 약혼을 파기하고 말았다. 그에게는 자신의 인격을 질식시켰던, 정말로 지배적인 어머니가 있었다. 비슷하게, 신체적 운동을 지향하는 욕구에도 개인적 관계성의 의미가 부여될 수 있다. 그 의미가 경쟁적인 운동경기, 즉 타인과의 관계에서 신체적 기량이 엄청나게 자부심을 높여 주는 수단이 되는 경우이다. 먹고 마시는 행위에 우정이나 나눔의 상징으로서 개인적 의미가 부여되는 경우가 얼마나 많은가는 더 이상 강조할 필요도 없다. 따라서 타인과 관계 맺는 하나의 형식으로서 신체적인 욕구는 고도로 개인적인 가치를 부여받을 수 있고 또 실제로 항상 그렇게 된다. 그러나 그것은 사실 더 이상의 의미부여 없이도 신체적 욕구로서 그 자체로 만족될 수 있는 것이다. 배설과 관련된 기능은 건강하면 할수록 개인적 관계성으로부터 더 쉽게 분리될 수 있고, 폐기물을 제거하는 사적인 생물학적 행위로서 가볍고 사적인 감각적 쾌락을 동반하면서 독립적으로 기능할 수 있다. 배고프거나 목이 마를 때는 다른 아무런 이유 없이도 혼자 먹고 마실 수 있다. 먹고 마시는 것이 사회적인 의미를 갖게 되는 것은 선택의 문제인 것이다.

모든 신체적 욕구 중에서 성(性)은 대상관계로부터 전적으로 분리될 수는 없는 유일한 것이다. 비록 그럴 경우에도 성적인 관계는 개인적이기보다는 신체적일 가능성이 더 높긴 하지만 왜 그것이 그처럼 정신신경증을 따라다니고 정신신경증과 연루되는지 알 수 없는 욕구이다. 진정한 개인적 관계성을 형성할 수 없는 사람들이 종종 그 대용물로서 육체의 성적인 관계에 빠지는데, 그 결과로 성관계가 고통스러운 정신적 공백을 메워 줄 수 없다는 것을 알게 될 뿐이다. 매우 냉담한 분열성 성격 유형의 한 남자 환자는 자신에게 실제의 성생활은 없고, 단지 자신이 '나와는 아무런 상관이 없는 간헐적인 생물학적 충동'이라 부르는 것만 있으며, 그저 매춘부를 통해 그것을 만족시킨다고 말했다. 표면적으로는 이 남자 환자와는 완전히 반대쪽에 있는 것처럼 보이는 또 다른 남자 환자는 수년간 성적으로 극히 난잡한 생활을 해 왔는데, 우울증을 치료하기 위해 왔고 정말 무관심한 태도를 보였다. 그는 "저는 이런 성(性) 사업이 지나치게 과대평가된 쾌락이라고 생각합니다. 저는 이제 질렸습니다."라고 말했다. 그가 관계를 가졌던 어떤 여성도 그에게는 전혀 아무런 의미가 없었던 존재였기 때문에 그렇게 되는 것이 당연하다고 내가 그에게 말했을 때 그는 정말 놀란 것 같았다. 이 두 남자는 모두 어떠한 살아 있는 인간관계도 갖지 못했다. 따라서 우리는 프로이트가 말한 성 본능을 기본적으로 주로 번식을 위한 유기체의 욕구에 종속되어 있는 하나의 신체적 욕구로 간주해야 하지만, 그것은 본질적으로 상호 협력적인 속성을 지니고 있기 때문에 한 사람이 또 다른 사람과 관계하는 우리의 삶 속으로 점유해 들어올 수 있는 특별한 신체적 욕구인 것이다. 뇌와 성기는 생존을 촉진시키는 유기체의 생물학적 욕구와 개인으로서 관계에 영향을 주고자 하는 심리적학적인 욕구가 가장 분명하게 만나는 두 지점이다. 그러나 지각과 사고를 본능이라고 부를 필요가 없듯이 성을 본능이라고 부를 필요도 없다. 하지만 이 특별한 욕구인 성은 비록 그것이 기본적으로는 생리학의 문제이지만 진정한 인간관계 속에서 성숙하고 책임감 있는 사람에게 만족감을 줄 때에만 만족스럽게 기능할 수 있다. 그렇지 않다면 성은 환멸의 원천으로 끝을 맺게 된다.

당분간 나는 성이 신체의 생화학적 상태이며 유기체적 욕구이고 인간관계라는 삶 속으로 점유해 들어오거나 이탈해 나가는 것임을 가장 강조해 두고 싶다. 이와는 분명히 대조적으로, 공격성은 일차적으로 역동적인 유기체적 행동 패턴이 아니라 역동적인 개인적 행동 패턴이다. 그것은 분노의 정서적 반응에 기원하고 그 자체가 어떤 위험에 대한 두려움의 결과이며, 이 두 가지는 모두 신체 내에서 생화학적 변화를 자극하는 정서적 경험이다. 공격성은 나쁜 대상관계에 대한 개인적으로 의미 있는 반응이고 자아를 위협하는 것에 대한 반응이며, 그 시초는 두려움에 의해 유발된다. 두려워할 것이 아무것도 없다면 싸울 이유도 없다. 공격성은 위협이 너무 크지 않아 우리가 다루어 나갈 만한 상황에서 나오는 방어적 분노감이다. 그렇지 않다면 공격성은 좌절된 격노, 미움, 두려움 그리고 도피로 바뀐다. 동반되는 생화학적 변화는 정신 상태의 결과이지 원인이 아니다. 성은 일차적으로 생물학적인 것이고 이후에 개인적인 것이 되지만, 공격성은 일차적으로 개인적인 것이며 이후에 생물학적인 것이 된다. 따라서 성과 공격성 사이의 또 다른 중요한 차이는 그 욕구가 규칙적인 유기체적 주기성을 갖고 있느냐 하는 것이다. 공격성은 규칙적인 주기성이 없고, 그저 한 개인의 대상관계적 상황과만 관련되어 있다. 요약하자면, 성과 공격성은 모두 프로이트적 의미에서 본능으로 간주될 수 없다는 것을 보여 주며, 그 둘 사이의 중요한 차이점을 요약하면 다음과 같이 말할 수 있다. 성은 신체적 욕구로서, 그것이 개인적인 목적을 위해 얼마나 많이 사용될 수 있고 점유되어 들어갈 수 있느냐에 상관없이 일차적으로는 신체적 목적과 관련된다. 반면에 공격성은 자아에 대한 위협이 있을 때 일어나는 방어적 반응으로서, 그것이 개인적 삶의 기반 위에서 유기체적 자기보존을 위해 이차적으로 얼마나 많이 사용되건 상관없이 일차적으로는 개인적 목적과 관련된다. 성은 일차적으로 유기체를 위해 봉사하고 이차적으로 개인적 자기를 위해 봉사하는 반면, 공격성은 이것이 전도되어 개인적 자기가 먼저이고 유기체는 그다음이다. 프로이트의 관심이 성을 넘어 공격성으로(그리고 히스테리를 넘어 죄책감, 강박신경증 및 우울증으로) 이동해 간 이유는, 그리고 오이디푸스 이론에서 항상 분명히 드러나듯이 자신도 왜 그래야 하는지 스스로 인식하지 못한 채 그의 개인적이고 대상관계적 사고가 전면으로 부각되고 비개인적 정신생리학과 심리생물학이 서서히 배경으로 물러나게 되었기 때문이다. 그의 세 번째 단계의 사고는 자아분석, 집단심리학, 초자아 그리고 모든 대상관계적 현상에 집중되었다. 그는 이제 불안을 댐에 갇힌 성적 리비도가 긴장으로 전환된 것이라 생각하지 않게 되었고, 대신 위협과 나쁜 대상에 대한 자아의 반응으로 현실감 있게 바라볼 수 있게 되었다.

그러나 원래의 본능이론은 느리게 앞으로 나아가고 있었고, 여전히 자아심리학의 기초로 간주되고 있다. 하지만 성과 공격성은 현재 조용히 프로이트의 구조이론 속으로 들어가, 성적 충동은 가설적인 이드로부터 출현하여 자아를 괴롭히고 있지만 공격성은 초자아로 편입되어 사회적 요구에 따라 자아통제를 강화하게 되었다. 플라톤과 프로이트는 여기서 엄청난 차이를 보이고 있는데, 더 일관된 사상가는 플라톤이다. 성과 공격성을 구분함에 있어 플라톤은 존경받는 용감한 군인이 육신의 욕정과 정열이라는 머리가 여럿 달린 위험한 괴물에 대항하여 자아 속에 있는 이성의 요새를 방어하는 것과 같은 더 개인적인 역할을 부여한다. 프로이트는 공격성이 하나의 본능, 소위 말해 이드충동이라는 견해를 유지하는 것이 필수적이라고 믿었기 때문에, 그 충동을 선천적인 파괴성으로 격하시키고 그의 가장 불행한 개념 중 하나이며 페니켈Fenichel, 존스Jones 그리고 클라인 학파를 제외한 거의 모든 분석가가 거부했던 죽음 본능을 발명해 냄으로써 겨우 그 일을 해낼 수밖에 없었다. 하르트만은 ① 성욕과 동등한 수준에 있는 일차적인 충동으로서의 공격성과 ② 에로스와 타나토스에 관한 프로이트의 추론 사이를 구분함으로써 이 상황에서 벗어나려고 노력했다. 여기서 추론은 그가 생물학적 신비주의로 고수하고 그가 임상적 가설이라고 생각했던, 애초부터 별개였던 생물학적 가설이었다.[11] 프로이트 자신이 이론화하고 있는 용어 내에서는 그런 구분이 옳다(이것은 멜라니 클라인의 작업을 해석하기 위해서 반드시 살펴보아야 할 중요한 요인이다). 그러나 그것은 우리가 현재 당면한 문제에는 도움이 안된다. 성과 에로스, 공격성과 타나토스가 죽음 본능을 받아들이는 분석가에 의해서 동일한 것으로 취급되었기 때문만이 아니라, 임상적으로 공격성은 '성욕과 같은 수준에 있어서의 일차적 충동'이 아니기 때문이다. 그것은 자아를 위협하는 것에 대한 개인적인 방어 반응인 것이다. 나는 프로이트가 성과 공격성의 차이를 적절하게 구분하지 못했던 것이 정신분석 이론이 생물학과 심리역동학을 분리해 내기까지, 그리고 정신분석의 주된 임무는 그것만으로도 우리의 삶에 의미를 주는 개인적 대상관계를 통해 우리의 진정한 본성을 발전시키면서 전체 인격으로서의 인간에 관한 정신역동적 자아이론을 일관성 있게 창조하는 것이라는 것을 깨닫기까지 그렇게 오랜 시간이 걸렸던 주된 이유라고 믿는다. 이에 대한 가장 뚜렷한 임상적 증거는 대상상실이 자아상실을 수반하게 되었고, 페어베언이 그런 상태의 가장 특징적인 것으로 정확하게 지적했던, 그것의 유일한 (만일 그렇게 불러도 된다면) '정서'가 '무가치함'을 느끼는 것뿐인 만개한 정신분열성 성격이다. 자아가 상실되면, 소위 말하는 이드충동은 더 이상 충동이기를 그치며, 삶을 지속해 나갈 더 이상의 아무런 이유가 없기 때문에 이것이 분열성 자살에 이르게 한다.

프로이트의 본능이론은 심리치료에 있어 심각한 실제적 영향을 미친다. 분석가는 치료의 실패를 아마도 환자의 성 혹은 더 가능성이 높은 공격성이 체질적으로 너무나 강했던 탓으로 돌릴 수 있다. 확실히 우리가 모든 사람을 '치료'할 수는 없지만, 나는 그러한 치료의 실패는 환자가 자신의 공격성을 넘어서고 자신의 고립을 치료자에게 가져올 정도로 충분히 안전하다는 느낌을 받을 수 있는 관계성을 치료자가 제공해 주지 못했기 때문에 기인했을 가능성이 더 높다고 믿는다. 대상관계적 측면에서 이해될 수 없을 정도로, 예를 들어 너무나 엄청나고 너무나 초기에 발생한 모성 결핍과 아동기의 건강한 발달에 대한 너무나도 광범위한 좌절경험과 같이, 너무나도 과도한 성적인 그리고/또는 공격성을 지닌 환자를 나는 여태껏 만난 적이 없다. 그렇다면 사실상 병리적인 성과 공격성은 좋은 대상관계와 나쁜 대상관계를 통하여 유아가 혼자 살아갈 수 있는 자아, 하나의 개인적 자기가 되려는 끈질긴 투쟁의 표현이라 볼 수 있다. 이것은 하르트만의 체계-자아 이론과는 뚜렷이 구별되는 개인자아 이론을 시사한다. 그의 구조적 심리학은 특별한 점을 지니고 있는데, 정신구조를 거의 그 자체로 존재하는 실체처럼 다룬다는 것이다. 하르트만은 초자아를 강조하지 않았기 때문에 인간본성에 대한 거의 이원론적 이론만을 가지게 되었다. 그것은 이드와 자아, 즉 이드충동들과 그에 대항하여 위에 존재하는 자아로, 일부분은 통제하는 장치이며 그에 더하여 정신의 갈등 없는 영역에서 발달된 자율적 자아로 외부 현실에 대한 적응이라는 자기 고유의 기술을 가지고 있다. 1961년에 쓴 책에서 에드워드 글로버Edward Glover는 이것을 정적이고 기계적인 것이라고 보았다.

하르트만의 이론은 실제로 그 이론의 근거로서 프로이트의 이드충동을 자아와 분리되고 자아의 외부에 존재하는 주요 에너지로 받아들임으로써 그 방향이 정해졌다. 탁월하게 논리적이고 일관된 사색가였기 때문에, 그는 이제 그 비개인적인 이드충동들을 보완할 수 있는 자아의 개념을 발전시키기만 하면 되었는데, 그것은 한편으로 체계-자아 혹은 통제장치이며 다른 한편으로는 환경에 대해 적응하는 하나의 유기체적 기관이었다. 어느 쪽이건 이 자아는 하나의 개인이 아니며 전체로서의 자기가 될 수도 없다. 이러한 종류의 구조이론에 대한 탐색적 비판을 하는 가운데 버나드 아펠바움은 그 이론의 바깥에서 순수한 이원론을 유지하는 것이 얼마나 어려운 것인지를 알았다. 그는 "구조적인 사고방식 속에는 고립적 경향이 내재되어 있으며 아마도 어떤 자아심리학도 이드심리학과 조화될 수 있는 척하거나 또는 그럴 수 있다는 뜻을 내비칠 수 없다."[12]라고 썼다. 개인자아 이론이 아니라면 그럴 수 있다. 근본적으로 서로 반대되는 구조를 가정하는 이원론으로부터 벗어날 수 있는 유일한 탈출구는 '이드'라는 용어를 추방하는 것이며, 대인관계 속에서 자기를 표현하고 자기를 실현하는 데 자신의 정신신체적 에너지를 사용하여 진정한 자기, 전체로서의 개인으로 발달해 나갈 수 있는 선천적인 잠재력을 갖춘 기본적으로 단일한 정신을 가진 전체를 보여 주기 위해서 '자아'라는 용어를 보존하는 것이다. 그렇게 되면 페어베언의 의미로 '정신현상을 기능적 구조를 가진 그룹으로 배열하는 것'과 같이, 유아기에 경험한 혼란스럽고 통합되지 않게 만드는 나쁜 대상관계에 의해 전체 자기로서의 정신이 빠져들게 되는 내적인 부조화와 갈등과 비일관성인 '자아분열 ego-splitting'을 기술하기 위해 구조이론이 거부감을 덜 주면서 사용될 수 있다.

이것은 실제로 생물학과 정신역동학을 어떻게 하면 현실적으로 연결시킬 수 있는가 하는 문제인 것이다. 서로 반대되는 방식이긴 하였지만, 하르트만과 페어베언은 모두 심하게 논리적인 사색가들이었다. 그리고 어떤 면에서 하르트만은 그 별개의 두 영역을 혼동하여 섞어 놓을 정도로 페어베언과는 달랐다. 페어베언은 생물학적으로 물려받은 것들을 기본적으로 이미 주어진 것으로 받아들였고, 비심리학적인 용어인 '이드'는 버렸으며, 단지 자아과정의 어떤 특징적인 측면을 서술하기 위해서만 '본능'이라는 용어를 사용했다. 그리고 나서 그는 하나의 전체적인 인간으로서의 자아에 대한 심리학에 자유롭게 몰두하였다. 하르트만은 반대쪽 길을 택했는데, 이드를 보존하였고 따라서 진정으로 인간적인 심리학을 결코 발전시키지 않았고, 자아조직의 근거를 항상 뇌생리학에서 찾으려고 하였다. 그가 그것을 발견하였다 하더라도, 실제의 삶에서 한 개인의 행동을 동기화하는 원인과는 아무런 관련이 없었을 것이다. 에릭슨과 위니컷은 그렇게 심하게 논리적인 사색가들이 아니었기 때문에, 비록 내가 보기에는 비일관적인 방식이긴 하지만 여전히 '이드'라는 용어를 사용하고 있었다. 그러나 그들은 그것에 대해 끝까지 너무 세밀하게 파고들려고 하지는 않았고, 자신들의 임상적 직관을 그런 문제들로부터 해방시켜 인간의 삶이 지닌 주관적인 현실을 찾아 방랑하였다. 우리는 이 결과를 제4장과 제5장에서 다룰 것이다.

나는 설리반이 본능이론을 넘어서서 개인이론으로 나아감으로써 우리에게 생물학과 정신역동학을 연결시킬 수 있는 올바른 길을 제시해 주었다고 본다. 그가 사용한 '성격의 생물학적 기질(基質)'이란 용어는 신체적 욕구들이 정신적 자기psychic self 혹은 인격적 자기personal self로 발달하는 가운데 어떻게 점유해 들어오는지 자각하도록 자유롭게 내버려 두면서 그 욕구들을 유기체적인 것으로 다룰 수 있는, 그리고 뇌와 신경체계는 지각하고 생각하고 통제하고 이동할 수 있으며, 유기체의 전체적인 자율적 기능을 하는 기계로 다룰 수 있는 충분히 적절한 것이었다. 그래서 우리는 유기체적인 욕구들과 생물학적으로 부여받은 그 밖의 다른 것들을 그의 정신적 자기나 자아가 소유하고 작동시키는 하나의 전체로서의 인간에 대해 생각할 수 있게 되었다. 그 작동방식은 자아나 개인적 자

제2장 정신역동적 탐구의 출발점

기의 전반적인 상태에 의해 결정될 것이다. 화나고 공격적이고 미워하는 자아는 성적으로 가학적이고, 허겁지겁 먹어치우며(구상적 가학성), 배설에 있어서는 고의적으로 더럽히거나 지저분하게 만들 것이다(항문적 미움). 겁먹은 자아는 성적으로 무능해지거나 음식을 삼킬 수 없게 되거나 신경성 식욕부진증으로 발전할 수 있으며, 변비에 걸리거나 감정표현을 담아 두는 것으로 고통받을 수도 있다. 성숙하고 우호적이며 안정적인 자아는 성적으로 사랑할 수 있으며, 실제적인 욕구나 유쾌한 교유관계에 맞추어서 먹고 마시는 데 소박한 쾌락을 발견할 수 있고, 폐기물을 생물학적으로 처리하는 것으로서 배설을 방해받지 않고 그 기능에 맡겨 둘 것이다. 클라라 톰슨은 설리반의 이론이 대인관계적인 것이라고 쓴 적이 있다. "그는 생물학적 기질을 전제하면서도 인간이란 다른 인간존재와의 상호작용의 산물이며 성격이 출현하는 출생의 그날부터 그에게 작용하는 인격적이고 사회적인 힘으로부터 자라나는 것이라고 주장했다."[13] 설리반은 이렇게 썼다. "'인간'의 본능이라는 개념은…… 전적으로 앞뒤가 맞지 않는다. '인간의 본능'에 대한 모든 논의는 올바로 생각하는 데 방해가 되거나 크게 오도될 가능성이 높다. '본능'이라는 용어가…… 그 의미가 너무 확장되어 그 용어를 사용한다는 것 자체가 별다른 의미가 없어질 정도가 되지 않고서는 말이다."[14] 그의 말 중에 하나만 더 인용해야겠다. "생물학적이고 신경생리학적인 용어는 삶의 모든 것을 연구하는 데 있어서 전적으로 부적절하다. …… 생각하는 데 있어서 순전히 상상에 의한 것들 간에 어떤 관계성을 구축하는 것(즉, 정신의학적으로 중요한 현상을 신체적인 조직과 관계시키는 것)을 당신이 그만두기 바란다. …… 그것은 우리가 아는 것들이 사건에 대한 우리의 경험을 통해서 우리에게 다가오는 것임을 자각하지 못했기 때문에 나타나는 착각일 뿐이다."[15] 정신역동적 연구의 진정한 관심 영역으로서 경험의 주관성을 설리반이 자각한 것, 그리고 이에 대한 정의를 대인관계라고 정의한 것은 대상관계적 사고가 생물학으로부터 분리되어 출현하는 지점을 가장 분명하게 표시해 준다. 1950년대 초쯤 설리반에 관해서 페어베언과 토론했던 것이 기억나는데, 그는 이러한 기본적인 문제에 관해서, 그리고 비개인적인 것을 넘어서서 개인적인 수준의 추상화로, 기계적인 것에서 동기적인 개념으로 이동해 가는 것에 관해서 자신과 설리반이 얼마나 가까이 있는지 느꼈다고 말한 적이 있다. 설리반과 페어베언이 만난 적이 없다는 점은 참으로 안타깝다. 페어베언이 설리반보다는 프로이트에게 훨씬 더 많은 빚을 지고 있지만, 그들은 모두 동일한 지점에서 고전적인 정신분석을 뛰어넘었다. 전통적인 과학은 '사건'을 다루는데, 그것은 아무런 의미가 없고 그냥 우연히 일어나고 있는 사건이다. 정신역동적 과학은 '경험'을 다루는데, 그 경험은 의미 충만한 상태이며 의미 있는 관계이다. '유아는 엄마의 불안에 공감한다.'라는 단하나의 관찰결과를 통해, 설리반은 엄마-유아 관계 내에서 자아가 어떻게 출현하는지에 관한 위니컷의 작업을 예상케 한다. 제4장에서 에릭슨의 견해를 더 자세히 살펴보겠지만, 현재로서는 설리반과 에릭슨이 계속 확장되는 사회적 환경 속에서 개별 자아가 어떻게 성장하는지를 탐색했던 반면, 클라인, 페어베언 그리고 위니컷은 발달의 가장 초기 단계까지 거슬러 올라가 성장하는 자아가 펼치는 내적인 정신의 드라마 속으로 더 깊이 파고들었다고 말할 수 있을 것이다. 그들이 저마다 추구한 것은 프로이트 사상의 '대상관계적' 측면이었지, 그의 정신생리학이나 정신생물학적인 측면은 아니었다. 내가 지금 여기서 보여 주려고 하는 것은 프로이트 사상의 두 흐름인 자연과학과 정신역동학, 생리학적인 것과 인격적인 것, 기계론적인 것과 대상관계적인 것 중에서 자신만의 독자성을 확보하고 발전시켜 나가려고 애썼던 것이 후자였다는 점이다. 프로이트 사후의 발전에 관한 이야기는 그것의 성공적인 문제제기에 관한 이야기이다. 우리가 임상경험과 더 가까이 밀착할수록 이러한 결과는 더욱 분명하다. 임상 작업은 정신역동 이론을 보여 주는 무대로서 존재하는 것이 아니다. 그보다는 정신역동 이론이 임상 작업에서 우리가 얻은 통찰이 무엇이건 간에 그것을 보존하고 발전시키기 위해 존재한다.

⊕ 원주

1. Harry Guntrip, *Personality Structure and Human Interaction*, The International Psycho-Analytical Library (London: The Hogarth Press; New York: International Universities Press, 1961).
2. Harry Guntrip, *Schizoid Problems, Object-Relations, and the Self*, The International Psycho-Analytical Library (London: The Hogarth Press; New York: International Universities Press, 1968).
3. Harry Guntrip, "The Object-Relations Theory of W. R. D. Fairbairn," *The American Handbook of Psychiatry*, vol. 3 (New York: Basic Books,

1966), chap. 17.

4. Leon Salzman, *Psychiatry and Social Science Review 1*. no. 12 (1967).

5. 위의 책.

6. Melanie Klein, et al. *Developments in Psychoanalysis* (London: The Hogarth Press; New York: Hillary House, 1952), p. 1.

7. Sigmund Freud, *Beyond the Pleasure Principle* (London: The Hogarth Press, revised edition, 1959; New York: International Universities Press).

8. 위의 책, p. 2.

9. 위의 책, p. 4.

10. W. Ronald, D. Fairbairn, *An Object-Relations Theory of the Personality* (New York: Basic Books, 1954), p. 218.

11. Heinz Hartmann, *Essay on Ego Psychology: Selected Problems in Psychoanalytic Theory,* The International Psycho-Analytical Library (London: The Hogarth Press, 1964; New York: International Universities Press, 1965), pp. 72, 294.

12. Bernard Apfelbaum, "On Ego Psychology: a Critique," *International Journal of Psychoanalysis*, 47, pt. 4 (1966).

13. Clara Thompson, *Psycho-Analysis: Evolution and Development* (London's Allen and Unwin), p. 211.

14. Harry Stack Sullivan, *The Interpersonal Theory of Psychiatry* (New York: Norton, 1953), p. 21.

15. 위의 책.

제 3 장

전환점:
정신생물학으로부터 대상관계로
- 해리 스택 설리반과 멜라니 클라인

제2장에서는 자신이 훈련받아 왔던 물리주의적 유형의 과학적 사고와 그가 필연적으로 창조해 낼 수밖에 없었던 새로운 유형의 정신역동적 사고에 대한 필요성 사이에 있었던 프로이트의 작업을 관통하고 있던 투쟁과정을 추적하였다. 그 첫 번째 접근인 과정이론 접근은 그의 본능이론 속에 보존되었으며, 모든 인간의 행동을 결정하는 쾌와 불쾌라는 신체과정으로 설명하는 그의 최초의 양적인 이론은 오늘날에는 단지 이따금씩 울리는 과거의 메아리로 나타날 뿐이긴 하지만 현재도 많은 정신분석적 용어 사용법과 저작들 속에서 여전히 지속되고 있다. 두 번째 접근인 개인적인 접근은 인격발달의 방식을 주로 결정하는 부모와 아이 사이에서 발생한

그 무엇으로서의 함의를 지니면서 오이디푸스 콤플렉스 이론 속에, 그리고 어린 시절의 대상관계는 환자가 그것을 극복하고 성장하는 한 치료적 분석과정을 관통하여 계속 살아 움직인다는 그의 치료과정에서의 전이이론 속에 보존되었다. 오직 대상관계적 사고만이 사람들이 서로를 다루는 방식, 그들이 과정 속에서 변하고 성장하는 방식을 결정하는 의미와 동기의 문제를 다룰 수 있다. 정신분석학의 역사는 해방을 위한 투쟁의 역사이며, 개인에 관한 이론 또는 대상관계적 사고가 어떻게 서서히 출현하게 되었는지를 보여주는 역사이다. 정통 정신분석학과 그 조직의 외곽에서 초기의 개척적인 몇몇 구성원이 이러한 방향으로 이동하는 데 도움이 될 만한 사고의 흐름을 추구했다. 어니스트 존스가 보여 주었듯이 랑크의 영향력은 충분치 않았고, 그의 공헌은 프로이트를 자극했지만 어떤 특정한 목표로 이끌지는 못했다. 아들러는 분명히 이론적으로는 자아심리학을 시도했지만 초기 프로이트주의자들의 성충동을 권력충동으로 대체하는 것 이상의 일은 하지 못했다. 그래서 아들러의 이론은 그저 나머지 것들과 반대편의 극단으로 치달을 수밖에 없었고, 무의식에서 의식으로의 이동도 포함하고 있었기 때문에 프로이트의 견해에서는 항상 중요했던 깊이를 결여했다. 해리 스택 설리반Harry Stack Sullivan은 프로이트에게 진 빚을 인정했다. 그러나 아들러와는 달리 그의 이론은 단순히 프로이트에 대한 반동이 아닌 자신의 독자적인 통찰이 담긴 진정한 발전이었다. 생물학적 기질(基質)biological substrate이 대인관계의 삶을 떠받치고 있으며, 이 대인관계는 인간존재에 대한 과학이 지니고 있는 진정한 주관적 문제라는 설리반의 견해는 정신역동적 과학이 적절한 것이 되기 위해 서 있어야 할 확고한 이론적 근거를 제공해 주었다. 융 역시 그 자신만의 방식으로 생물학적인 것을 넘어서 개인적인 것으로 나아갔고 자아심리학, 즉 개성화individuation에 대한 이론을 발전시켰다. 융과 설리반은 모두 독특한 통찰력을 지닌 사람이었다. 프로이트는 확실히 직관력이 강하면서도 체계적인 논리를 세울 수도 있는 어울리기 힘든 두 가지 측면을 동시에 겸비한 사상가였다. 체계적인 프로이트는 자신이 배운 방식대로 이론을 구축해야 한다고 느낀 반면 직관적인 프로이트는 새로운 길을 탐색하기 위해 저 멀리 앞서가야 했다는 점이 그가 안고 있는 가장 큰 난점이었다. 그가 체계적 이론의 틀을 세우는 시초를 제공했지만, 그것이 임상 경험으로부터 압력을 받아 변화가 필요하며, 또한 설리반과 융의 통찰을 고려할 때 그 이론 자체의 내적인 발달에 의해서도 동일하게 압력을 받고 있다는 것이 입증되었다. 정신분석적 관점에서 임상적 관찰결과들을 서서히 축적해 감에 따라 드디어 그 이론은 대상관계적 관점에 도달했는데, 그것은 매우 다른 방식이긴 하지만 융과 설리반의 통찰이 건너뛰어 도달한 지점이었다. 나는 약 80년에 걸친 연구를 통해 현재의 모습을 갖춘 대상관계적 이론에 도달한 정신분석적 진보의 과정이 담고 있는 그 상세한 내용을, 그 변화를 초래한 한두 명의 주요 인물을 통해 간략하게 추적하고자 한다.

멜라니 클라인Melanie Klein의 작업은 프로이트주의 운동 자체에서 정신분석적 이론과 치료에 있어 진정한 전환점이다. 1920년을 전

후하여 프로이트 자신이 자아분석과 집단심리학 속으로 진입해 들어가기 시작했던 움직임이 그 길을 준비하긴 했지만, 클라인의 작업에는 뭔가 새로운 것이 있다. 영국정신분석학회에서 클라인의 추종자들과 그녀의 작업을 이단으로 간주했던 정통 분석가들 사이에서 들끓었던 엄청난 이론적 투쟁은 지금은 역사의 문제가 되었다. 하지만 그 투쟁 속에 있던 사람들에게는 그것이 활기찬 지적 활동의 표시처럼 느껴졌다. 그것은 정신분석 전체의 미래를 위해 너무나 중요한 것이었기 때문에 단순히 내부적인 사건으로 일축할 수는 없다. 클라인주의자들은 그들 자신이 근본적으로는 정통이며 프로이트에게 충성하고 있다고 주장했으며 지금도 여전히 그렇게 주장하고 있다. 정통성에 대한 생각은 파벌이 들어설 여지가 없고 단지 개방적 생각으로 진리만을 추구해야 하는 과학에서는 설 자리가 없는 것이라는 사실과는 별개로, 우리는 또 질문해야 한다. '어떤 프로이트에게 말인가?' 생리학적 과정이론으로서의 프로이트에게, 아니면 개인적인 대상관계적 이론으로서의 프로이트에게? 이런 질문은 오늘날 우리가 질문하는 것과 같은 방식으로는 1930년대 이전까지는 좀처럼 제기될 수 없는 것이었다. 그것이 과학에서의 문제였다면 클라인주의자들은 충분히 정통적인 것처럼 보인다. 왜냐하면 그들은 본능이론에 관한, 성과 공격성의 이드충동에 관한, 그리고 이드, 자아, 초자아라는 구조적 도식에 관한 모든 프로이트의 용어 사용법을 받아들였기 때문이다. 심지어 그들은 죽음 본능을 그들의 초심리학metapsychology[1]의 확고한 근거로 만들 정도로 그 정통성에 있어서 다른 대부분의 분석가를 능가했다.

그들은 단지 논리적인 방식으로 프로이트 사상을 더 발전시켰을
뿐이라고 주장했다. 한나 시걸Hanna Segal[2]은 다음과 같이 썼다.

클라인주의자들의 기법은 정신분석적이며 그것은 프로이트주
의적인 정신분석적 개념에 엄격하게 근거하고 있다. (기법이 진행되
는) 공식적인 상황은 고전적인 프로이트주의적 정신분석에서와 동
일하다. …… 프로이트가 고수함으로써 기초가 놓인 모든 핵심적
인 정신분석적 원리에 있어서.[1]

하지만 그들의 비판자들은 고전적 이론으로부터 근본적으로 벗
어나는 것처럼 보이는 무엇인가 새로운 것이 있다는 것을 알아차
렸고 또 실제로 그랬다. 그리고 클라인주의자들도 오랜 논쟁으로
부터 시간이 흘러 거리를 두고 바라볼 수 있게 되면서 이제는 그것
을 깨닫고 있다. 시걸은 또 말한다.

따라서 '클라인주의자들의 기법'이라는 용어에는 달리 언급할 만
한 아무런 여지가 없다고 말할 수 있을까? 나로서는 환자에게 주는
해석의 본질과 분석적 과정에서의 강조점의 변화는 사실상 고전적

---

1) 정신분석학에서 임상적 관찰결과들을 조직화하는 주요 이론적 가정들 중에서도 가
   장 근본적인 전제들을 말한다. 일종의 철학적 전제들로서, 그것이 심리학적 논의의
   수준을 넘어선다는 의미에서 초심리학이라 부른다.
2) 한나 시걸(Hanna Segal, 1918~2011)은 폴란드 태생의 영국 정신분석가로 클라인의
   추종자로서 고전적 클라인주의의 제1인자로 평가받고 있다. 영국정신분석학회 회장
   과 국제정신분석학회 부회장을 역임하였다.

인 해석과의 결별 또는 그녀가 보았듯이 진화였기 때문에, 그 기법은 멜라니 클라인에 의해 발전되었다고 말하는 것이 정당한 것처럼 보인다. 멜라니 클라인은 관찰 자료에서 이전에는 보이지 않았던 측면을 보았고, 그러한 측면을 해석하는 것은 다른 방식으로는 접근할 수 없었던 그 이상의 자료를 드러내었다. 그것이 이번에는 고전적 기법에서는 있었다 하더라도 좀처럼 사용되지 않던 새로운 해석들을 요구했다.[2]

나는 그것이 옳다고 확신하며, 왜 멜라니 클라인의 작업이 프로이트의 생각들로부터의 진화이고 동시에 결별인 것으로 받아들여서는 안 되는지 이유를 찾을 수 없다. 우리는 진화라는 말에서 무엇인가 새로운 것을 산출한다는 것을 기대한다.

일견 클라인 이론에서 정통적인 고전적 측면처럼 보이는 부분, 즉 프로이트의 본능이론과 그의 구강–항문–남근–성기라는 개념뿐 아니라 이드–자아–초자아라는 그의 구조적 도식을 사용하는 언어 용법을 보존한 것은, 처음에 그랬던 것보다 현재는 훨씬 더 쉽게 그 차이를 분간할 수 있음에도 불구하고 실제로 겉보기에는 정통적인 것처럼 보인다. 한 가지 예를 들면, 클라인의 작업에는 프로이트의 정신생리학적 추론이 거의 남아 있지 않다. 그녀는 의심의 여지없이 정신역동적이다. 우리가 특별한 종류의 이론적 강조점을 암시하는 것으로서 대상관계라는 용어를 특별히 사용하게 된 유일한 이유는, 유물론 혹은 자연과학의 시대에 작업을 시작했던 그였기에 프로이트가 어떤 과학적 의미에서의 인간에 대한 연구라 하더라도 당연히 생리학이나 생물학에 근거해야만 한다는 것을 당연한 사실로 받아들였다는 점 때문이다. 그것은 한 개인의 삶을 기계처럼 간주하고 연구하는 것이지 그 본질적인 특성에 대한 것은 아니라는 것, 프로이트 자신의 용어를 빌리자면 행동의 메커니즘에 대한 연구이지 한 개인의 본질을 담고 있는 의미 있는 개인적 경험에 대한 연구는 아니라는 것을 자각하게 되기까지 매우 오랜 시간이 걸렸다. 프로이트는 결코 이론적인 용어로 그것을 바라보지는 않았다. 이런 면에서 하르트만은 프로이트를 따랐고, 그의 체계-자아 이론이 "뇌생리학과 연결될 수 있다는 것이 증명되기를" 바랐으며, "오직 적응의 사회적인 현상을 생물학적인 측면에서 고려할 수 있을 때에만 우리가 정말로 심리학을 과학의 위계 속에, 즉 생물학적인 과학들 중의 하나로서 정당하게 자리매김할 수 있다."라고 썼다. 프로이트 초기 작업의 전제들이 여기서 너무나 강력하게 하르트만의 후기 작업 속에서 지속되고 있어서, 프로이트와 하르트만의 자아이론은 모두 바닥에 묶여 있었고, 새로운 정신역동적 과학의 수준으로 발전할 수가 없었다. 이러한 새로운 과학은 유기체가 아닌 한 개인의 자아로서, 개인적인 관계 내의 전 자아로서 그 삶이 오직 그러한 맥락에서만 그들에게 의미와 가치를 지니고 있는 인간존재에 대한 과학적 연구로서 그 자체의 가치를 지니고 굳건히 서 있어야만 한다. 멜라니 클라인의 연구는 하르트만이 그러했던 것처럼 프로이트의 정신생물학이 논리적으로 발전된 것이 전혀 아니다.

하르트만의 견해가 얼마나 생물학(궁극적으로는 생리학)에 한정되어 묶여 있는가는 자아의 기능이 생물학적으로 이해되는 적응기관이라는 그의 견해에서 가능할 수 있다. 이것은 분명히 심리학적으로 한 개인의 자기됨의 핵심인 자아에 대하여 순전히 부적절한 관점이다. 적응을 최우선의 목표로 삼는 것은 위니컷이 동조의 기초로서 '거짓자기false self'라 부르는 것으로 그 발전의 끝을 보게 된다. '참자기true self'는 단순히 적응적인 것만이 아니라 창조적이며, 신선하고 새로운 것을 그가 살고 있는 환경에 제공한다. 심지어 에릭슨조차도 생물학과 생리학에 얽매여 있는 기저의 이 끈질긴 사고의 흐름에 의해 하르트만의 생각 속에 갇혔다. 『아동기와 사회 Childhood and Society』에서 그는 "나는 비록 주기적으로 재검토해 보아야 할 부분은 많지만 정신분석학이 그 기본적인 생물학적 구조 없이는 작동 가능한 탐구체계로 남아 있을 수 없다고 생각한다."라고 썼다.[3] 에릭슨은 그 책의 '유아기 성에 관한 이론'이란 장에서 재검토 내용을 제시했는데, 그것은 프로이트가 정신분석학의 기초를 놓았던 의미에서의 생물학을 전적으로 넘어서고 있는 것으로, 이어지는 장에서 그 부분을 지적하고 싶다. 하지만 오래된 이드심리학은 좀처럼 사라지지 않았기 때문에 에릭슨 자신이 그 범위를 자각하고 있었는지는 의심스럽다. 에릭슨은 다음과 같이 썼다.

프로이트는 이드를 마음의 가장 오래된 구역으로 생각했다. …… 그는 어린 아기가 '전부 이드'이며…… 이드는 진화의 전 역사가 우리의 내부에 퇴적물로 쌓여 있는 곳이라고 주장했다. 아메바의 반응과 원숭이의 충동이 우리의 내부에 조직화되어 남겨진 것이며…… 우리를 '단지 살아 있는 생명체'로 만드는 모든 것이다. 물론 이드라는 명칭은 마치 켄타우로스[3]가 말의 형상을 한 받침대 위에 붙어 있는 것처럼 자아가 이 비개인적이고 이 짐승 같은 지층 위에 붙어 있다는 것을 알게 될 뿐이라는, 즉 자아가 그러한 결합을 위험한 것으로 여긴다는 전제를 내포한다.[4]

나는 이 문장이 믿기 힘들 정도로 놀랍고 비현실적임을 알았다. 인간의 본성이 진화적인 '퇴적작용'에 의해 근절하기 어려운 두 가지 상호 적대적인 이원론적인 요소로 구성되어 있다는 전제를 하고 있다는 점에서 그렇다. 이런 전제는 인간의 좌절과 절망을 토해 내었던 모든 염세적 철학을 정당화시켜 줄 것이다. 만일 이것이 사실이라면 성숙한 전인적 인간이라는 목표는 허구이며 불가능하다는 것을 의미할 것이다. 우리가 그저 켄타우로스라면 우리는 한층 더 행복해질 것이다. 하지만 그런 경우에 '말의 형상을 한 받침대 위에 붙어 있는 것'이 계속 짐승과 같은 상태로 남아 있다면 인간의 형상을 한 나머지 반쪽은 진정한 인간이 아닐 것이다. 켄타우로스라는 신화적 존재는 단지 역사상 얼마나 오래전부터 인간존재가 병리적인 자아분열로 고통받아 왔는지를 보여 주는 증거일 뿐이다. 에릭슨이 하나의 모델로 이 켄타우로스라는 상징을 사용하는 것을 볼 때, 나는 그가 얼마나 효율적으로 자신의 고도로 자극적이며 통찰력이 가득 찬 지역zones, 모드modes 그리고 사회적 양식social

---

3) 그리스 신화에 등장하는 반인반마(半人半馬)의 괴물이다.

modalities의 이론이 생물학과 이드를 뒤에 남겨둔 채, 하나의 전인적인 인격으로서 자아를 일관되게 정신역동적으로 묘사하는 방향으로 전진해 왔는지를 그 자신도 모르고 있는 것이라는 확신이 든다. 결국 그것은 에릭슨이 자아에 대해 언급한 것이 자아정체성의 사회적 발달에 대한 물음이라는 점에서 엄청나게 새로운 빛을 던져 주는 것임에도 불구하고 결국은 불만족스럽고 근본적인 깊이를 결여한 것이라는 것을 내가 알게 되었다는 것을 뜻한다. 그는 다음과 같이 쓴다.

> 그렇다면 자아는 이드와 초자아 사이에 거주한다. 일관되게 그 둘 사이의 극단적 방식을 피하고 균형을 잡아 줌으로써, 자아는 계속해서 그 현실의 나날들로 방향을 돌린다. …… 스스로에 대한 방어막으로서 자아는 '방어기제'를 동원한다. …… 이드충동과 초자아의 강박 사이에서 타협점에 도달하기 위해서.[5]

책의 서문에서 그는 다음과 같이 쓴다.

> 오늘날의 정신분석학은 자아에 대한 연구를 수행하고 있다. 그것은 자신의 경험과 행동을 적응적인 방식으로 통합하는 인간의 능력을 보여 주는 개념이고…… 사회적 조직체 내에 존재하는 자아의 뿌리에 대한 연구이다.[6]

여기서 에릭슨은 그것이 생물학적인 맥락보다는 사회적인 맥락이긴 하지만 적응이라는 관념으로 후퇴하고 있다는 점에서 하르트만과 동행한다. 제5장에서 나는 위니컷의 자아발달에 대한 견해와 대비시켜서 적응에 대한 하르트만의 이론을 아주 상세히 검토할 것이다. 초자아에 대한 프로이트의 이론은 사실상 자아가 사회조직으로부터 어떤 방식으로 영향을 받는가에 대한 연구이다. 에릭슨에게는 고전적인 생물학으로부터 훨씬 더 멀리 탈출했음을 보여주는 그 밖의 다른 것들이 있지만, 나는 그것이 인간의 실상을 기술하는 데 적절한 것이라며 비개인적이고 짐승과 같은 위험한 이드 위에 부착되어 존재하는 자아로 기술하는 것을 받아들일 수 없다. 이것은 프로이트의 본래 생각이 지니고 있는 두 가지 요소, 즉 이드충동과 초자아의 통제에 관한 생리학적이고 생물학적인 비개인적 과정이론과 항상 그 속박으로부터 벗어나 새롭고 더 적절한 개인적 삶 속에서의 인간존재에 대한 개념으로 나아가려는 개인의 대상관계적 사고를 서로 분리해 내려는 그 투쟁이 얼마나 엄청난 것이었는지를 보여 준다.

멜라니 클라인의 작업 속에 있는 다양한 갈등의 요소들을 분리해 냈을 때, 비록 자신도 모르게 그렇게 한 것이지만 큰 돌파구를 연 것은 다름 아닌 멜라니 클라인이라는 사실이 점차 분명해진다. 그녀는 프로이트의 정신생물학적 용어를 가지고 시작하는 것 외에는, 그리고 그의 독창적인 임상적 통찰을 가지고 작업해 나가는 것 외에는 달리 선택의 여지가 없었다. 계속해서 프로이트의 용어를 사용하면서도 그녀가 발전시킨 것은 이런 것들이었다. 그러나 어린 아동의 정신생활 속으로 진입해 들어가는 그녀의 임상적 통찰력은 천재적인 수준에 이르렀으며, 결국 새로운 땅을 탐구하기 위해 그곳을 돌파해 나왔다. 시걸이 주장하듯이 그녀의 작업은 프로이트로부터의 진화인 동시에 새로운 출발이었고, 그것은 몇 가지 새로운 용어를 요구했다. 다른 사람들이 프로이트의 작업을 발전시켰던 방식과 비교함으로써 이 새로운 출발을 명료하게 구분 짓는 것이 중요하다. 하르트만은 프로이트의 체계-자아 개념을 계속 발전시켰고 순전히 생물학적인 것에 머물렀다. 에릭슨은 하르트만과 똑같이 의식적으로 자아심리학을 발전시키기 시작했지만, 그것은 하르트만과는 다른 노선을 따라서 진행된 '사회 조직체 내에 존재하는 자아의 뿌리에 대한 연구'이자 자아정체감에 대한 연구였다. 이것은 분명히 대상관계적 연구였지만, 그는 설리반이 그랬던 것만큼 분명하게 정신생물학으로부터 자신을 단절시키지 못했다. 그래서 필요한 모든 자료를 지니고 있었음에도 불구하고 전인적 자아로서의 인간존재에 대한 완전히 일관된 정신역동적 설명을 향해 결정적인 일보를 여전히 내딛지 못했다. 그는 여전히 정신구조 내의 권력투쟁이라는 근절하기 어려운 용어 사용법 내에서 사고하는데, 그것은 자아가 이드와 초자아 사이의 타협을 위해 영향력을 행사함으로써만 자기파멸이 방지될 수 있는 구조인 것이다. 여기에는 여전히 정신역동적 자기 혹은 전인적 인간은 존재하지 않는다. 하르트만이 고전적 정신분석을 일반 심리학이라는 방향으로 확장해 나간 지점에서, 에릭슨은 그것을 사회적 인류학이라는 방향으로 확장해 나간다. 이드에 대한 하르트만의 집착은 어쨌든 일관성이 있다. 나는 그가 '이 비개인적인 짐승의 지층'이라 불렀던 이드에 대한 집착이 에릭슨의 이론을 완전히 진정한 개인적 심리학으로 나아가지 못하게 막았던 근본적인 비일관성이라고 생각한다. 엄마-유아 관계 속에서 탄생하는 자아의 싹으로 탐구해 들어간 위니컷의 연구가 먼저 왔어야만 했으며, 문화적 압력하에서 이루어지는 자아-조건화에 관한 에릭슨의 연구가 그 이후에 더 큰 영향력을 발휘하며 논리적으로 뒤따랐어야 했다. 그렇지 못했기 때문에 그 상황에서는 그의 자아정체성에 관한 이론이 동물적인 기반 위에 붙어 있는 켄타우로스 외에는 달리 설 수 있는 적절한 정신적 근거를 찾을 수 없었다.

그러나 멜라니 클라인은 에릭슨이나 하르트만과는 본질적으로 다른 무엇인가를 해냈다. 그것이 내가 멜라니 클라인의 작업을 정신역동적 대상관계 사고의 발전과정 속에서 결정적인 돌파구를 마련한 것으로 간주하는 이유이다. 그녀는 하르트만과 에릭슨이 그랬던 것처럼 의식적으로는 자아심리학을 창조하려고 하지는 않았고, 하르트만처럼 그리고 에릭슨보다는 훨씬 더 하나에서 열까지 이드와 본능의 생물학에 묶여 있는 것처럼 보였다. 이것은 그녀가 외부 환경을 아동발달에 있어서 매우 부차적인 요인으로 다루는, 에릭슨이라면 절대 그렇게 하지 않았을 이상한 방식을 고려할 때 특히 더 그러하다. 하르트만이 논문들에서 '생물학적인 유아론biological solipsism'에 대해 언급할 때, 아마도 그는 멜라니 클라인의 견해를 염두에 두었던 것 같다. 그러나 우리는 이 지점이 바로 프로이트로부터 갈라져 나오는 곳임을 알아차린다. 프로이트의 구조이론은 초자아의 성장을 이끄는 외부 환경으로부터 받는 압력에 의해 자아가 본능(이드)을 통제한다는 개념에 근거해 있다. 하르트만은 자아에 적응이라는 기능을 덧붙였고, 그것은 외부 환경 속에서 기능하는 지각 및 운동 등과 같은 갈등 없는 자아 영역conflict-free area of ego[4]에 속하는 것이다. 멜라니 클라인의 구조이론은 전혀 다른 방식으로 발전하여 결국 자아-대상 관계라는 내적 정신세계에 관한 개념에 도달했다.

클라인은 유아를 처음에는 삶과 죽음의 본능, 성과 공격성으로 생각했던 것들 사이의 내적 투쟁이 벌어지는 무대로 간주했는데, 이것은 아예 그 시작점부터 환경적인 영향력과는 전혀 상관없는 별개의 것이었다. 이 무자비한 내적 투쟁의 드라마는 이후 유아의 뇌와 감각기관이 외부 사물을 분간할 수 있는 능력을 발달시켜 가면서 외부세계로 투사된다. 이것은 유아가 어떤 진정한 객관적 방식으로도 실제 대상을 결코 경험할 수 없으며 그 대상들을 그가 경험하는 방식은 그에게 보여 주는 그 대상의 실제 태도와 행동보다는 내적으로 타고난 유아 자신의 성품에 더 의존한다는 것을 의미한다. 기본적으로 그가 환경에서 보는 것은 그가 그것에 의미를 부여한 것이며, 그것은 그 자신의 위협적인 죽음충동이라는 그 자신의 내적인 공포로부터 유래하는 것이다. 시걸은 "죽음충동이 젖가슴에 투사된다."[7]라고 말한다. 이것이 이번에는 재내사reintroject되어 그가 외부세계에서 경험한 것은 그저 자신의 인상을 확대하고 그의 항구적인 분열적 본성으로부터 유래하는 내부의 위험 때문에

---

4) 하르트만의 주요 개념 중 하나이며, 이드의 압력이나 초자아의 위협으로부터 영향받지 않고 현실 적응만을 위해 고유하게 존재하는 자아의 영역을 말한다.

그의 불안을 배가시키는 역할만을 할 뿐이다. 멜라니 클라인이 개인적 관계에서 합리적이고 우호적인 객관성을 찾으려는 어떤 시도에서도 유아가 처한 이러한 불리한 조건에 선천적이고 생물학적으로 결정된 기질적인 시기심을 결국 덧붙인 것을 보면, 그녀는 환경이 어떠한 실제적인 역할도 못하도록 방치한 것 같다. 이것은 설리반, 호나이, 프롬, 클라라 톰슨뿐 아니라 에릭슨, 하르트만 그리고 전체 미국 정신분석가의 관점과 그녀의 견해가 전혀 양립할 수 없는 것으로 만든 것처럼 보였고 또한 페어베언, 위니컷, 그리고 너무나 많은 영국 정신분석가들에게도 해당하는 것이어서, 그녀의 관점이 그처럼 큰 반대를 불러일으켰다는 것이 놀랄 만한 일은 아니다. 이것은 공식적으로도 고전적인 분석가로 알려진 안나 프로이트Anna Freud나 에드워드 글로버에게만 한정되었던 것은 결코 아니었다. 만일 환경이 그처럼 대수롭지 않고 이차적인 역할을 한다면, 그것은 아기에게 이미 존재하고 있는 내적인 갈등의 시기로 돌아가 그것을 비춰 주는 거울 정도의 기능밖에는 못하는 것이다. 한나 시걸은, 환경의 역할이란 아기의 일차적 불안과 내부 갈등을 '확증한다confirms'(유발하는 것이 아니라)고 분명히 말했다. 그렇다면, 그러한 이론은 대상관계적 사고에 별로 기여할 것이 없는 것처럼 보일 수 있다. 대상세계가 가진 본질적이고 본유적인 가치가 그처럼 미미한 것이라면, 거기에는 진정한 대상관계라는 것이 존재하지 않는 것이라고 혹자는 생각할지도 모른다. 프로이트 자신도 그런 식으로 환경을 격하시키지는 않았다.

이 모든 게 충분히 맞는 말일 수 있다. 그러나 그럼에도 불구하고 그것이 멜라니 클라인이 가진 견해 전체를 다 설명해 주는 것은 아니다. 그녀의 이론을 전체적으로 바라보기 시작할수록 멜라니 클라인의 견해 속에는 양립하기 어려운 요소들이 기묘하게 혼합되어 있다는 인상을 받게 될 것이다. 프로이트에게는 그럴 기회가 별로 없었던 반면 멜라니 클라인은 작은 아기의 정신생활 속으로 훨씬 더 깊이 탐색해 들어갔다는 점 한 가지는 분명하다. 이런 이유로 그녀는 프로이트의 '아버지 우위의 이론'을 넘어섰고, 아기의 삶에서 어머니가 어떤 역할을 하는지 탐색할 수 있는 새로운 길을 열었다. 게다가 멜라니 클라인은 하르트만이 그랬던 것과 같은 방식으로 프로이트의 본능이론을 수용하지 않았다. 하르트만은 그가 '성과 공격성에 대한 프로이트의 임상적 이론'으로 불렀던 것과, 자신만이 매우 다르게 사용했던 '에로스와 타나토스의 생물학적 신비'라는 것을 구분 지었다. 하르트만은 프로이트의 임상이론을 추종했지만, 그것은 임상적이기보다는 사실상 더 생리학적인 것, 즉 자아통제 조직을 필요로 하는 이드충동에 관한 이론으로 무엇보다 체계-자아가 외부세계에 적응하기 위한 자신의 기술을 작용시키는 것이었다. 반면에 멜라니 클라인은 프로이트의 에로스와 타나토스라는 생물학적 신비주의를 물려받았고 인간의 삶을 숨겨진 하나의 강력한 비극적 드라마, 즉 아기의 내부에 선천적으로 구비되어 있는 사랑과 죽음의 힘 사이의 정신역동적이고 두려운 투쟁으로 바라보았다. 클라인의 판단에 의하면 죽음의 본능이 사랑 또는 삶의 본능을 너무나도 분명하게 압도하고 있으며, 그것이 편집적 불안과 그 밖의 다른 모든 형태의 불안의 진정한 궁극적 원천이 되는 것이다.

유아가 그것을 분명히 표현할 수 있을 만큼 충분히 발달하면서 이 근본적이고도 선천적인 갈등은 유아의 환상적 삶 속에서 점차 가시적인 것이 된다. 그리고 우리는 어린아이를 대하는 임상 작업에서 이 내적인 환상세계가 2세에서 3세 사이에 이미 잘 발달되어 있다는 것을 클라인이 발견했음을 기억해야 한다. 이것은 이론의 문제가 아니라 증명 가능한 임상적 사실 여부의 문제이며, 이제는 이미 증명되었고 네 살이라는 어린 나이에도 매우 복잡한 형태로 발달하기 시작한다. 더군다나 그것은 환상으로 물들고 종국에는 부모의 한 부분이나 측면이 반영된 정신적 이미지로 모습을 드러내는 매우 다양한 좋은 대상과 나쁜 대상과의 고도의 정서가 깃든 관계 내에서 아이가 살아가고 있는 내적인 세계이다. 가장 원시적인 수준에서 그것들은 부분 대상들, 젖가슴 또는 성기의 이미지이며, 이후에는 유아의 경험 속에서 다양한 방식으로 좋거나 나쁜 의미를 갖게 되는 전체 대상으로 발달해 나간다. 이제 인생은 이 환상과 느낌의 내적 세계 속에서 자아-대상 관계의 문제로 간주된다. 클라인의 초심리학이 외부세계에 대해 단지 부차적인 역할만을 허용한다는 사실을 고려할 때 이런 관점은 놀라운 것처럼 보일 수 있다. 유아는 외부세계를 결코 직접적으로 경험할 수 없다. 그것은 유아가 자신의 선천적 죽음 본능 그리고 그 본능에 대한 두려움과 그 본능에 대항하는 투쟁을 투사하는 과정을 매개로 해서만 가능하다. 이 내적인 나쁜 대상들이 처음에는 유아 자신의 타고난 나쁨과 파괴성이 투사된 것을 다시 내사함으로써 그 존재를 드러내며, 이제는 부모의 이미지 속으로 경험이 진행되면서 그 안에서 다루어지기 시작한다. 따라서 외부의 대상세계는 유아의 내적 환상세계가 지니고 있는 고도의 개인적이고 역동적인 속성에 의해 다시 한번 우리에게 강제력을 행사한다. 그 복잡한 이론적 의미가 무엇이건 간에, 멜라니 클라인에게서 우리는 '자아ego'라는 용어가 이제는 하르트만과 프로이트의 경우 그랬던 것처럼 '이드id'라는 용어와 그렇게 깊은 관계가 없고, '대상object'이라는 용어와는 점점 더 긴밀한 관계를 맺게 된다는 것을 발견하게 된다.

클라인이 이드라는 용어를 사용한 것은 아마도 프로이트의 본능 이론을 지지한다는 것을 보여 주려 했던 것 같지만, 프로이트가 생각했던 본능은 외부세계와 직접적으로 관계한다. 한나 시걸은 "본능은 그 정의에서부터 대상 추구이다."라고 말했으며, 이것은 이미 페어베언의 용어에서 분명하게 언급되어 왔다(다만, 본능의 목표가 쾌락이 아니고 쾌락을 주는 대상이라는 것을 강조하기 위해서였지만). 하지만 클라인의 초심리학에서 본능은 바깥세상에서 무슨 일이 벌어지고 있건 상관없이 내부에서 유아에게 경고를 보내는 에로스와 타나토스라는 신비적인 힘의 희미한 원시적 안개 속으로 사라져 버렸다. 그 본능은 외부세계를 사용하여 이제는 사실상 내적 대상으로 변형되었다. 클라인주의자들이 생각하는 본능이란 유아의 본성 속에 감금되어 투쟁하는 원시적 힘인 것이다. 아기의 첫 번째 애정 대상은 일차적 자기애 내에서 그 자신의 원시적인 자아이다. 물론 출생 시에는 의식이라는 의미에서는 아무런 자아가 없지만, 자아의 잠재적 형태를 갖춘 정신적 자기psychic self가 있으며, 이것으로부터 자기됨selfhood에 대한 감각이 서서히 성장해 나올 수 있다는 것을 기억해야 한다. 클라인에게 있어 그러한 전체 정신생활은 본질적으로 그 자신에게 묶여 있다. 그리고 본질적으로는 두 가지 상호 대립적인 힘들 간의 적대적 긴장으로 이루어져 있는 이 내적 생활로부터 외부 세상에 대한 아이의 경험이 끼워 맞추어지는 하나의 정형화된 양식세계가 창조된다. 이러한 유아론적(唯我論的) 이론에 있어서 단연코 가장 중요한 요소는 아이의 첫 번째 불안이 그의 첫 번째 미움 대상에 관한 것이라는 점이다. 이것은 그 자신의 죽음충동으로서, 유기체가 무기물의 상태로 되돌아가는 것을 목표로 한다. 그런 현상이 가능한 것이라면, 아이는 자신의 애정 혹은 생명 본능을 투사할 아무런 이유가 없다. 그러나 그런 현상이 있을 수 없는 것이라면, 아이가 자신을 정신적 파멸로 위협하는 '죽음충동을 투사'한다고 보는 것이 가장 타당할 것이다. 바로 이 지점에서 클라인주의자들이 가지고 있는 이론적 도식은 필연적으로 이러한 위험한 내적인 요소가 투사라는 방어적 환상에 의해 투입될 수 있는 외부 환경을 필요로 하게 된다. 이제 주사위는 던져졌다. 외적 대상이 존재한다는 것을 인정하게 되었고, 그것 없이는 살 수 없다는 것이 증명되었다. 유아의 입장에서는 자신의 죽음충동을 투사해야 할 대상이 필요할 것이란 점에서 외부 대상은 필요불가결하며, 어머니의 젖가슴과 함께 그 과정이 시작된다. 하지만 그것은 또한 피할 수 없는 것이기도 한데, 이제 그것이 유아가 신체를 사용하여 다룰 만한 수단을 갖지 못한 하나의 실제적인 외적 위협이 되었기 때문이다. 유아는 단지 다시 한번 그 외부 대상을 자신의 내적인 정신생활을 통해 다루려고 노력할 수 있을 뿐이다. 무서운 파괴적 힘을 보유한 것처럼 보이는 나쁜 젖가슴은 내사되고, 이 죽음충동이 내부에서 더 이상 하나의 본능이 아닌 하나의 대상으로, 정말로 그렇게 지각되고 환상화된 대상으로 나타난다. 유아의 능동적인 정신생활이 전적으로 내적인 기원을 갖는다고 생각했기 때문에, 멜라니 클라인은 외부 대상과 외부의 대상관계를 이론적으로 가정된 그러한 주요한 내적인 힘과 내적인 관계를 구체적으로 표현하는 수단으로 사용해야 했다. 이 모든 것으로부터 드러나는 가장 중요한 것은 클라인이 더 이상 이 생물학적 신비주의라는 미심쩍은 초심리학이 아니라 분명하게 임상적으로 타당한 사실인 투사와 내사라는 그 중요한 방어적 절차를 전면에 내세운 방식이었다. 그리고 그보다 훨씬 더 중요한 것은 지금 막 생을 시작하는 한 개인의 정신생활의 본질을 전적으로 자아-대상 관계적 용어로 해석하게 되었다는 사실이다. 외부 대상이 대상 자체가 아닌 투사를 위한 수용체로서 가치가 있다는 것도 사실인 것처럼 보인다. 그러나 그 결과는 결국 동일하다. 즉, 실제로는 대상관계적인 내부세계, 그리고 자아가 물리적인 환경을 형성하는 실제 대상들의 세계와 관계 맺는 상대방인 환상이라는 내부세계가 결국은 어머니로 수렴되기 때문이다. 이것이 멜라니 클라인 작업의 실제 핵심이다. 클라인주의자들이 아닌 다른 분석가들은 거의 수용하기 어려운 가설에 근거하여 긴 우회로를 통과하고 지극히 불필요한 이론적 경로를 통하여, 그녀는 그 진정한 본질, 그 가장 내밀한 핵심에서 인간의 본성이 대상관계적이라는 근본적인 진실에 도달했다. 이것

106

제1부 이론

은 모든 생물생리학적 이론을 넘어서는 것이며 순전히 정신역동적인 것이다. 치료적 분석과정에서 그녀가 투사와 내사를 그렇게 중요하게 강조한 것은 내부와 외부라는 두 세계가 상호작용한다는 것을 선언한 것이며, 그 세계 속에서 모든 인간이 살아가고 있다는 것, 그리하여 처음에는 부정되었던 외부세계가 결국에는 다시 그 실제성과 중요성을 되찾게 됨을 말한다.

프로이트의 이론은 기본적으로 생리학적이고 생물학적이었지만, 나는 클라인의 이론을 어떤 진정한 의미에서도 전혀 생물학적이라고 생각하지 않는다. 그것은 철학적이며, 그 근본 가정에 있어서 과학적인 이론이기보다는 계시된 종교적 믿음에 가깝다. 클라인에게 있어서 인생의 모든 것은 삶과 죽음, 창조와 파괴라는 강력하고도 신비한 힘에 의해 우리의 깊은 곳에 있는 무의식적 정신 경험 내의 영원한 투쟁에 갇혔고, 한 개인으로서 우리의 가장 고유한 본성을 구성하는 그 힘에 의해 지배되고 우울한 그림자를 드리웠다. 그 둘 중에 클라인의 초심리학에서 항상 이목을 가로챘던 것은 죽음 본능이다. 하지만 치료 작업에서는 이 이론이 실제적이고 새로운 임상적 사실을 인식하도록 촉진하였다. 그것은 고도로 정신역동적인 이론으로, 멜라니 클라인으로 하여금 유아가 출생 후의 삶을 시작하는 바로 그 시점부터 항상 서로 연관되어 있는 좋은 대상관계와 나쁜 대상관계 속에서 투사와 내사를 통해, 유아가 처한 상황에 따라 부모가 유아를 다루는 다양한 방식과 함께 발달하는 놀라울 정도로 광범위한 영역을 독특하고 선명한 방식으로 바라보고 해석하도록 이끌었다. 그녀의 이론은 오래된 것과 새로운 것을 분리할 수 없는 방식으로 섞어 놓았기 때문에 혼란스럽다. 클라인은 애초부터 프로이트의 이론을 수용했기 때문에 그녀 자신의 통찰은 단지 프로이트의 견해를 발전시킨 것뿐이라고 스스로 믿었고, 그의 생물학적 용어를 영속화시켰으며, 그 결과 임상에서 그녀가 경험한 것이 얼마나 중요한 것인지를 모른 채 그것을 왜곡했다. 클라인은 프로이트의 오이디푸스 콤플렉스를 그가 인식했던 것보다 더 이른 발달의 시기로까지 소급하여 추적한 것뿐이라고 주장했다. 그러나 사실 그녀는 훨씬 더 중요한 일을 한 것이다. 프로이트의 오이디푸스 콤플렉스 자체는 성인 인격이 상부에서, 즉 좋고 나쁜 내적 대상관계의 갈등을 중심으로 회전하며, 그 내부에는 부모, 특히 엄마와의 관계에서 유아가 처음으로 직면한 문제들이 내장되어 있고 현재도 여전히 생존하여 살아 움직이는 아동기 삶의 상부에서 작용한다는 사실에 대한 최초의 분명한 표현이었다. 클라인은 프로이트가 할 수 있었던 것보다 훨씬 더 깊은 수준까지 이것을 추적해 들어간 반면, 프로이트는 정신분석의 그 첫 출발을 창조해 내기 위해 투쟁하고 있었다. 그녀의 작업은 프로이트로부터의 진화이자 프로이트와의 결별이었으며, 그를 넘어선 발전이었다. 그녀가 정말 해낸 것은 펄펄 끓는 본능이나 이드충동의 가마솥이 아닌 극히 개인적인 내부세계, 즉 그러한 세계를 형상화하거나 생각할 수 있기 훨씬 전부터 느낌으로 다가오는 방식으로 아기의 환상생활 속에서 표현되는 극히 개인적인 자아-대상 관계라는 내부세계로 작은 어린아이의 내적 정신생활을 묘사한 것이다. 이런 것들은 놀이나 꿈속에서 의식적으로 표현될 수 있으며, 증상과 일상

108

적 생활 속에서 만나는 현실의 사람들과 관계 맺는 혼란스러운 행동들의 형태로 변장된다. 나로서는 그 이론 중 많은 부분을 도저히 받아들일 수 없지만, 그것이 이론에 의해 얼마나 가려질 수 있건 상관없이 대상관계 내에서의 인격-자아에 대한 연구는 클라인 작업의 진정한 핵심이 되었다.

클라인의 작업에서 이것이 정말 중요한 것이라는 것을 보여 주는 가장 명백한 증거는 그녀가 발달의 단계라는 문제를 어떻게 다루었는지 생각해 보면 드러난다. 발달단계에 대한 프로이트의 견해는 구강, 항문, 남근(또는 전사춘기 시기의 성기) 그리고 성숙한 성기라는 일련의 단계를 갖는 본능의 성숙과정 속에서 생리-생물학적인 요소에 의해 엄격하게 결정되어 있다. 그렇기는 하지만 페어베언은 항문기를 자연스러운 발달단계가 아닌 강박적인 방식의 양육에 의해 인위적으로 만들어진 단계로 간주했다. 그러나 이것은 모두 성 본능의 발달에 포함된 단계들로 간주되었다. 리비도는 기본적인 성 본능이었고 그러한 유기체의 각 신체 부위는 긴장 감소라는 쾌락을 위해 그 자체의 리비도적 충동을 소유한 것으로 간주되었다. 유아기의 성(性)은 구강적, 항문적 또는 남근적인 것이었고, 성기 리비도는 성숙한 것이며 성인기의 성(性)이었다. 에릭슨과 페어베언이 보여 주었듯이, 이것은 탐구를 위한 출발점으로서는 가치가 있을지 모르지만, 개인이 발달하는 현실의 복잡한 요인들을 다루기에는 너무 단순하고 엄격하다. 이 문제는 다음 장에서 더 깊이 다룰 것이다. 당분간 우리는 멜라니 클라인만을 고려할 것이며, 그녀는 적어도 겉으로는 프로이트의 도식을 받아들였다. 물론 우리는 모두 구강, 항문, 성기적인 임상현상과 마주친다. 그리고 만일 작은 아이가 자신을 둘러싼 복잡하고 매혹적인 세계 내에 존재하는 모든 것에 대해 강렬한 호기심을 가지고 있다면, 그 호기심은 왜 자신의 신체적 기질이라는 몹시 눈에 띄는 현상으로는 향하지 않았는지 정말로 이상해 보인다. 특히나 그런 신체적 기질들은 불안한 부모로부터 너무나도 자주 달갑지 않게 받아들여지고 거부적인 종류의 주목을 끌기가 쉽기 때문이다. 그러나 이 모든 것과 인격의 정서적 발달과정 속에서 그것이 어떤 역할을 담당한다는 것을 인정하는 것이, 인격발달이 구강, 항문, 성기라는 고정된 계획표를 가진 생물학적 본능의 성숙 단계에 의해 지배된다는 프로이트의 이론을 수용하는 것과 동일한 것은 아니다. 멜라니 클라인의 저서에는 구강, 항문 그리고 성기적 현상에 대한 임상 관찰 자료가 여기저기 흩뿌려져 있으며, 정신적으로 어떤 문제가 있는 아이가 그 게임에 공격성을 개입시키지 않는다면 아동의 성적 놀이는 정말로 그들에게 아무런 해가 되지 않는다는 중요한 사실을 처음으로 관찰한 사람이 그녀가 아닐까 생각한다.

그러나 발달의 단계를 묘사하는 문제에 이르면, 우리는 관심의 중심이 본능 성숙 단계라는 생각에 근거하고 있는 구강, 항문, 성기적 도식을 떠나, 대상관계 속에서 이루어지는 자아경험의 질적인 측면이라는 생각에 근거하고 있는 전적으로 새로운 도식에 집중된다는 것을 알게 된다. 이것은 처음에는 엄마와의 관계 속에서 그리고 이후에는 모든 인간관계 속에서 이루어지는 정서발달에 유아가 도달하고 적응해야만 하는 두 가지 기본적인 대상관계적 자리position[5]에 관한 이론이다. 멜라니 클라인은 그것을 자리라고 불렀는데, 그것이 유아가 통과하고 극복해서 성장해야 하며 완전히 뒤에 남겨 두고 떠나야 할 이행 단계가 아니기 때문이다. 사실 그것은 엄마와의 관계에서 시작하여 대상세계와 자신의 관계를 처리해 나가기 위해 노력하면서 아이가 스스로를 발견하게 되는 두 가지 주요한 문제의 상황을 기술한 것이다. 클라인은 그것을 편집-분열적 자리와 우울적 자리라고 부른다. 처음에 그녀는 편집적 자리와 우울적 자리에 대해서만 말했지만, 나중에 페어베언의 작업으로 인해 편집적 자리를 편집-분열적 자리로 확장하게 되었다고 특별히 인정했다. 그러나 내가 보기에 분열적 자리는 제3의 독립된 개념이다. 분열적 자리에서 유아는 대상관계로부터 철수한다. 편집적 자리에서 유아는 관계 속에 있지만 그의 대상에 의해 박해받는다고 느낀다. 우울적 자리에서 그는 이 난관을 극복하게 되며 전체 대상관계 속으로 더 완전히 진입해 들어갈 수 있게 되지만, 그가 드디어 사랑할 수 있게 된 사람을 자신이 해칠 수 있다는 것을 알게 되면서 죄책감과 우울감에 노출될 뿐이다. 우리는 이것을 전적으로 독립되고 명확하게 경계를 나눌 수 있는 연속적인 세 단계로 구분할 수 있다고 볼 수 없다. 이 세 단계는 서로 겹치며 전진과 후퇴를 반복한다. 그러나 명백하게 나쁜 모자관계에서는 유아가 처음으로 자신이 박해받는다는 느낌을 갖게 되며, 그러고 나면

---

5) 편집적 자리(paranoid position)와 우울적 자리(depressive position)를 말한다. 발달에 관한 멜라니 클라인의 중심 개념으로, 프로이트가 제시하듯 발달에는 고정된 단계가 있는 것이 아니라 유아가 처한 유아만의 입장이나 상황이 있다는 것을 나타내기 위해 그녀는 '자리(position)'라는 용어를 사용하였다.

얻을 수 없는 정신적 도피 속으로 철수하게 된다. 그러면 이제 이러한 두 반응 사이에서 왔다 갔다 하다가 만일 가능하다면 결국은 이 두 반응을 넘어서서 성장하여 죄책감과 우울감을 초래하는 양가적인 관계 속으로 들어가게 된다.

이보다 더 완벽하게 비생물학적이고 대상관계적인 것은 생각할 수 없다. 이것은 프로이트의 도식에서 엄청나게 진보한 것이다. 구강, 항문 그리고 성기적 현상은 이제 증상들의 변형물처럼 보인다. 왜냐하면 정서적 문제가 전환 히스테리 과정에서 신체적 방출을 찾기 위해 하나 또는 다른 신체기관에 묶였기 때문이다. 클라인의 도식은 에릭슨이 단순한 신체 영역이 아닌 관계의 양식이라는 관점에서 프로이트의 도식을 매우 흥미롭게 해석했던 것보다 더 근본적으로 중요하다. 하지만 나는 클라인과 에릭슨의 도식이 모두 필요하다고 생각하는데, 클라인의 도식은 생애 초기의 6개월 동안에 이루어지는 인간관계의 기초적인 가능성을 규정하는 것과 관련이 있기 때문이며, 그것이 구강, 항문, 성기적 상황 그리고 그 나머지 아동기 동안에 마주치는 더 다양하고 우연적인 그 밖의 많은 다른 종류의 상황에서 아동이 어떻게 반응하는지를 결정한다고 생각하기 때문이다. 내게 있어 그 모든 에릭슨의 탐구는 최고의 가치를 지니고 있고 완전히 대상관계적인 것처럼 보인다. 나는 클라인과 에릭슨의 두 도식이 유아적 의존에서 성인의 의존으로 성숙해 간다는 페어베언의 견해와 함께 인간존재가 전 생애를 통해 마주치는 정서의 변천을 형상화할 수 있는 가치를 지니고 있다는 것을 알았다. 이 견해들은 복잡하기는 하지만 완전한 대상관계적 도식을 제공한다.

왜 멜라니 클라인의 작업이 초기의 고전적 정신생물학이라는 감옥에서 벗어나 대상관계적 사고로 해방되는 결정적 전환점을 구성한다고 생각하는지 충분히 보여 준 것 같다. 나는 그녀가 자신의 작업을 그런 식으로 이해했다고는 생각하지 않는다. 그녀는 자신의 새로운 생각을 명료화하는 데 여념이 없었기 때문에 아마도 그럴 수 없었을 것이다. 비록 그녀가 새로운 지평을 열었다는 것은 자각하고 있겠지만, 오늘날의 멜라니 클라인 신봉자들도 그녀의 이론을 그렇게 바라본다고 생각하지 않는다. 하지만 정신분석의 역사를 통해서 결국은 이것이 생리역동학적인 사고로부터 정신역동학적인 사고가 출현한 사건이었음을 알게 될 것이라 믿는다. 제1장에서 보여 주었듯이, 나는 이것이 단지 정신분석학 내부의 집안 문제 이상의 것이라는 것을 확신한다. 그것은 우리 시대의 모든 문화적이고 인간적인 문제를 포괄한다. 그 전통적 개념과 방법들이 더는 적절하게 적용될 수 없는 새로운 영역으로 진입함으로써 한 개인으로서의 인간존재에 대한 연구는 과학 자체를 포함하며, 새로운 영역의 과학적 탐구, 즉 정신역동학이라는 새로운 영역이 탄생한다. 이러한 상황을 수용하면, 과학이나 정치적 이론가들 혹은 교육자들에 의해 이리저리 끌려다니지 않는 독자적인 개인으로서의 인간존재가 갖는 권리를 더 굳건히 인식할 수 있는 지적 근거를 제공해 줄 것이다.

1920년 이후의 자아분석이 프로이트에게 근본적으로 새로운 방향의 정신분석을 위한 길을 예비해 주었다. 그의 작업에서의 대상관계적 사고는 마치 말뚝에 묶인 경주마처럼 끝까지 거기에 살아 남아 있었으나 그 출발점으로부터 그리 멀리 달려 나갈 수는 없었다. 대상관계적 사고는 멜라니 클라인에게 마치 사슬에 묶인 독수리와 같았고, 자신의 생각 속에 여전히 묶여 있긴 했지만 지면 위로 높이 솟아오를 수는 있었다. 클라인은 에릭슨이 그랬던 것처럼 프로이트의 리비도 이론에 결코 지적으로 의문을 제기하지 않았고, 따라서 아동의 발달을 그의 사회적 환경 속으로 결코 진입시키지 못했다. 또한 클라인은 페어베언이 그랬던 것처럼 프로이트의 리비도 이론에 근본적인 의문을 제기하지 않았고, 따라서 대상관계 이론이 지닌 자아의 측면에 어떤 특별한 기여도 하지 못했다. 그녀가 스스로 자신을 표현했듯이, 그녀의 견해는 이드심리학의 엄청난 진보인 것처럼 보인다. 프로이트는 초자아가 여러 측면에서 이드와 극도로 밀접해 있다고 말했고, 클라인의 저작 속에서 이드와 초자아는 자아보다 더 중요한 역할을 담당한다. 그녀는 자아를 개념화하는 데 있어서 별다른 특별한 새로운 흐름을 만들어 내지 않았다. 그 대신 유아의 정신은 그녀에게 있어서 실상 에로스와 타나토스, 즉 삶의 본능과 죽음의 본능이 끝없는 전쟁을 벌이는 비밀의 무대이다. 그 본능들은 사랑하고 창조하는 자아와 나쁜 대상으로서 부모가 내면화된 미워하고 파괴하는 가학적인 초자아로 변형되며, 실생활의 대상관계에서 외부세계를 지각하는 데 있어서 그 둘 사이에서 벌어지는 갈등의 패턴을 부여한다. 우리는 이 이론이 가진 생물학적이고 초심리학적인 혹은 철학적인 신비주의의 덫을 버릴 수 있으며, 유아의 정신이 내적으로 어떻게 발달하는지에 관한 전적으로 정신역동적이고 대상관계적인 설명으로서 이 이론이 가진 임상적 적용 가능성을 재발견할 수 있다. 이렇게 되면, 페어베언이 그렇게 보았고 작업해 나갔듯이 통합된 성숙으로 향하는 도상에서 마주칠 수 있는 모든 자아분열의 위험요소를 명료화할 수 있다. 하지만 그러한 정신역동적 견해는 유아가 그의 외부세계 및 그의 첫 번째 의미 있는 대상, 즉 어머니와 관계를 발전시켜 나가는 측면에서 해석될 때만 전적으로 믿을 만한 것이 될 수 있다. 우리가 위니컷의 작업에서 발견하는 것이 바로 그것이다.

우리는 오직 진정한 임상적 천재성(어른들뿐 아니라 어린아이에 대한 예외적으로 뛰어난 직관적 통찰력으로 드러난다)만이 멜라니 클라인으로 하여금 일견 생물학적 개념처럼 보이는 그 가망성 없는 기반 위에서 본질적으로 대상관계적인 이론을 발전시켜 나갈 수 있게 해 주었을 것이라는 점을 덧붙이지 않을 수 없다. 하지만 임상적 직관은 어쩔 수 없이 대상관계적일 수밖에 없는데, 그것은 두 개인으로서의 치료자와 환자라는 밀접한 관계 속에서 일어나는 것들에 대한 지각이며, 그 두 사람 중 한 사람은 다른 한 사람이 현실을 제대로 봄으로써 유아적 정서와 환상이라는 비밀의 족쇄로부터 벗어날 수 있는 기회를 얻도록 도와주기 위해 그들이 어떻게 관계하고 있는지를 정확하게 바라보아야 한다. 프로이트가 자신이 사랑한 신경학을 넘어서서 전이, 오이디푸스적 문제들을 발견하는 데 이르고, 죄책감을 명확하게 하기 위해 초자아의 개념을 공식화하도록 이끈 것은 바로 이것이다. 클라인이 발전시킨 것은 바로 프로이트의 이러한 측면의 작업이다. 본능의 개념에 대한 클라인의 언어적 유희에도 불구하고, 그녀는 진정으로 좋은 대상과 나쁜 대상 관계, 사랑과 미움 그리고 죄책감과 보상에 관심이 있었으며, 그것은 본능충동에 대한 양적인 만족이라는 개념을 사용한 것이 아니었다. 사랑하는 사람의 상처를 위한 보상보다 더 완전하게 개인적인 대상관계적인 개념은 아마 없을 것이다.

특별히 클라인주의적 분석 기법이라고 불리는 것들 내에서 가장 중요한 요소는 이것이 전부이다. 정신분석의 '기법technique'이라는 용어에 대해서는 이 책의 마지막 장에서 논의할 것이다. 그러나 나는 여기서 클라인의 작업에 대해 관심이 있는데, 그녀의 정신분석적 방법은 전이의 해석을 훨씬 더 강조하고 있다. 실제적인 (치료적) 목적을 위한 그녀의 작업의 핵심은 다음 세 가지에서 드러난다. 본질적으로 좋고 나쁜 내적 대상들과의 관계에 대한 자아의 기능으로 그 모습을 드러내는 ① 내부세계의 삶으로서 환상(비록 수잔 아이작스Susan Isaacs는 그것을 본능의 표상이라고 설명했는데, 이는 매우 부적절한 견해이다), ② 명백히 대상관계적이고 정신역동적인 발달적 자리의 단계에 관한 그녀의 이론, ③ 정신분석 치료에서 전이의 사용에 대한 그녀의 점증적인 강조이다. 우리는 그녀의 일견 고전적인 정통이론과 정신생물학이 그녀가 대상관계적 사고를 자유롭게 발전시켜 나가는 것을 얼마나 방해했는지 알 수 있다. 하지만 우리는 그녀를 전적으로 수용하거나 전적으로 반대할 필요는 없다. 멜라니 클라인은 정신분석학에 있어서 위대한 창조적 지성 중의 한 사람이었다. 또한 우리는 그녀의 매우 독창적인 천재성을 재발견할 수 있으며 정신분석학 이론의 발전에 있어서 하나의 결정적인 전환점을 찍는 표시로서 그녀의 통찰을 충분히 이용할 수 있다. 클라인주의의 정신분석 기법과 전이의 치료적 사용은 이제 그녀의 공헌에 대한 우리의 탐구를 마무리할 수 있는 좋은 주제이다.

전이는 환자가 외부세계의 일부인 치료자를 그의 내적 세계를 구성하는 갈등 속으로 관여시키는 것이며, 그것을 분석하면 주로 투사와 내사에 의해 그의 내적 세계와 외적 세계 사이에서 일어나고 있는 상호작용이 어떤 종류의 것인지 드러난다. 클라인이 말하는 내적 세계의 정신역동적 본질을 파악하기 위해 우리는 하르트만이 생각했던 내적 세계와 대비시켜 생각해 볼 수 있다. 하르트만에게 있어서 내적 세계는 '수용기와 작용기 사이에 위치하는 것'으로서, 경솔한 행동을 피하기 위해 지적 판단을 사용하려고 멈추어서 생각하는 능력에 불과하다. 그는 단지 지적 능력의 정신적 기능을 묘사하고 있는데, 그 지적 능력은 앞으로 진행하는 것을 나타내는 녹색 불빛이 들어오기 전에 경고를 위해 붉은색과 황색 등을 켜는 것과 같은 것만을 말하는 것은 아니다. 그 외에도 그것은 사실상 그것과는 다르고 더 창조적인 쓰임새를 가지고 있다. 하지만 클라인에게 있어서 내적 세계란 훨씬 더 큰 것이다. 그것은 우리의 외부세계에서의 삶과 끊임없이 경쟁하고 그것을 방해하는 강렬한 정서적 경험이 일어나는 대상관계적인 사적 세계 전부이다. 전이 분석을 통해 환자는 내적이고 외적인 두 세계의 경험이 얼마나 비현실적으로 혼동되는지 점차 자각할 수 있는 기회를 얻게 되며, 그 결과 초래되는 비합리적인 행동을 서서히 극복하고 빠져나올 수

117
제3장 전환점

있게 된다. 클라인주의의 치료에서 내가 빠뜨린 것과 그녀의 이론이 가진 특성 때문에 내가 제외시킨 것은 분석적인 정신치료는 환자가 비현실적인 긍정적이고 부정적인 전이 대상관계를 극복하여 성장해야만 한다는 것, 그리고 그 전이 대상관계 속에서 환자는 하나의 현실적인 인간으로서 그의 치료자에 의해 어떠한 종류의 실제적 관계가 그에게 주어졌는지를 발견함으로써 자신의 치료자에게 투사된 그의 환상화된 좋고 나쁜 내적 대상을 직시하게 된다는 것을 포함하고 있다는 사실과 관련된 모든 적절한 인식이다. 이것은 숙련된 정신분석적 해석 이상의 것을 포함하고 있다. 그것은 분석가가 실제로 어떤 종류의 사람인지를 나타내는 사실을 배경으로 하여 그 자신의 권리를 가진 하나의 실제 인간으로서 분석가를 정확하게 지각하는 쪽으로 환자가 점차 성장해 나가는 길을 예비한다. 이것이 가능하기 위해서 분석가는 환자의 정신생활에 대한 전문적인 해석자가 아니라 환자와 함께하는 전체로서의 살아 있는 인간존재가 되어야만 한다. 그래야만 환자는 자신을 발견할 수 있고, 그 자신의 권리를 가진 하나의 인간이 되어 간다.

멜라니 클라인의 이론을 요약해 보면, 능동적인 환상 속에서 강렬한 대상관계적인 것으로 드러나는 그녀의 내적 세계는 실제 대상이 속해 있는 외부세계에 부여된 명백히 이차적인 지위를 보상해 준다. 클라인주의적 견해의 엄격한 논리에서 보자면, 유아의 분열된 인격은 기본적으로 유아의 삶 혹은 애정충동이 그의 죽음충동(공격성, 파괴성, 미움, 시기심)에 의해 영원히 위협받게 되는 타고난 속성으로 표현된다. 이 내부의 전쟁은 출생 전에 자궁 속에서 시작되어야만 한다. 그것은 현실의 삶에 존재하는 외부 대상에 대한 좋고 나쁜 경험이 유아에게 혼합되어 있다는 것을 반영하는 것이 결코 아니다. 클라인은 환상화된 좋고 나쁜 내적 대상이라는 이러한 가설적인 본능의 표상에 너무나 집착한 나머지 자아는 다소간 당연한 것으로 여겼으며 어떤 특별한 자아심리학도 발전시키지 않았다. 이곳이 바로 페어베언의 작업이 전개되는 지점이다. 그러나 자아는 클라인에게도 있었다. 환상 이미지가 형성되면서, 자아가 좋은 대상 및 나쁜 대상과 관계함에 따라 아기는 자신만의 환상과 꿈속으로 진입한다. 클라인에게 있어서 이 환상생활의 원천은 유아가 실제 대상을 경험하기 이전부터 존재하고 있으며, 따라서 유아는 외부의 실제 대상에 대한 그의 신체적이고 정신적인 지각 능력이 성장해 나감에 따라서 죽음충동의 공포 속에 살고 있는 그의 내부세계에 이미 형성되어 있는 경험에 의해 채색된 매개체를 통해 실제 대상들을 바라보게 된다. 그는 실제로 엄마를 나쁜 대상으로 경험하지 않았지만 나쁜 내적 대상을 발달시킨다. 시걸에 의하면 "죽음충동을 젖가슴에 투사한다." 그리고 엄마가 좋건 나쁘건 상관없이 아기는 엄마를 자신의 선천적인 나쁨badness을 가져다준 존재로 바라보기 때문에, 엄마는 아이에게 나쁜 대상이 되어 갈 운명을 안고 있다. 나쁜 대상경험은 클라인에게 압도적으로 주된 것이며, 그렇기에 아기가 그 나쁜 대상에 대항하기 위해 좋은 젖가슴을 내면화해야 할 긴급한 필요성을 갖게 된다고 말해야만 했다. 나는 클라인이 가정했던 것, 즉 아기가 어떻게 해서 정말로 좋은 젖가슴을 경험하게 될 수 있는지를 도무지 알 수 없다. 설령 (자신의

애정충동을 투사—우리는 이에 대해 거의 들은 바가 없지만—함으로써)
그럴 수 있다 하더라도 죽음충동은 항상 그것을 파괴하게 된다. 이
론적으로는 이 문제가 해결될 수 없는데, 클라인에게 있어 나쁜 대
상경험이 더 일차적인 것이고 근절할 수 없는 것이기 때문이다. 그
러나 실제의 치료적 분석에서는 분석가와 환자의 실제 인격적인
관계가 이론보다 분명히 더 중요하다. 클라인으로부터 우리가 얻
은 것은 예리한 임상적 지각력이지만, 그것은 그 이전에 형성된 이
론에 의해 왜곡된 것이었다. 대부분이 죽음충동에 집중되어 있는
그 사변적인 이론을 제쳐 둔다면, 우리는 내부세계 속의 환상생활
과 분석가에 대한 환자의 전이 반응을 임상적으로 분석한 내용에
굳게 기초하고 있는 대상관계 이론의 토대를 넘겨받게 된다.

⊕ 원주

1. Henna Segal, "Melanie Klein's Technique," *Los Angeles Psychoanalytic Forum* 2, no. 3 (1967): 198.
2. 위의 논문, p. 199.
3. Erik H. Erikson, *Childhood and Society*, rev. ed. (New York: W.W. Norton; London: The Hogarth Press, 1964), p. 64.
4. 위의 책, p. 186.
5. 위의 책, p. 187.
6. 위의 책, p. 13.
7. Hanna Segal, *Introduction to the Work of Melanie Klein* (London: Heinemann Medical Books, Ltd., 1964), p. 12.

제4장

이론적 지향의 확장
– 에릭 에릭슨과 로널드 페어베언

나는 비인격적인 것에 대항하는 또는 프로이트 사상의 한 요소인 자연과학에 대항하는 최전선에서 점진적으로 출현하는 것으로서 대상관계 이론이라는 주제를 다루어 왔다. 그것은 새로운 유형의 과학적 사고, 즉 정신역동학이 서서히 진화해 나가는 과정에 관한 이야기이다. 에릭 에릭슨Erik Erikson은 그 전 과정에 대한 핵심이 무엇인지 깨달았는데, 1955년에 『정신분석의 기원The Origins of Psychoanalysis』으로 출간된, 프로이트가 빌헬름 플리스Wilhelm Fliess[1])에

---

1) 빌헬름 플리스(Wilhelm Fliess, 1858~1928)는 청년의사 시절부터 교분을 맺어 온 프로이트의 가장 친한 친구로 이비인후과 의사였다. 프로이트는 정신분석 이론을 정립하기 이전부터 자신이 보는 환자들로부터 떠오른 생각이나 자기분석 내용을 포함

게 보낸 편지들을 검토하고 있을 때였다. 에릭슨은 '정신분석적 작업과 사상에 특수한 근본적으로 새로운 종류의 지적 과정'이 출현한다고 언급하였다.[1] 나는 멜라니 클라인을 정신분석 이론에서의 중요한 전환점으로 간주했는데, 비록 혼란스러운 방식이긴 하지만 그녀는 실제로 유기체적으로 결정된 과정으로부터 눈을 돌려 정신역동적 대상관계로 강조점을 전환하는 변화를 보여 주었기 때문이다. 프로이트는 다른 사람들보다 30~40년 앞서서 주로 혼자 작업했고, 자신이 도달하고자 하는 목적지가 어디인지에 대해서는 필연적으로 어둠 속에 있을 수밖에 없었다. 그렇기에 단번에 모든 것을 분명하게 밝히고, 그리고 나서 자신에 관해 다른 연구자들 내에서 서서히 자라나고 있던 '정신분석적 작업과 사상에 특수한 근본적으로 새로운 종류의 지적 과정'에 일관된 방식으로 확고하게 천착할 수는 없었을 것이다. 이미 전투가 끝난 후에 그것을 되돌아볼 수 있는 이점을 가진 사람이라면, 심지어 전투 중에 일어나는 바로 그 일들에 관해 책임을 지고 있는 장군이라고 할지라도 그 장군보다 더 분명하게 상황을 바라볼 수 있다. 그럼에도 불구하고 그들이 장군의 입장에 처해 있었다면 싸워서 그것을 얻어 낼 수 있는 능력을 가질 수 없었을 것이다. 오늘날 우리는 프로이트 초기 시절의 과학적 세계에 내재해 있던 견고히 뿌리박힌 지적 편견을 간과하기 쉽다. 그러한 과학적 세계 속에서 프로이트는 그러한 지적 편견

하여 일상적인 이야기들을 편지로 주고받았다. 이 방대한 서신 자료가 프로이트 사후 출간되었는데, 이는 프로이트 정신분석 이론의 초기 형성과 그 변천과정을 알아 볼 수 있는 중요한 자료로 평가받는다.

을 공유할 수밖에는 별다른 도리가 없었고 그래서 자신의 진행이 얼마나 느리고 어려운 일이 될 것인지를 이해할 수가 없었다. 놀라운 것은 그가 그것도 혼자서 이 새로운 사상의 길을 탐색하는 작업에 착수하기 시작했다는 것이다.

40년이나 지난 후에도 프로이트가 갔던 길을 감히 따라가고자 했던 대부분의 사람은 정말 새로운 것이 무엇인지를 분명히 알기가 어려웠다. 멜라니 클라인도 분명히 처음에는 일차적으로 자신의 작업이 프로이트가 할 수 있었던 것보다 본능들 간의 갈등을 훨씬 더 초기의 유아기 시기까지 추적해 들어간 것뿐이라고 생각했다. 프로이트 자신은 자신의 사상에 내재된 생리생물학인 것과 인격적인 대상관계적 요소를 결코 명확히 분간하거나 적절히 관련시키지 못했다. 그의 마지막이자 미완성된 저서『정신분석학 개요The Outline of Psychoanalysis』는 정신역동학을 새로운 과학적 발전으로서 독립할 수 있게 만드는 이 문제를 해결하는 데 있어서 프로이트가 얼마나 근접해 있었는지, 그러나 동시에 얼마나 멀리 떨어져 있었는지를 보여 주는 매혹적인 증거들을 제시한다. 책의 첫 페이지에서 그는 다음과 같이 썼다.

우리는 우리가 정신 혹은 정신생활이라 일컫는 것과 관련된 두 가지를 알고 있다. 첫째는 신체기관과 행동의 장(場), 즉 뇌(또는 신경계통)이고, 둘째는 우리의 의식행위로, 그것은 즉각적으로 주어진 자료이며 어떠한 종류의 서술로도 더 이상 완전하게 설명할 수 없다. 이 두 가지 말단 지점 사이에 놓인 모든 것은 우리에게 알려져 있지 않으며, 우리가 자각할 수 있는 한 그들 사이의 어떠한 직접적인 관계도 찾을 수 없다. 그런 직접적 관계가 존재하더라도, 그것은 기껏해야 의식과정이 일어나는 정확한 장소를 제공할 수 있을 뿐, 그 의식과정을 이해하는 데 있어서 우리에게 아무런 도움이 되지 않을 것이다.[2]

전적으로 명백하고 적절한 이러한 언급으로부터 추론할 수 있는 것은 우리가 뇌와 신경계통을 생리학에 맡겨야 하며, 그 생리학은 생물학적 기반에서 출현하는 생리적 문제들을 다루는 데 필요한 지식을 제공해 주겠지만 한 개인으로서의 우리의 주관적인 삶에 어떠한 빛이라도 던져 줄 수 있는 것을 보여 주지는 못한다는 것이다. 이것은 새로운 과학의 분야, 즉 정신역동학이 창조될 필요가 있다는 것을 시사한다. 하지만 프로이트는 여전히 이 분야가 자연과학에 묶여 있어야만 한다고 느끼고 있다. 그는 계속해서 다음과 같이 말한다.

우리가 알고 있는 이 두 가지 종착점 또는 출발점으로부터 두 가지 가설이 나온다. 첫째는 정신 기능이 발생하는 장소나 위치가 어디인가에 관한 것이다. 우리는 정신생활이 다수의 부분으로 이루어져 있고, 공간상에서 연장되는 속성을 지니고 있는 하나의 기계장치와 같이 기능한다고 가정한다. 즉, 망원경이나 현미경 또는 그와 비슷한 어떤 것을 떠올려 볼 수 있다. 이런 종류의 개념을 끝

까지 일관되게 밀고 나가는 것은 과학적으로 새로운 것이다. [2][3]

다시 말하지만, 이는 분명히 아니다. 이것은 생리학적 모형에 근거하여 정신생활에 대한 개념을 만들려는 시도였고, 생리학적 과정은 정신과정을 "이해하는 데 우리에게 아무런 도움이 안 된다."라고 그가 이미 말한 이후였다. 심리학에서 우리는 영역화 localization[3](이것은 생리학의 관심사이다)에 대해서는 관심이 없으며, 의미와 동기와 목적에 관심이 있다. 그러나 프로이트는 "공간 속에서 확장되어…… 다른 많은 부분으로 구성된 것"이라며 그의 물리적인 망원경 모형에 의존하여 우리의 정신생활을 계속 다루어 나가고 있다. 그는 그것을 '정신적 영역'을 지닌 '정신적 장치'라고 설명한다.

가장 오래된 이 정신 영역 혹은 작용기관에 우리는 이드id라는 명칭을 부여한다. 그것은 유전되어 물려받았고, 태어날 때부터 존재하고 있었고, 선천적인 기질에 고정되어 있는—무엇보다도 본능 속

---

2) 인용된 이 마지막 문장에서 건트립은 프로이트의 한 구절을 누락한 것으로 보인다. 즉, 건트립이 원주에서 인용하고 있는 표준판 프로이트 전집에는 '이미 이전에도 이와 동일한 방향의 몇몇 시도가 있기는 했지만(Notwithstanding some earlier attempts in the same direction)'이라는 구절이 앞에 있다.
3) 프로이트의 지형학적(topographical) 관점과 관련된 용어이다. 프로이트는 우리의 정신 기능이 기본적으로 물리적 기반, 즉 생물학적 조직을 갖춘 어떤 기계적 장치와 비슷하다고 생각하고 있고, 그 장치를 공간 속에서 우리가 시각적으로 확인할 수 있는 것처럼 설명하고 있다는 의미에서 건트립은 이 용어를 사용하고 있다. 그것은 마치 현대의 뇌과학이 정신 기능을 뇌의 기능 영역과 뉴런의 작용으로 환원시켜 설명하려는 것과 유사하다.

에 고정되어 있는—모든 것을 포함하고 있다. 우리를 둘러싼 실제 외부세계의 영향 아래서 이드의 한 부분이 특별한 발달을 겪는다. 원래 껍질층이었던 곳으로부터…… 하나의 특수한 조직이 생겨나고 이후에는 이드와 외부세계 사이에서 중재 역할을 담당한다. 우리 정신생활의 이 지역에 우리는 자아ego라는 이름을 붙였다.[4]

프로이트가 두 가지 상이한 유형의 개념을 서로 연관 짓기보다는 혼동하고 있음이 분명하다. 우리의 정신생활의 이러한 측면들이 지역 또는 작용주체란 말인가? 지역이란 하나의 공간적 영역, 하나의 물질적 실체이다. 작용주체란 자유롭고 능동적인 목적, 즉 정신적 실체에 대한 표현이다. 프로이트는 자아가 '수의적 운동을 통제'하는 역할을 맡고 있다고 우리에게 말한다. 그것은 "자각하고…… 경험들을 저장하고…… 위험으로부터 도피하고…… 적응하고, 마지막으로 그 자신의 이익을 위해 외부세계에서 적절하게 수정된 행동을 만들어 냄으로써…… 그리고 본능의 요구에 대한 통제력을 획득함으로써" 자기보존의 역할을 맡게 된다.[5] 승인할 수 있는 아무런 사실도 없이, 우리는 '공간 속에 확장된 영역'에서 '복잡한 목적을 가진 능동적인 정신적 주체'로 옮겨 왔다. 그럼에도 프로이트는 이것을 여전히 생리학에 묶어 두려고 노력한다.

조직의 활동은 그 내부에 존재하는 또는 내부로 유입된 자극에 의해 유발된 긴장을 고려함으로써 통제된다. 이러한 긴장의 축적은 대개 불쾌로 느껴지며, 긴장의 완화는 쾌로 느껴진다. …… 자아

는 쾌를 추구하며 불쾌를 피하려고 한다.[6]

우리는 지금 다시 원점으로 돌아왔다. '우리의 의식행위가 즉각적으로 주어진 자료'이며, 뇌와 신경계통과는 '아무런 직접적 연결점을 찾을 수 없고', 그런 연결이 있다고 해도 그러한 생리학적 영역화에 관한 지식은 '의식과정을 이해하는 데 아무런 도움이 되지 않는다'는 사실을 인식하면서 진정한 정신역동적 과학이 도래할 것임을 약속해 놓고서, 우리는 곧바로 쾌락원리라는 원래의 생리학적 긴장들 혹은 양적인 원리로 되던져진 것이다. 이것은 프로이트가 다음과 같이 말했을 때 확인할 수 있다.

이드의 필요에 의해 유발된 긴장의 배후에 존재하는 것으로 우리가 가정한 그 힘은 본능이라 불린다. 그 힘은 정신생활에 대한 신체기관의 요구를 나타낸다. …… 오랜 회의와 망설임 끝에 우리는 오직 두 가지 근본적인 본능만이 존재한다고 가정하기로 했다. 그것은 에로스와 파괴적 본능이다.[7]

이 지점에서 프로이트는 그의 작업을 끝마친다. 그가 이런 말을 했을 때 그의 생은 거의 막바지에 와 있었고, 기본적으로 그가 항상 주장해 왔던 것을 재확인하는 것 외에는 다른 것을 더 이상 기대할 수 없을 것이다. 그럼에도 불구하고 미완성된 마지막 장을 보면 만일 프로이트가 다시 청춘을 회복하여 중단된 지점에서 다시 시작할 수 있었다면 이 지점에서 멈추지는 않았을 것이라는 생각이 든다. 아이에 대한 부모의 영향력의 결과물로서 초자아에 관해 설명한 후, 그는 "초자아의 출현에서 우리는 말하자면 현재기 과거로 변하는 방식을 보여 주는 하나의 실례를 만나게 된다."[8]라는 최후의 언급을 남긴다. 그는 초자아가 "그 자체로 현재와 과거의 영향을 내부에 통합하고 있다."[4]라고 말함으로써 이미 이 점에 관해 설명했다. 여기 오직 '의식행위'로만 이해될 수 있는 경험들이 있다. 그것은 우리의 개인적 관계에서 얻는 경험이고, 그에 관해 뇌 생리학은 우리에게 아무것도 말해 줄 수 없으며, 그럼에도 불구하고 결국 그것은 그 자신의 권리를 가진 현실로 이해될 수 있는 것이다. 에릭슨이 자연과학과 분명하게 구분하지 않고서 "정신분석적 작업과 사고에 특수한, 근본적으로 새로운 유형의 과학적 사고"라고 말했듯이, 프로이트는 정신역동학을 창조했다.

그렇다면 우리가 멜라니 클라인의 작업에서 이와 똑같이 혼합되어 있는 생각을 발견한다고 해서 놀랄 일은 아니다. 그럼에도 그녀의 분석은 내적 정신생활을 자아-대상 관계의 측면에서 가장 초기의 유아기까지 거슬러 올라가 분석하고 있고, 그것은 프로이트 사고 속의 인격적 요소를 발전시킨 것이며 그가 마지막 언급에서 중단했던 지점에서부터 우리를 훨씬 더 먼 곳으로 이끌고 있는 것이다. 클라인의 가장 친밀한 동료 중 한 사람인 조안 리비에르는 '본

---

4) 프로이트는 마지막 저서에서 초자아는 현재의 부모와의 관계 속에서 형성되지만, 그 현재의 부모의 초자아는 과거의 그들의 부모를 물려받은 것이란 점에서 초자아가 지닌 계통발생적인 측면을 언급하고 있는 것이다. 건트립은 이처럼 프로이트 자신의 관념 속에도 초자아 형성과정에 내재된 대상관계적 요인을 담고 있다는 것을 보여 주려고 하고 있다.

능 만족의 욕구에 지배되었고, 대상의 지각이 느리게만 성취되었던' 자기성애적이고 자기애적인 유아에 관해 언급한 안나 프로이트를 인용했다. 리비에르는 "여기서 (안나 프로이트는) '그 본래의 의미에서의 대상관계'와 '초기 단계에서 형성된 가장 조악한 초기 형태의 대상관계'를 구분한다. 그러나 '초기 형태'는 발달의 가장 초기 단계에 적절하고도 고유한 것이기에 그러한 구분은 있을 수 없다."[9]라고 언급한다. 클라인주의자들은 프로이트가 말한 일차적인 대상없는 단계라는 개념을 버리게 되었다.

우리는 이제 클라인 이후에 비인격적인 것에서 인격적인 대상 관계의 기반으로 진전해 나가는 과정에 관한 이론의 방향이 어떻게 확장되어 갔는지에 대해 매우 상이한 방식으로 에릭 에릭슨과 로널드 페어베언Ronald Fairbairn의 작업을 살펴보아도 될 것이다. 엄밀하게 말해서, 대상을 지각하고 대상과 관계할 수 있는 자아가 없이는 대상도 없기 때문에 자아-대상 관계이론에 관해 말하는 것이 훨씬 더 완벽하고 의미 있는 일이다. 그리고 이것은 지금부터 비인격적인 이드는 그 중요성이 점점 퇴색할 것이며 우리가 자아의 의미, 본성 그리고 성장에 대해 훨씬 더 큰 관심을 갖게 된다는 것을 의미한다. 프로이트는 1920년 이후로 자아에 깊은 관심을 보였지만, 마지막까지 『개요The Outline』에서 자아는 여전히 부수적인 존재이고, 약 5세가 될 때까지도 이드와 외부세계 사이를 중재하는 하나의 지역 혹은 대리인이며, 그때가 되어서야 자아는 새로운 정신적 주체인 초자아를 창조하기 위해서 외부세계를 그 자체로, 즉 자신을 관찰하고 명령을 내리고 교정하고 처벌하는 부모로 간주한다.[10] 자아는 진정한 '나', 즉 그 개인의 자기됨의 핵심이 아니다. 프로이트는 전체 자기whole self를 당연한 것으로 여겼고 무엇보다 가장 중요한 유일한 정신적 현상으로서 어디서도 그것을 특별히 논의한 적이 없다. 그의 전집에 있는 색인을 샅샅이 뒤져 봐도 프로이트가 자기분석, 자기보존, 자기처벌, 자기존중, 자존감, 자기책망 등에 대해서만 논의했을 뿐, 고유한 독특성을 가진 한 개인으로서의 그 자기The Self에 관한 언급은 찾아볼 수 없다. 해리 스택 설리반, 카렌 호나이, 에리히 프롬, 그리고 클라라 톰슨의 작업과 함께 자아심리학은 엄청나게, 하지만 그 완전한 중요성에 도달하지는 못한 채로 확장되었다. 그러나 그들의 작업은 에릭슨의 자아정체성 연구를 위한 기반을 마련해 주었다. 설리반이 '자기self'라는 용어를 두드러지게 사용하긴 했지만, 그것에 프로이트가 허용했던 정도의 지엽적이고 한정된 의미 정도만을 부여했다. 그는 문화적으로 결정된 불안의 산물로서 '자기체계self-system' 또는 '자기역동self-dynamism'에 관해 말했다. "자기역동은 승인과 거부, 보상과 처벌의 경험으로부터 형성된다. …… 자기는 평가경험들이 반영된 것들로 구성된다고 말할 수 있겠다."[11] 설리반의 견해에서 자아는 너무나 제한되어 있었기 때문에, 그는 실제로 "자기는 발달함에 따라 그 기능에 있어서 점점 더 현미경처럼 되어 간다. …… 그것은 승인과 거부의 원인이 되는 아이의 수행에 더 세밀하게 초점을 맞추지만, 현미경과도 너무나 흡사하게 세상의 나머지 부분을 알아채는 것을 방해한다. …… 인격의 나머지 부분은 자각의 범위 바깥으로 밀려난다."[12]라고 말한다. 이것은 전인적인 자아심리학을 위한 토대가 아니다. 이것은 위니컷이 '순응에 근거한 거짓자기'라고 부를 만한 것에 대해서만 응답한 것일 뿐이며 '참자기'의 심리학을 위해서는 우리에게 아무런 도움을 주지 않는다. 프로이트와 설리반이 모두 각자 독립적으로 정신장치 혹은 자기를 나타내기 위해 현미경이란 생각을 사용한 것은 흥미로운 일이다. 우리는 다른 접근을 필요로 한다. 하지만 우선 설리반 학파를 떠나 에릭슨에게, 그러고 나서 페어베언에게 가 보아야 한다. 발전을 추적하기 위해서는 시기가 중요하다. 멜라니 클라인이 논문을 발표하기 시작한 것은 1920년이며, 그녀의 첫 저서가 출간된 것은 1932년이다. 출간된 페어베언의 논문은 그가 1933년부터 클라인으로부터 영향을 받았음을 보여 주며, 1940년까지 그는 자신만의 독자적인 노선을 구축했다. 1940년대의 고도로 독창적인 페어베언의 논문들은 1952년의 저서에서 나타났다. 에릭슨은 1950년에 그의 첫 저서를 선보였지만, 그것은 훨씬 이전부터 이루어진 경험의 결실이기도 했다. 따라서 페어베언이 에릭슨보다 10년 먼저 학술지에 논문을 발표하기는 했지만, 그 이전의 작업이나 첫 저서가 이루어진 시기에 있어서 에릭슨과 페어베언의 시기는 대충 일치한다. 멜라니 클라인은 이 두 사람보다 20년 정도 앞서 있다.

나는 에릭슨을 먼저 다룰 것인데, 그의 작업이 사회학적으로 훨씬 넓은 범위를 점하고 있기는 하지만 페어베언의 경우처럼 그렇게 정신역동적으로 근본적인 것은 아니기 때문이다. 1955년의 문헌 검토과정에서 에릭슨은 '물리주의적 생리학'에 뿌리내리고 있는 프로이트 작업의 전 범위가 어디까지인지를 단호하게 언급했다. "이 중요한 운동의 이념은 두보아 레이먼드Du-Bois-Raymond와 브 뤼케Brücke의 선언―"유기체 내에는 어디서나 볼 수 있는 평범한 물리적인 힘 외에는 다른 어떤 힘도 존재하지 않는다"―속에 표현되어 있다."[13] 1985년에 출간된 프로이트의 『신경학자를 위한 심리학 Psychology for Neurologists』을 언급하면서, 에릭슨은 프로이트가 '양적인 고려가 도입된다면 정신 기능에 관한 이론이 어떤 형태를 취하게 될 것인지 보려는'[14] 목적을 가지고 있었다고 말한다. 프로이트는 이러한 작업을 포기했기 때문에, 그가 정신분석학을 자연과학으로 만드는 것이 불가능하다는 것을 깨달았음이 분명하다고 추론할 수 있다. 그러한 변화를 만들어 내는 것이 프로이트에게 얼마나 힘겨운 투쟁이었는지에 대해 에릭슨은 기록한다. 에릭슨은 프로이트가 플리스에게 보낸 편지가 '프로이트의 관심이 생리학과 신경학에서 심리학과 정신병리학으로 이동했던 힘겨운 시기 동안 프로이트가 어떠했는지를 생생하게 묘사한 그림'이라고 기술한다. 그는 프로이트에 대해 "그가 과거에 생리학에서 받았던 교육의 이념과 현재 심리학에서 피할 수 없이 다가오는 자신의 통제권을 조화시키려는 내적인 필요성에 악마처럼 사로잡혀 있었다."[15]라고 설명했다.

따라서 에릭슨은 당면한 현안이 얼마나 중요한 것인지 분명히 알고 있었음에 틀림없다. 그는 프로이트가 정말로 자신의 과거로부터 벗어났다고 생각하고 있었을까? 그는 프로이트가 '신경조직, 신경통로와 손상 부위를 잘 분간해 내려고 생리학적 방식으로 탐색했던' 과도한 집념을 통해 자신의 불안에 대항하면서 스스로를 방어했다고 쓰고 있다. 반면에, 에릭슨은 프로이트의 『꿈에 관한

132
제1부 이론

책Dream Book』을 '풍부한 상징의 광맥을 향한 그리고 프로이트를 해방시킨 내적 역동을 향한 완벽하면서도 체계적인 돌파구' '정신신화학과 임상적 심리학으로 의식을 이끈' 해방, '근본적으로 새로운 종류의 지적 과정'으로서의 정신분석학을 향한 해방으로 묘사한다. 그것이 진정한 정신역동학을 향한 진정한 돌파구였다는 점은 전적으로 옳다. 그러나 이것이 프로이트를 그의 과거로부터 해방시켰다는 것은 전적으로 사실이 아니다. 옛것과 새로운 것이 병존하고 있었다. 에릭슨은 마지막으로 프로이트의 '창조적 오해, 즉 그것을 포기함으로써가 아니라 그것을 막다른 지점까지 추적하여 근본적으로 새로운 가정이 출현하는 지점에 도달함으로써 전통적인 가정을 처분해 버리려는 집요함'[16]에 대해 설명한다. 사실상 그 최후의 『정신분석학 개요』가 보여 주고 있듯이, 근본적으로 새로운 가정은 출현했지만 동시에 프로이트는 여전히 과거의 것을 유지하고 있다는 것이 드러났다. 실제로 개요에서 과거의 가정들이 새로운 가정보다 더 두드러진다.

정신분석을 통해 환자를 치료한다는 실제적인 문제에 있어서 이것이 그에게 예민한 문제를 만들어 냈고, 그가 얼마나 용감하게 그의 작업 내에 있는 새로운 요소들을 전면에 내세웠는지 알기 위해 우리는 좀처럼 잘 인용되지 않는 프로이트의 저서에 주의를 돌려야만 한다. 1926년에 그는 『비전문가 분석의 문제The Question of Lay Analysis』를 출간했다. 오스트리아에서는 의학적인 자격이 없는 사람은 환자를 치료하는 것이 법적으로 금지되어 있었기 때문에 문제기 생겼다. 프로이트는 단호했다, 그는 신경증의 문제에 있어서

제4장 이론적 지향의 확장

"[신경증] 환자는 다른 환자와 다르다."고 했고, 신경증 환자를 치료하는 그 사람이 적절한 정신분석 훈련을 받았다면 "비전문가는 적절히 말해서 비전문가가 아니며, [일반 혹은 신경학] 의사는 이런 상황에서 기대할 수 있는 정확한 자격을 갖춘 사람이 아니다."[17]라고 말했다. 이에 대해 더 충분히 설명하면서 프로이트는 다음과 같이 쓴다.

> 의학적 전문가가 정신분석에 대한 독점권을 주장할 만한 역사적 근거는 없다. …… 필요한 지식과 능력을 갖추지 못한 채 치료를 떠맡은 사람이 돌팔이 의사이다. 이러한 정의에 근거해서 나는 의사들이 분석에 있어서 가장 큰 돌팔이 집단을 공급한다고 감히 주장하는 바이며, 이것은 유럽에서만 그런 것이 아니다. 그들은 분석을 배운 적도 없이 그리고 그것을 이해하지도 못한 채 분석적 치료를 너무나 자주 사용한다.[18]

치료에서의 실제적인 문제들과는 별도로, 그가 실제로 씨름했던 것은 의학적 훈련이 정신 기능을 이해하는 데 쓸모가 없다는 것이었다. 이것은 치료와 이론 모두에 대해서 지대한 영향을 미치는 시사점을 내포하고 있다. 프로이트는 치료와 관련해서는 전적으로 명료했다. 환자의 문제가 신체적인 것이 아닌 정말 정서적인 것인지를 확증하기 위해서는 의학적 검사나 진단이 필요하다는 것, 즉 의사는 신체적 원인을 배제rule out해야 하고 분석과정 중에 신체적 증상이 나타날 때 신체적 요인이 일차적으로 관여된 것인지를 확인하기 위해 환자를 다시 의사에게 보내야 한다는 것을 분명히 한후, 프로이트는 의학적 훈련은 개인으로서의 삶을 살고 있는 인간존재를 이해하기 위한 최선의 것과는 너무나도 동떨어져 있다고단호하게 말한다.

정신분석 교육과정은 의학 분야와는 전혀 다르고 의사의 진료활동에도 전혀 필요하지 않은 교과목들을 포함할 것이다. 예를 들어, 문명사, 신화학, 종교심리학 그리고 문학과 같은 것들이 그것이다. 이런 분야에 충분한 지식을 갖고 있지 못하다면 분석가는 자신이 다루게 될 자료들 중 많은 것을 이해하지 못할 것이다. 그 반대의 경우도 마찬가지인데, 그는 의과대학에서 가르치는 많은 것이 아무런 소용이 없다는 것을 발견하게 될 것이다. 중족골의 해부학적 구조, 탄수화물의 특성, 뇌신경의 경로에 대한 지식, 간상균 감염과 그것을 예방하기 위한 수단에 관해 의학이 발견한 모든 것, 혹은 종양에 대한 지식 등의 모든 것은 그 자체로는 매우 중요한 가치를 지니고 있지만, 분석가에게는 아무런 도움이 되지 않는다. 그것은 직접 신경증 환자를 이해하고 치료하는 데 도움을 주지 않을 것이며, 이런 종류의 지식은 그의 전문적인 활동에서 요구되는 지적 능력을 예리하게 만들어 주지도 않는다. 분석가의 경험은 다른 현상과 다른 법칙을 가지고 있으며 그런 (생리)병리학과는 별개의 영역에 있다.[19]

이 논문을 내가 인용하는 이유는 치료의 실제적인 문제들이 제기될 때 프로이트가 절대적으로 명료한 태도를 보였다는 것, 그리고 그는 정말로 (에릭슨의 말을 빌리자면) '근본적으로 새로운 종류의 지적 과정'을 포함한 새로운 영역의 과학적 탐구를 향한 돌파구를 열었다는 것을 보여 주고 싶기 때문이다. 1895년에는 '자연과학이어야 할 심리학'을 목표로 하던 사람이 1926년에는 다음과 같은 글을 쓸 수 있다는 것은 놀라운 일이다.

의과대학에서 학생의 교육과정은 정신분석을 위한 준비과정으로서 그가 필요로 하는 것과는 좀 정반대의 것이다. 의과대학 학생은 해부학, 물리학과 화학의 객관적이고 검증 가능한 사실들에 주목한다. …… 또한 현재까지는 무기물에서 관찰될 수 있는 힘들 간의 작용에서도 나타나는 것이라면 생명의 문제가 고려의 대상이 된다. 그러나 그 의과대학생은 생명현상의 심리학적 측면에 대해서는 아무런 흥미를 갖지 않는다. 정신의 보다 높은 성과들에 대한 연구는 의학과는 관련이 없다. …… 정신의학만이 정신 기능의 혼란과 관련이 있지만, 그것은 어떤 방법으로 그리고 어떤 목적으로 관심을 갖는가? 정신의학은 정신장애의 신체적 원인을 찾고 있으며 정신장애를 다른 질병들처럼 다룬다. …… 정신분석은 무의식적 마음에 대한 과학으로서 정말 특별히 한편으로 치우쳐 있다. 따라서 우리는 의학이 한편으로 치우칠 권리를 갖고 있다는 것을 부인할 필요는 없다. …… 그러나 의학적 훈련은 '신경증 환자'의 사례를 평가하거나 치료하기 위해 아무것도, 절대적으로 아무것도 하지 않는다. …… 의학적 훈련이 단지 신경증의 영역에 의사들이 접근하는 것을 거부하는 것이라면 그래도 상황은 참을 만하다. 하지만 그 이상의 것을 한다. 의학교육은 의사들에게 신경증에 대해 거짓되고 적극적으로 해로운 태도를 길러 준다. 의사들은 삶의 과정에 존재하는 정신적 요인들에 대해서는 아무런 관심을 가져 본 적이 없기 때문에 모두 너무나도 쉽게 그러한 정신적 요인들을 폄하하는 것이다.[20]

공정하게 말하면, 1926년보다는 오늘날 훨씬 많은 정신과 의사가 정서적 장애의 원인으로 단지 신체적인 원인이 아닌 정신적 원인을 이해하려고 한다는 점은 말해 두어야겠다. 그러나 프로이트가 그런 글을 썼을 때와 같이 오늘날에도 역시 프로이트의 말에 해당하는 많은 정신과 의사와 의료인이 있다. 내가 뉴욕에서 강의할 때, 영국의 내 환자 중 한 명이 급성 불안발작을 일으켜 정신병원에 입원했다. 그녀가 퇴원할 때 모든 가능한 신체적 검사를 받았고, 그 모든 결과는 정상이었으며 그녀는 절대적으로 아무런 이상이 없었다는 말을 의료진으로부터 들었다고 한다. 그녀의 비정상적으로 슬픈 인생사를 적절히 이해하고 있었던 사람이라면 그런 처방을 내릴 수 없었을 것이다. 우리는 프로이트가 다음과 같은 말로 자신의 주장을 마감하는 것을 이해할 수 있을 것이다.

우리는 정신분석학이 의학에 흡수되고, 그리하여 정신의학 교과서의 '치료'라는 제목의 장에서 최면적 암시, 자기암시, 설득과 같은 치료 절차 옆에서 마지막 쉼터를 찾는 것을 보고 싶지 않다. 그런 치료 절차들은 우리의 무지에서 생겨난 것이며, 그 효과가 단명하

였던 것은 인류라는 집단의 게으름과 비겁함 덕분이다. …… '깊이
의 심리학', 즉 무의식적 마음에 대한 이론으로서 정신분석학은 예
술, 종교 그리고 사회체제와 같이 인류의 문화와 위대한 제도들의
기원과 역사와 관련된 모든 지식의 분야에 필요불가결한 것이 될
것이다.[21]

과학에 관한 한 그리고 '특히 정신분석적 작업과 사상에 특수한
근본적으로 새로운 종류의 지적 과정'을 필요로 하는 한, 나는 정
신분석학이 하나의 새로운 현상 영역으로 분리되었다는 사실에 대
하여 이것보다 더 신랄한 언급을 알지 못한다. 나는 단지 오늘날
정신분석이 더 이상 '무의식적인 마음에 관한 이론'으로 정의될 수
없다는 것을 목격한다. 정신분석학은 전체로서의 인간에 관한, 그
리고 좋고 나쁜 개인적 대상관계 속에 존재하는 개인적 자아로서
성숙하거나 근본적으로 혼란된 것으로 성장하는 자아에 관한 이론
이 되었다.

자연과학과 정신역동적 과학에서의 훈련을 확고하게 구분했던
그의 견해, 자연과학으로만 한정된 훈련은 학생들이 심리적인 요
인들을 이해하는 능력을 무디게 만들거나 심지어 정신적 현실성을
그 자체로 받아들이는 데 편견을 갖게 할 수 있다는 그의 우려, 그
리고 정신분석이 의학, 즉 자연과학에 흡수되는 것을 원치 않는다
는 그의 견해로 볼 때, 우리는 프로이트가 관계성 속에서 한 개인
으로서의 주관적인 삶에 대한 정신역동적 과학으로서의 정신분석
학과 물질적 근거이며 우리의 개인적 삶의 배경에 대한 과학으로

서의 자연과학 사이에 분명하고도 타협할 수 없는 구분을 짓고 있었을 것이라고 기대할 수 있다. 그러나 프로이트는 바로 여기서 흔들리고 있으며, 우리가 보아 왔듯이 정신분석적 치료나 훈련과 같은 실제적인 문제들에 대해서 그렇게 확고했던 만큼 분명한 구분을 이론에서는 끝까지 밀고 나가지 못했다. 따라서 나는 '프로이트의 창조적 오해'가 근본적으로 새로운 가정들이 출현할 수 있는 그 최후의 지점까지 추적해 들어갔다는 점에 대해서는 동의할 수 있지만, 프로이트가 '전통적 가정들을 버림으로써' 그것들을 없애 버리지 못한 것이 어느 정도인지에 관해 에릭슨이 과소평가하고 있다고도 느낀다. 사실 오래된 것과 새로운 것이 여전히 혼합되어 있고 혼동되고 있다. 프로이트가 전통적인 과학의 가정들―물론 본래적 의미에서의 자연과학 영역에 속한 것의 가정들이 아닌, 의미 충만한 개별적인 삶 속에서 한 개인으로서의 인간존재에 대한 정신역동적 연구라는 이 새로운 영역에서의 가정들―을 버리지 못한 이유는 생물학과 정신역동학을 혼동하고 불합리하게 혼합시켜 놓았기 때문이다. 이것이 이 영역에서의 지적인 명료화를 심각하게 지연시켰다. 존스, 크리스Kris 그리고 에릭슨은 모두 프로이트가 생리학을 넘어 심리학으로 나아갔다고 주장했다. 나는 그들이 이렇게 믿는 이유가 그들 자신이 생리학적 생물학을 충분히 넘어서서 완전하게 일관된 정신역동학으로 나아가지 못했기 때문이 아닌가 싶다. 프로이트와 마찬가지로, 그들도 생물학 위에 심리학을 덧붙여 놓았는데, 이것은 같은 것이 아니다. 진실을 말하자면, 프로이드와 그를 잇는 후계자들은 자연과학을 넘어섰고 동시에 넘어서지 못했다. '근본적으로 새로운 종류의 지적 과정', 이것은 정신분석학이며, 양이 아닌 질, 가치, 의미 그리고 개인적 자아 내에서의 동기를 다룬다. 성숙이나 사랑과 같은 그런 개념들을 양적인 용어로 설명하거나 이해하려고 애쓴다면 얼마나 우스꽝스러운 일이 되겠는가. 일반적으로 정신분석가들은 설리반의 명확한 구분—정신신체적인 전인간적 존재에 대한 연구에 있어서 한 수준의 추상화(抽象化)로서의 생물학적 기반과, 인간의 실제에 대한 연구에서 동등하게 실제적이지만 그와는 전적으로 다르고 더 높은 수준의 추상화로서의 주관적이고 개인적인 경험 및 대인관계—을 사용하지 않는다. 이 문제에 대해서 명확한 입장을 취했던 콜비K. M. Colby조차도 우리에게 성격구조에 대한 기계론적인 모형을 제시하는 것으로 끝맺음하고 있다.

앞 장에서 보았듯이 이렇게 해서 에릭슨도 생리학과 생물학을 새로운 심리학과 나란히 설 수 있도록 허용하고 있다. 성과 공격성이라는 순전히 생물학적 관점인 본능이론과 이드 개념이 그러한 관념을 이미 넘어설 만큼 독창성을 지녔던 저자들에게도 여전히 나타나고 있는 것은 바로 이 때문이다. 1951년에 뉴욕의 요아킴 플레셔Joachim Flescher는 공격성에 대한 생리적 기반으로서 그가 공격질aggressin이라 부르자고 제안했던 가설적인 유기물질을 제안하기까지 했는데, 그것은 성(性)과 동일한 본능 기반에 합류하기 위해서였다. 그러한 가설적인 추론을 하지 말고, 그냥 성을 생물학적 욕구에 대한 자아 반응으로 받아들이고 공격성을 정서적 자아 반응으로 받아들이는 것이 더 나으며, 그것이 정말 사실적인 임상적 묘사이다. 서로 상이한 영역을 혼합하고 혼동하는 이 문제를 전적으로 명확하게 인식했고 그 둘 사이에 분명한 선을 그었던 분석가 중 한 사람이 페어베언이었다. 이러한 분명한 선을 긋지 못했을 때 어떤 효과가 초래되는지는 에릭슨의 저서에서 나타난다. 『아동기와 사회Childhood and Society』의 2장 '유아의 성에 관한 이론'에서 매우 흥미로운 내용은 고전적인 본능이론을 한참 넘어서고 있다. 에릭슨은 '본능instinct'이라는 용어가 인간심리학보다는 동물에 더 잘 적용될 수 있다고 간주한다. 그는 "인간이 태어나면서 갖고 있는 추동(충동)drive은 본능이 아니고, 그의 어머니가 보완적으로 가지고 있는 추동도 그 본질상 전적으로 본능적인 것도 아니다. 그 둘 모두 그 자체로 완성의 형태를 갖추고 있지 않다. …… 전통과 양심이 그 추동들을 조직화해야만 한다."[22]라고 썼다. 게다가 "하나의 동물로서는, 인간은 아무것도 아니다. …… 인간의 '타고난 본능'은 조립되어야 하며, 긴 아동기 동안 의미가 주어지고 조직화되어야 한다. …… 인간의 본능 형태에 에너지를 공급하는 그 모호한 (성적인 그리고 공격적인) 본능의 힘들은…… 고도로 유동적이고 예외적인 가소성을 지닌다. ……"[23]라고 썼다. 에릭슨의 이러한 언급은 그 유용성이 다했는데도 살아남았던 과도하게 친숙한 이전의 용어와 깨끗이 결별하는 것이 얼마나 어려운 것인지, 그리고 본능이론과 관계를 단절하려고 노력하는 가운데 그가 이미 "인간이 갖고 태어나는 추동은 본능이 아니다."라고 했음에도 불구하고 '그 모호한 성적이고 공격적인 본능적 힘들'에 관해 말하면서 에릭슨이 얼마니 끝까지 본능이라는 용어 사용에 대한 의존을 그만두기 어려웠는지를 나타내는 징표이다. 고든 올포트Gordon W. Allport의 견해는 비록 여전히 충분하게 만족스럽지는 못하지만 이 점에서 에릭슨보다는 어느 정도 앞서 있다. 그는 다음과 같이 쓴다.

추동의 교리는 차라리 조악한 생물학적 개념이라고 할 수 있다. …… 어린아이의 동기를 묘사하기에는 유용하겠지만 성인의 동기를 설명하기에는 부적절하다. …… 유아기를 지나면 성숙한 인격에 특징적인 보다 세련된 유형의 동기에 의해 대체되면서 원시적인 분절된 추동은 급속하게 그 중요성을 상실한다.[24]

에릭슨과 올포트는 모두 이후에는 문화적으로 결정된 성인의 동기 형태로 직조되는 유아기의 유기체적 추동이라는 개념을 수용했다. 나는 이것이 만족스럽게 여겨지지 않는데, 그것은 인격을 처음부터 순전히 생물학적 추동이라는 기반 위에서 존재하고 그 이후에야 심리성적인 형태로 발전하는 것이라는 관념을 영속시키고 있기 때문이다. 인간존재가 온통 신체이고 정신은 전혀 없는 시기가 존재할 수는 없다. 가장 원시적인 혹은 가장 초기의 단계에서부터 가장 최후의 가장 발달된 단계에 이르기까지 정신과 육체는 함께 그곳에 존재한다.

그런 의미에서 성을 유아기까지 추적해 들어갈 정도로 프로이트는 그가 살던 시대에서는 예외적인 통찰력을 지니고 있었다. 다만, 신체적 자극은 가장 이른 유아기에도 성적인 성기관으로 유입될 수 있지만, 이후의 연령에서는 그와 동일한 중요성을 지니지 않는다는 것을 받아들이고, '성sex'이라는 용어를 성기적인 의미로 사용하고, '관능적인sensuous'이라는 용어를 모성적 돌봄을 위한 유아의 중요한 '신체적 접촉 욕구'로 사용했다면 아마도 혼란을 덜 주었을 것이다. 소위 말하는 공격본능에 관하여, 올포트는 '공격성은 상처를 주고 파괴하려는 일차적인 성향이 아니라 자기주장과 자기표현이 강화된 형태이며…… 좌절과 방해의 결과로 나타나는 이차적인 것'[25]이라고 말한다. 이것은 에릭슨의 견해이기도 하다. 이에 관해 에릭슨은 다음과 같이 쓴다.

> 정신분석 체계에서 리비도의 개념에 뒤따르는 가정인 그 두 번째 원시적인 힘…… 파괴와 죽음의 본능…… 나는 이 문제를 여기서 다룰 수가 없는데, 그것은 본질적으로 철학적인 문제로서 프로이트가 원래부터 헌신했던 원시적인 본능이라는 신화에 기반을 두고 있기 때문이다. 그 결과 뒤따르는 프로이트의 분류체계와 논의는 그것이 본질적으로 명확하게 무엇인지도 알아내지 못한 채 한 힘에 대한 임상적 연구를 흐려 놓았다. 그 힘이란 대부분의 우리의 자료에 침투해 있을 수도 있는 것으로, 한 개인이 통제감의 활력을 불어넣는 행위가 방해받거나 억제되었을 때마다 유발되는 분노이다.[26]

공격성은 위협당한 자아의 방어적 반응이다. 에릭슨은 프로이트의 생물학적 신비주의를 버렸고, "위협—올포트를 따른다면 '개인의 통제감'에 대한 위협—에 직면하여 자기주장이 강화된 형태로 나타나는 것"으로서 공격성을 분석 가능한 것으로 만들었다. 그것은 따라서 이드 반응이 아닌 자아 반응이다. 여기서 에릭슨은 이드 개념을 버리고 있으며 자아의 경험이라는 맥락에서만 사고하고 있다.

유아의 성을 다루면서 에릭슨은 실제로 분명히 언급하지는 않은 채 이와 동일한 입장을 취하고 있다. 그는 유아의 성을 이드충동으로서가 아니라 자아 반응의 복합체처럼 다룬다. 이드에 관해 쓴 내용에 있어서 그는 사실상 이미 버린 이론에 비논리적으로 집착한다. 인간의 성격은 층으로 구성되어 있는데, 아래층에는 원시적이고 생물학적인 것이 있고 그 위에는 문화적·사회적인, 세련되고 심리학적인 것, 즉 이드와 자아가 있다는 생각이 그것이다. 내가 보기에 이것은 틀린 견해로서 하나의 전체로서의 정신-신체라는 견해, 즉 그 내부에 원시적인 생존을 내포할 필요가 없고 대신 함입된 모든 것이 이 전체의 일부분으로 존재하기에 적합한 방식으로 변형되는 전체로서의 정신-신체라는 견해로 대체될 필요가 있다. 몇 가지 생물학적인 잔류 특성이 존재한다는 이유로 이 견해가 타당하지 않은 것이 되지 않는다. 그 정의상 그런 특성들은 이제 생생한 중요성을 갖지 못하기 때문이다. 이것이 바로 에릭슨의 유아 성욕이론에 진정으로 내포되어 있는 견해이다. 그는 구강, 항문 그리고 성기 영역에서 선천적으로 내재된 본능적 리비도 충동의 어떤 특정한 양이라는 개념을 가지고 작업하지 않는다. 영역zones, 양식mode 그리고 사회적 양식social modalities이라는 그의 도식은 그 원리에 있어서 프로이트와 다르다. 유기체는 신체의 영역(구강, 항문, 성기)에 그 자리를 갖고 있으며, 다른 모든 기관(손, 눈, 귀 그리고 피부)도 마찬가지이다. 정신은 대상과 관계하는 양식 내에 그 자리를 갖고 있으며, 이러한 모든 혹은 어떠한 영역과도 관련될 수 있다. 사회적 환경은 그러한 상대적으로 안정된 관계 맺는 방식 내에 사회문화적 관습의 구성요소가 될 수 있는 자신의 자리를 가지고 있다. 에릭슨의 도식은 한 개인이 외부 환경, 특히 사람들과 관계할 수 있는 기본적인 방식에 대해 말한다. 그 도식들은 수적으로는 제한되어 있지만, 에릭슨은 정신과 신체를 동시에 하나의 전체로 생각하기 때문에 개인의 정신적인 태도를 통해서 그리고 그가 소유한 신체기관을 통해서 모두 동등하게 표현된다.

에릭슨은 이원론을 암시하지 않고도 '마음'이라는 용어를 사용하길 꺼리지 않는다. 그는 다음과 같이 쓴다.

> 최근에 우리는 하나의 신경증은 정신적이고 신체적이며, 사회적이고 대인관계적이라는 결론에 도달했다. …… 이러한 새로운 정의는 정신과 신체, 개인과 집단과 같은 분리된 개념들을 결합시키는 단지 상이한 방식일 뿐이다. …… 우리는 최소한 마음이란 것이 몸으로부터 분리된 '실체thing'라는 의미론적인 가정만을 견지한다.[27]

> 우리는 세 가지 과정, 즉 신체과정, 자아과정 그리고 사회적 과정에 대해 말하고 있는 것이며, 이 과정들은 세 가지 상이한 과학의 분야―생물학, 심리학 그리고 사회과학―에 속한다. 각 분야는 그 분야가 분리해서 고립시킨 것들을 연구한다. …… 불행히도, 그러한 연구에서 얻어진 지식은 그 지식이 보호받을 수 있는 조건들에

묶여 있다. 유기체는 절단되고, 마음은 심문에 굴복하며, 사회체계 전체는 통계표 위로 흩어진다. 이 모든 경우에 하나의 과학 분야는 그 전체 삶의 상황을 적극적으로 해체시켜 관찰함으로써…… 분리 된 부분들을 일련의 도구나 개념에 맞게 만들어서…… 그 관찰 대 상에 편견을 갖게 된다. …… 우리는 치료적으로 개입하여 개별 인 간의 위기를 연구한다. …… 그리고 언급된 세 가지 과정은 단일한 과 정―즉, 인간의 삶으로, 이 두 단어는 동등하게 중요하다―의 세 가지 측면이라는 사실을 알게 되었다. 그렇다면 신체적 긴장, 개인적 불 안, 집단적 공황들은 인간의 불안이 상이한 연구방법을 향해 자신 을 드러내는 상이한 방식일 뿐이다.[28]

에릭슨의 이러한 언급은 따로 분리된 과학 분야가 정신-신체의 전인적 자기psycho-somatic whole self 혹은 인격적 자아person-ego의 부분 적 측면만을 연구한 것에 근거하여 우리의 임상적 사고를 지배하 려 드는 것을 거부하는 멋지고 확신에 차 있고 중요한 것이다. 에 릭슨은 생물학적 기질biological substrate이라는 설리반의 견해를 수용 하고 인간의 삶을 대인관계의 전체 과정으로 다루는 지점까지 나 아간다. 에릭슨은 말한다. "더 객관적인 과학들과 어울릴 수 있도 록 용어를 조정하는 것이…… 정신분석적 방법을 설리반이 '참여 자participant'[5]라 불렀던 것으로부터 멀어지게 만들어서는 안 된다.

---

5) 관찰 대상과 분리되어 존재할 수 있는 자연과학자의 '관찰자'로서의 역할, 그리고 이 와는 대비되어야 하는 정신분석가, 특히 건트립이 강조하는 정신역동적 과학자의 '참여자'로서의 역할을 말한다.

동일한 것이 정신분석 이론에도 적용된다. 그 진정한 연구의 주제가 의미 있는 것이 되려면, 정신분석은 '전체로서의 개인whole person' 과 관계해야만 한다."[29]

이 중 한 측면은 더 세밀한 탐구를 요한다. 신체, 마음-자아mind-ego, 사회가 세 가지 분리된 연구의 분야라는 것을 받아들인다 해도, 그리고 에릭슨의 연구를 자아정체감의 특수한 형태가 한 개인이 더 나이를 먹고 성숙해 감에 따라 훨씬 더 큰 영향력을 갖는다고 볼 수 있는 사회적이고 환경적인 영향에 의해 조형되어 가는 과정에 관한 것으로 받아들인다 해도, 마음-자아와 신체 사이의 관계는 마음-자아와 사회 사이의 관계와는 매우 다른 것이다. 우리가 아는 한, 마음-자아는 그 존재를 전적으로 신체에 의존한다. 그러나 그 충분한 자아잠재력을 발달시킬 수 있으려면 그것은 사회, 특히 어머니와 함께 시작되는 인간환경에 의존해야 한다. 여기서 정신역동적 과학은 약하고 피상적인 자아를 지배하는 강력한 이드 충동의 원천이 신체에 있다고 보는 프로이트주의의 정신생물학을 넘어선다. 나는 인간에 대한 이러한 견해가 진화론적인 층들로 구성된 것이라 생각하는데, 그 층들은 위험하고 교정되지 않은 원시적 과거의 잔존물들이 현재를 매우 수용할 수 없는 것으로 여겨 성가시게 하고 있는 것이라 본다. 정신역동적 과학에서는 그 반대의 관점이 도출되고 있다. 신체는 정신적 혹은 개인적 삶의 생물학적인 기질(基質)이자 기반으로 수용되며, 신체의 실제적 기능은 개인의 삶이 지속되면서 엄청나게 복잡한 방식으로 결정되는 과정에 이해 더 큰 전체의 한 부분이 된다. 원시적인 이드가 사회화된 자

147

아를 지배한다거나 혹은 그 반대일 것이라 보는 것은 순진한 생각이다. 우리는 정신-신체가 통합된 전체로서의 개인, 그 전체로서의 유기체의 운명이 동물보다는 인간에 있어 정신적 자기psychic self에 의해 훨씬 더 복잡한 방식으로 결정되는 개인에 대해서 생각해야 한다. 인간의 정신적 자기는 동물의 그것보다 훨씬 더 복잡하기 때문이다. 뇌손상이나 그와 비슷한 문제로 인해 정신 기능에 결핍이 초래된 경우를 제외하면, 우리는 급증하고 있는 모든 정신신체적 질환—히스테리와 특히 전환 히스테리적 질병, 즉 말하자면 정신적 자기 혹은 마음-자아가 갈등을 신체로 몰아넣음으로써 그 자아의 문제를 직접적으로 인식하는 것을 회피할 수 있게 하는 질병—을 포함하여, 내적으로 불안이 없는 개인에 있어서 자발적인 삶의 즐거움에 의해 남용됨이 없이 신체의 삶이 건강하게 운동하고 활력을 얻게 되는 성숙한 사람의 정신신체적 전인성psychosomatic wholeness에 이르기까지 전 범위의 현상에 대해 알고 있다. 그것이 정신적 전체의 상이한 한 부분이라면, 그 신체는 동일한 종류의 신체가 아닐 것이며 동일한 방식으로 기능하지 않을 것이다. 지금까지 (과학자로 하여금 그의 과학을 창조하게 했던) 마음은 몸의 분비물 정도로 가정되어 왔다. 하지만 이제 우리는 마음을 발달하는 정신이 그 욕구를 충족하기 위해 진화해 나가면서 신체를 자극하는 활력적인 요소라는 측면에서 생각해야 한다. 정신적 자기 혹은 마음-자아는 상징적인 자기표현과 직접적인 행위 모두를 위해 신체를 사용한다. 그리고 이 두 가지는 모두 하나의 정신신체적 전체이지, 강력한 이드충동이나 유기체적 본능에 의해 휘둘리는 가련하

148

제1부 이론

고 작은 방어적 자아가 아니다. 프로이트의 작업이 주는 자극은 이번 세기의 초에는 너무나 독창적인 것이어서 이론에 관한 한 너무나도 적절하게 그 자신을 대체하기에 이르렀다.

나에게는 이것이 프로이트의 구강, 항문, 성기라는 발달의 도식을 에릭슨이 재해석한 내용이 시사하는 개념처럼 보인다. 에릭슨에게 있어서 구강, 항문, 성기라는 용어는 대상과 관계하는 물질적 양식mode[6] 혹은 방식인 신체의 지역이나 배출구를 나타낸다. 이것들이 상이한 문화 속에서 인간관계를 수행하는 인식 가능한 사회적 양식이나 방식들로 발전해 온 것이다. 정신적 태도와 신체적 지역을 사용하는 것은 한 쌍으로 작용하며, 전체로서의 인간이 그가 살고 있는 세계에 대해 나타내는 반응을 구성한다. 이것은 구강리비도, 항문리비도, 성기리비도와 같이 행동을 지배하며 고정된 충동을 가진 리비도적 유기체를 보여 주는 사례가 아니다. 페어베언이 지적했듯이, 자기는 리비도화된 그리고 반리비도화된 기관일 수도 있다. 신체 지역에 의해 나타나는 관계의 양식이나 방식은 동등한 중요성을 가지면서 정신적 태도에 의해서도 동등하게 그리고 동시에 표현된다. 게다가 에릭슨의 도식에서 놀라운 것은 각 신체 지역이 그 자신만의 특징적인 양식이라고 일반적으로 간주되던

---

6) 프로이트는 구강, 항문, 성기로 신체기관 자체를 나타내는 용어를 썼던 반면, 에릭슨은 그 신체기관이 대상과 상호작용하는 독특한 반응 유형이나 행동 패턴을 나타내기 위해 mode라는 용어를 사용한다. 아울러 이 mode가 작동하는 신체기관의 영역을 zone이라 하였다. 즉, 에릭슨은 입이나 항문 같은 국한된 신체기관 자체 보다는 그 기관이 사회와 작동하는 방식에 초점을 맞춤으로써 프로이트보다 신체 자체에 덜 의존하고 있음을 알 수 있다. 이 역서에서는 mode를 양식으로, zone은 지역으로 번역하였다.

것만을 배타적으로 나타내는 것이 아니라는 점이다. 모든 지역이 모든 양식을 사용할 수 있다. 에릭슨은 "신체 지역의 어떤 배출구의 기능도 하나의 보조적인 양식으로서 모든 다른 양식 표현을 필요로 한다."[30]라고 쓴다. 아기나 단순한 유기체에게 있어서 대상과 관계하는 모든 방식은 적은 수의 가능성으로 축소될 수 있으며, 이러한 가능성은 전 생애를 통해 관계 맺는 기본적 방식으로 남겨진다. 이 방법들은 기본적으로 네 가지이지만 그중 두 가지는 두 가지 상이한 방식으로 기능하기 때문에 기본적으로 여섯 가지 방식이다. 획득하기getting, 보유하기keeping, 침범하기invading가 있는데, 획득하기는 평화로운 수용일 수도 있고 분노의 점유일 수도 있으며, 줘 버리기giving out는 진정한 주기일 수도 있고 거부, 즉 던져 버리기일 수도 있다. 따라서 수용하기receiving, 움켜잡기grabbing, 보유하기, 줘 버리기, 거부하기rejecting, 침범하기 또는 공격하기attacking의 여섯 가지 기본적 관계 맺기 방식이 있다. 이러한 방식들은 서로 느슨하게 관련되어 있지만 프로이트의 구강, 항문, 성기적 반응과 동일한 것이 아니다.

획득하는 두 가지 방식─평화로운 수용과 분노의 점유─은 프로이트의 두 가지 구강적 함입incorporation[7] 양식인 구강적 빨기와 그

---

7) 프로이트가 리비도와 대상의 관계에서 비유를 들어 아메바가 위족을 내뻗어 대상을 내부로 포획하는 것으로 설명했듯이, 에릭슨은 유기체가 음식물을 삼키거나 받아들여 내부에 간직하는 것처럼 사회적 관계 속에서 유기체가 대상과 관계하는 이러한 방식을 함입 양식(mode of incorporation)이라 하였다. 이 책에서 건트립이 '받아들임'과 관련해서 쓰는 다양한 용어인, taking in, getting, receiving, retain, hold on은 이러한 합입 양식의 계통에 속하는 행동방식을 표현하고 있으며, 이 역서에서는 문맥에 따라 받아들임, 수용, 보유, 유지 등의 용어로 번역하였다.

이후에 나타나는 구강적 물어뜯기에서 분명히 표현된다. 에릭슨에게 있어 입은 이러한 관계 맺기 방식을 독점하지 않는다. 획득하고 받아들이고자 하는 유아의 전체 정신적 태도는 다른 방식으로도 표현된다. 에릭슨은 다음과 같이 쓴다.

> 유아에게 있어 구강 지역은 최초의 그리고 일반적인 접근 양식, 즉 함입이라는 양식의 중심 지역일 뿐이다. …… 그는 곧이어 자신의 시야에 들어오는 것들을 자신의 눈으로 '받아들일 수' 있게 된다. …… 그의 촉각 감각은 좋게 느껴지는 것을 받아들이는 것 같다.[31]

유아는 대상을 향해 손을 벌리거나 오므리면서 그것을 자신의 입으로 가져간다. 그는 입으로 받아들이기를 원할 뿐 아니라 "잡고 있는 것, 따듯함을 느끼는 것, 그것을 보고 웃는 것, 그것에게 말을 거는 것, 그것을 흔드는 것에서 쾌락을 발견한다." 사실 그는 그의 몸과 마음 전체로 '받아들이는' 것이다. 살기 위해서 환경으로부터 획득하고 함입하려는 최초의 욕구가 표현되는 것은 입에 초점이 맞추어진 것일 수도 있지만, 그것이 오직 입을 통해서만 표현된 것은 아니다. 신체이며 정신인 전체로서의 정신신체적 개인이 이 욕구를 표현하는 것이다. 입은 다른 지역들에 속한 것처럼 보이는 양식들도 동원할 수 있다. 유아는 뱉어 버리고 거부할 수도 있고, 항문처럼 보유하거나 계속 잡고 있을 수도 있으며, 남근처럼 공격하거나 침범하고 가슴속으로 파고들려고 하거나, 음식을 물어뜯으려하거나, 심지어 동물들 또는 가끔은 인간이 그러하듯 공격의 형태로서 깨물기를 시도할 수도 있다.

이렇게 해서 우리는 구강적 함입으로부터 보유와 배출이라는 두 가지 양식을 사용하는 항문 지역에 도달했다. 항문적 보유는 분노, 완고한 저항, 어떠한 잠재적 공격성도 밖으로 내어놓지 않으려는 태도뿐 아니라 불안이나 상실에 대한 공포를 표현할 수도 있다. 배출에는 두 가지 종류가 있다. 그냥 자연스럽게 내어놓는 것, 즉 어머니가 원하는 것을 그녀에게 자유롭게 내어 주는 사랑일 수도 있고 화가 나서 내던지는 거부일 수도 있다. 프로이트는 이것을 항문적 증오, 고전적 용어로는 더럽힘이라고 불렀다. 구강과 항문 지역에 집중된 대상과의 다섯 가지 관계 맺기 양식은 받아들이기, 움켜쥐기, 보유하기, 쥐 버리기, 분노의 거부를 포함하여 전체 유아 개인의 목적을 단순하게 표현하는 것이다. 이것은 하나의 특별한 신체기관을 통해서뿐 아니라 다양한 유형의 행동으로도 표현될 수 있는 정신적 태도를 나타낸다. 마지막으로 성기 지역을 살펴볼 차례인데, 이 지역은 여성에게 있어 구강 지역의 함입 양식을 특정한 방식으로 더 발달시킨다. 왜냐하면 받아들이기 양식은 외부세계와 관계하는 데 있어서 항구적으로 필요한 상태로 남아 있기 때문이다. 분명히, 여성에게 있어 이 성기적 '받아들임'이 침입에 대한 피학적인 고통인가, 아니면 가학적인 움켜잡기나 사랑스러운 수용인가의 여부는 전체 인격에 의존해야 한다. 한 여성 환자는 남편이 성기를 철수하기 전까지는 오르가슴을 느낄 수 없었는데, 사실 자신의 질이 남편을 손상시킬 수 있는 배고픈 입처럼 느꼈기 때문이었다. 남성에게 있어서 성기 지역은 에릭슨이 '침입적 양식intrusive mode'이라 불렀던 것에 의해 특징지어지는데, 그것은 침입하고 탐색하는 것이지만 공격적인 남성에게는 가학적인 것으로, 성숙하고 다정한 남성에게는 주는 것으로 나타난다. 유아가 세상을 스스로 받아들임으로써 인생을 시작하듯이, 그는 신체와 정신을 모두 동원하여 자신의 세계 속으로 들어가고 삶을 시작하고 관계를 맺어야 한다. 이러한 과정을 묘사하기에는 에릭슨의 '침입적 양식'이라는 용어가 최상의 것은 아니다. 이 용어는 공격성 쪽으로 약간 편향되어 있지만, 유아가 무엇을 '하도록 되어 있는' 것에서 적극적인 '하고 있는' 것 쪽으로 진행하는 과정을 묘사하기 위해 에릭슨은 이 용어를 사용한다. 그는 다음과 같이 쓴다.

> 침입적 양식은 이 단계의 많은 행동을 지배하며, 다양한 '유사한' 활동이나 공상을 특징짓는다. 여기에는 물리적 공격에 의해 타인의 신체를 침해하는 것, 공격적인 언사를 통해 타인의 귀와 마음으로 침입하는 것, 격렬한 이동에 의해 공간을 침범하는 것, 강렬한 호기심에 의해 모르는 사람의 사생활을 침범하는 것 등이 포함된다.[32]

이 양식이 공격성을 포함하고 있지만, 본질적으로는 공격적인 것이 아니라 자기주장적인 것이 분명하다. 이것은 성장하는 작은 아이가 자신의 환경에 영향력을 행사할 수 있으며 그것을 능동적으로 다룰 수 있다는 것을 발견함으로써 자기 자신만의 현실을 느끼고자 하는 욕구를 표현하는 것이다.

'침입적'(즉, 원치 않는 방향으로 강요하는 것)이라는 용어를 사용함으로써, 에릭슨은 남성의 성이 본질적으로 공격적이라는(이것은 고전적 분석가들이 가학적이고 피학적인 본능에 대해 말하던 시절의 유물이다) 암시를 주는 위험을 감수하고 있다. 하지만 현재 우리는 프로이트의 정신생물학적 리비도 이론으로부터 너무나 멀리 떠나서 여기에 와 있다. 우리는 유아가 힘차게 성장하는 정신과 신체를 가진 전인으로서 그의 어머니, 가족 그리고 외부세계와 관계 맺는 완전히 가능한 방법들을 발전시켜 가는 다방면의 수단들을 적절하게 정신역동적으로 기술할 수 있는 지점까지 도달해 있다. 에릭슨은 프로이트의 리비도 이론을 대상관계 이론으로 전환시켰던 것이다. 처음에는 가장 분명한 방식으로 그의 물질적 환경을 다루기 위해 자신의 물질적 몸을 사용하여 자신이 원하는 것(공기, 음식, 물, 온기, 접촉)을 내부로 받아들이고, 필요로 하는 정신적이고 정서적인 자극을 수용할 수 있는 상태가 되고, 자신이 좋아하지 않거나 원치 않는 것(똥, 오줌, 소화되지 않은 음식, 좋지 않다고 느끼는 음식)을 거부하고, 대상을 놓아 버리거나 던져 버리고, 좋지 않고 안심시켜 주지 못하는 분위기를 풍기는 사람으로부터 고개를 돌리고, 점차 자신의 목적을 달성하기 위해 (입, 손, 귀, 눈, 다리, 몸 전체 그리고 자라나는 이해력을 사용하여) 자신을 돌보는 사람과 점차 함께 어울리고 협력하고 함께 일하면서 출현하는 인격-자아가 성장해 나가는 것을 우리는 본다. 그것은 항상 구강적 · 항문적 · 성기적인 동시에 정신적인 방식으로 이루어지며, 점점 더 개성적인 존재로 되어 간다. 무의식 속에서 펄펄 끓고 있는, 자아나 환경에 모두 위험한 라파포트Rapaport의 가마솥 같은 것은 여기에 없다. 우리가 가지고 있는 것은 유아가 어떻게 그의 대상세계를 알게 되고 함께 살게 되는지, 그리고 어떻게 하나의 자아를 발달시켜 가는지에 대한 상세한 설명이다. 이렇게 현실감 있는 설명을 하고 나서도 에릭슨이 가설적인 인간의 이드-자아id-ego라는 너무나 비현실적인 켄타우로스 모형을 위한 여지를 남겨 둔 것이 실망스럽다. 이런 불합리한 비교가 시사하는 것은, 우리가 만일 켄타우로스라면 우리가 정신적으로 더 건강해질 것이라는 점이다. 왜냐하면 켄타우로스는 인간이 그러한 것만큼 자신의 이중적 속성으로 인해 그렇게 고통스럽지 않기 때문이다. 이것은 우리가 인간본성을 이해하는 데 도움을 주는 이론이 아니라, 발전하고 있는 정신역동적 대상관계 이론을 생물학이 꽉 붙잡고 있도록 허용하는 위험에 대한 분명한 경고이다. "정신분석학은 성숙한 마음과 유아적 마음 사이의, 마음의 최근의 층과 태곳적 층 사이의 갈등에 대해 연구한다"라고 에릭슨이 썼을 때 그 위험은 뚜렷해진다. '성숙한'과 '최근의'를, 그리고 '유아적'과 '태곳적'을 등치시키는 것은 정신신체적 전인적 존재가 진화론적 층을 가지고 있다는 관념에 의해 영속될 수 있는 오해를 불러일으키는 잘못이다. 이것은 모든 구성요소가 다른 종류의 전인적 존재에 속해 있었을 경우와는 그 구성요소가 적절하게 다른 진화론적인 전인체evolutionary whole라는 개념으로 대체될 필요가 있다.

내가 안도하면서 페어베언으로 돌아갈 수 있는 지점이 바로 여기인데, 그는 이론을 일관성 있게 만드는 이 문제를 명료하게 바라보았던 것이다. 그는 이드 개념을 전적으로 거부했다. (그로덱 Groddeck에 있어) 이 개념[8]의 기원은 전환 히스테리의 증상 개념으로 잘 분석될 수 있는바, 유아의 결핍되고 좌절되고 화난 삶의 충동을 정신적 자기 혹은 개인적 자아로부터 자아 혹은 진정한 나real I를 넘어서는 어떤 비개인적인 속성으로 투사하려는 지적인 시도인 것이다. 일단 발명되자 이 이드 개념은 정착되었다. 그러나 그로덱의 '그것It'을 받아들였을 때 프로이트는 자신의 자아분석 문제에 갇혀 꼼짝 못하게 된 것처럼 보였고, 가련한 조그만 자아가 이드라는 거대하고 비개인적인 힘과 사회의 압력 사이에서 힘겹게 투쟁하고 있는 것으로 보았다. 페어베언은 프로이트가 에너지와 구조를 따로 떼어 놓고 생각하는 것(10년 후에 콜비가 도달한 지점)을 한물 간 헬름홀츠Helmholtz식 물리학으로 간주하고 프로이트를 거부함으로써 자신의 이론을 개진해 나가기 시작하였다. 그 전부가 길들여지지 않은 에너지인 원시적인 이드 대신에, 나약하고 에너지를 가지지 않은 구조적인 자아 대신에, 그는 벽돌로 만든 벽처럼 층으로 지어진 것이 아닌 정신신체적인 전체로서의 인간을 보았다. 그래서 페어베언은 다음과 같이 썼다.

---

8) Id를 말한다. 프로이트는 원래 Id라는 라틴어가 아닌, 독일어의 비인칭 주어인 Es(영어의 It)라는 용어를 사용하였다. 그는 이 용어의 기원을 그의 『자아와 이드(The Ego and the Id)』(1923)에서 그로덱의 저서(『Das Buch vom Es』)에서 인용했다고 스스로 밝히고 있으며, 그 이유는 이 용어가 한 개인을 넘어서는 어떤 알 수 없는 생의 충동을 표현하는 데 적합하기 때문이라고 설명하고 있다.

충동은 대상이나 자아구조와 분리될 수 있는 것으로 간주할 수 없다. 충동은 정신 내부의 구조가 지닌 역동적 측면이며, 그러한 구조 없이 존재한다고 말할 수 없다. 궁극적으로 '충동'은 단순히 자아구조의 삶이 내재되어 있는 활동의 형태를 구성하는 것으로 간주되어야만 한다.[33]

에너지와 구조는 서로 분리되어 존재하지 않는다는 것, 우리는 더 이상 에너지가 원자를 공간 속에서 이리저리 몰고 다니는 당구공의 우주와 같이 생각하지 않는다는 것을 깨달았고 에너지와 구조는 동일한 전체의 각기 다른 측면들이라고 여기고 있기에, 페어베언은 애초부터 정상적인 상태에서는 가장 원시적인 단계에서부터 가장 발달된 모든 단계에 이르기까지 전체로 존재하는 전인적 존재로서의 인간이라는 개념으로 작업할 수 있었다. 아무리 원시적이고 덜 발달되었고 미분화되어 있다 하더라도 아기는 전체로서의 정신적 자기로서 삶을 시작한다. 페어베언은 "아기의 본래의 인격은 단일한 역동적 자아로 구성되어 있다."[34]라고 말한다. 조안 리비에르가 대상관계에 대해 말했던 것에 대해 페어베언은 발달의 초기 단계에서 형성된 가장 원시적인 형태인 자아느낌ego-feeling[9]이 가장 초기의 발달단계에 적절한 자아느낌이라고 말할 수 있게 되었다. 그는 자아가 이후의 발달단계가 되어서야 통합되어 성장한

---

9) 발달의 가장 초기에 유아가 자신의 '자아'에 대해 갖는 느낌을 말하는 것으로 보인다. 프로이트와는 달리, 페어베언은 인생의 가장 초기에도 자아는 존재한다는 것, 즉 비록 원시적이긴 하지만 유아가 '자아'에 내재 어떤 느낌을 지니고 있다고 보았다.

것이라는 견해를 거부했다. 인간의 정신은 단지 인간이기 때문에 동물의 정신이 그렇게 할 수 없는 방식으로 타고나는 자아성장의 잠재력을 보유하고 있다. 인간의 정신신체적 전체는 훈련된 사회적 환경, 그것이 무엇을 의미하건 '이드의 층 위에' 훈련된 사회적 환경이 통제하는 자아를 만들어 내기 위해 맹목적으로 긴장 감소를 추구하는 동물적 본능이라는 원시적인 층으로서 삶을 시작하지 않는다. 인간 유아는 처음부터 그 본질적인 속성으로서 자아잠재력을 지니고 있는 단일한 역동적 전체이다. 19세기 후반에는 오늘날 축소할 수 없는 실제, 그리고 개성 그 자체라는 개념이 존재하는 것과 같이, 개인이라는 개념이 철학적으로 존재하지 않았다. '개인 person'은 '성격personality'과 동일하지 않다. 성격이라는 용어는 어떤 특정한 개인의 독특한 힘이나 속성, 또는 더 일반적으로는 심리학자들이 성격 기술 형용사 목록을 만들듯이 심리학에서는 단지 특징들의 패턴이나 배열을 강조하기 위한 용어이다. 개인이란 발달의 모든 수준에서 진정한 인간존재의 본질을 말한다.[10] 프로이트는 전체로서의 개인이라는 개념으로 시작하지 않았다. 정신분석은 분리된 자아경험의 조각들이 합쳐져 하나의 자아로 융합되는 글로버의 자아-핵 이론ego-neuclei theory처럼, 부분들이 모여 전체로 합쳐지듯이 구별 가능한 분리된 정신 기능의 측면들에 점점 더 집착하고 있다. 물질적 대상을 탐구하기에 충분히 적합한, 그러나 그의 전체성이 위기에 처해 있는 하나의 개인에 관한 공감적인 치유 연

---

10) 건트립이 이 책에서 줄곧 사용하는 person이라는 용어는 추상적이긴 하지만 처음으로 건트립에 의해 정의되고 있다.

구에 매우 부적합한 이 '정신분석'이라는 이름이 계속 존재하는 이유는 바로 이 때문이다.

페어베언은 우리가 일차적으로 한 개인으로서의 인간존재가 가진 근본적인 역동적 전체성을 자각해야 한다고 믿었는데, 그것은 가장 중요한 자연적인 인간적 속성이다. 페어베언에게는 이 전체성이 보존되고 성장하는 것이 정신적으로 건강한 것이다. 출생 후부터 일차적으로 중요한 것이 무엇인가 하는 문제는 본능의 쾌락적 충족이나 만족이 아니며, 충동을 통제하는 것도 아니고, 분리되어 있는 정신구조들 간의 협응이나 타협도 아니다. 그 모든 것은 '정신의 본래 그대로의 전체성'이 상실되었을 때 파생되는 것이기 때문이다. 가장 중요한 것은 정신의 전체성을 보존하는 것 혹은 그것이 상실되었다면 회복하는 것, 정신의 기초적이고 자연적인 역동적 일체성을 안전하게 지켜 내어 하나의 진정한 인격적 자기가 될 수 있도록 자아잠재력을 발달시켜 나가는 것이다. 정신적 질병은 자아의 이러한 기본적인 자연적인 일체성을 상실한 결과이다. 정신건강mental health은 성인기의 성숙을 향한 도상에서 각 성숙 단계들을 통과하면서 이 일체성이 분열되는 것을 막는 것이다. 심리치료psychotherapy는 분열된 자아의 재통합이며 잃어버린 전체성을 다시 회복하는 것이다. 나는 페어베언과 내가 생물학을 무시하면서 출처를 알 수 없는 정신, 육신 없는 정신을 그리고 있다고 비판받는다는 것을 알고 있다. 그런 비판은 전적으로 오해이다. 페어베언은 인간을 하나의 정신신체적 전체로 보았지, 정신-신체 이원론이나 켄타우로스로 본 것이 아니다 하지만 페어베언은 생물학이 우리의 주관적인 개인적 경험에 대해서는 어떠한 직접적인 빛도 던져 줄 수 없는 방법으로 신체과정을 연구하고 있는 것과 마찬가지로, 정신역동적 과학 역시 생물학적 과정에 대해서는 어떠한 직접적인 빛도 던져 줄 수 없는 방법으로 정신신체적 전체성을 가진 개인의 주관적 경험을 연구하고 있다는 것을 분명하게 보고 있었다. 그는 학문 영역이 혼합되어 지적으로 혼동하는 것을 반대했다.

이것은 페어베언의 리비도 이론에서 명확하게 드러난다. 고전적인 관점에서 볼 때, 리비도는 신체의 지역에 항구적으로 부착되어 있는 양적인 에너지이다. 페어베언은 생물학적 실체로서의 리비도 또는 복잡한 전체 과정의 어떤 요소나 국면이 잘못 실체화된 것을 포함하는 것으로서의 힘 자체인 리비도를 버렸다. 따라서 그는 리비도적 자아libidinal ego에 대해서 말하고 있는바, 그것은 입, 항문, 성기뿐 아니라 에릭슨이 기술했듯이 피부, 근육, 눈, 귀 그리고 손과 같이 관계성을 형성하기 위해 사용하기 원하는 어떤 신체의 부분이건 리비도화할 수 있다. 한 환자는 경미한 분리불안을 겪을 때마다 그의 입을 리비도화하여 침을 흘리고 먹고 싶은 갈망을 느꼈을 뿐 아니라, 동시에 스스로 건초열(乾草熱)이라고 부르는 병에도 걸려 자신의 코를 리비도화하여 항히스타민제를 삼키려고 돌진하였다. 한 회기의 분석 또는 한 차례의 전화 상담만으로도 그 두 가지 리비도화된 증상을 경감시키기에 충분하였는데, 접촉이 회복되고 그의 분리불안이 사라졌기 때문이다. 또 언젠가 그는 자신이 철수되었다고 느꼈을 때 입과 코를 탈리비도화delibidinize할 수 있었고 입과 코가 건조해졌다. 이것은 전환 히스테리 증상의 신호로서,

신체로 경험되는 좋거나 나쁜 대상관계가 억압되어 있다는 것을 나타낸다. 그 결과는 한편으로는 성욕항진, 다른 한편으로는 발기부전, 불감증, 혹은 신체적으로 고통스러운 증상들, 신체적 피학증 등에 이르게 된다. 페어베언은 성적인 문제를 히스테리적인 전환증상, 즉 흥분시키는 대상이나 거부적인 대상과의 내적인 나쁜 대상관계처럼 다루었다. 따라서 우리는 리비도라 부르는 항구적으로 지역화된 생물학적 실체를 다루고 있는 것일 뿐 아니라, 그가 인간적 친밀함에 대한 강렬한 욕구를 느끼거나 인간적 친밀함으로부터 철수되려고 함에 따라서 신체의 전체나 어떤 부분이건 리비도화하거나 탈리비도화할 수 있는 리비도적 자아를 가진 한 개인도 다루고 있는 것이다. 페어베언에게 있어서 '리비도화된 자아의 목표는 대상'이고, 리비도는 인간의 정신적 자기가 가진 기본적인 대상 추구적 삶의 충동을 표현하기 위한 기술적인 용어인 것이다.

성장과 혼란 그리고 자아 혹은 인격적 자기로서의 전체성 회복의 전 과정은 자아가 대상들과 맺는 관계, 즉 일차적으로는 유아기의 대상, 그 이후에는 무의식 속의(억압된 유아적 자아분열과 갈등 속의) 대상과의 관계에 의존하며, 실제 삶에서의 대상관계-물질적인 것, 장난감, 음식과 같은 모든 대상뿐 아니라 그 자체가 자아들egos인 어머니에서 시작하여 필요할 경우 심리치료자와의 관계에서 계속 진행되는 인간적 대상인 모든 중요한 대상의 범주도 포함하는-와 상호작용한다. 어머니가 아기에 의해 일단 소유되면, 최초의 전적으로 중요한 인간 대상인 어머니가 충분히 믿을 수 있는 ?대로 남아 있는 한, 덜 배타적인 어머니 중심적인 욕구를 발달시켜 가면서 그녀는 위니컷이 중간대상transitional object이라 불렀던 꼭 껴안고 싶은 장난감 인형과 같은 물건들로 상징화되어 표상될 수 있다. 처음에 아기가 하나의 자아로서 자기 자신의 전체성을 지각하고 발달시켜 갈 수 있도록 해 주는 것은 스스로가 건강한 전체 자아인 어머니이다. 전체 자아의 발달은 실제 삶 속에서의 좋은 대상관계에—처음에는 유아기에, 이후에는 치료과정에—의존한다. 분열된 자아가 발달하는 것은 실제 삶 속에서 경험하는 나쁜 대상관계로부터 파생된다. 여기서 페어베언은 멜라니 클라인과 근본적으로 의견을 달리한다. 클라인에게 있어 아기는 삶의 본능과 죽음의 본능의 전쟁터인 삶의 처음부터 선천적으로 분열된 상태이다. 나쁜-대상에 대한 환상들은 근본적으로 죽음 본능으로부터 받는 위협을 나타내며, 이것이 아기의 최초의 경험이다. 따라서 멜라니 클라인은 유아가 어떻게든 안정감을 가지기 위해 내면화해야 할 최초의 대상은 좋은 대상, 즉 좋은 젖가슴이어야 한다고 당연히 주장한다. 여기서 두 가지만 지적할 필요가 있겠다. 첫째, 유아가 어떻게 좋은 대상을 내면화하는지 알기 어렵다. 그는 그의 죽음충동을 젖가슴에 투사하고, 그것을 이제는 나쁜 내적 대상으로 재내사reintroject하기 때문이다. 앞 장에서 설명했듯이, 클라인의 이론을 본능이론에서 대상관계 이론으로 전환시킨 것은 바로 이것이다. 둘째, 어쨌든 간에 최초로 내면화된 것은 나쁜 대상이다. 유아는 삶의 충동을 투사할 아무런 이유가 없기 때문이다. 클라인 학파는 자기들이 실제의 외적 대상에 이차적인 가치만을 부여한다는 것을 부인하는 경향이 있다. 그러나 나는 그들이 그런 주장을 하는 것은 타당하지 않다고 생각한다. 그들의 기본 이론이 그것을 허용하지 않는다. 한나 시걸의 『멜라니 클라인 입문Introduction to the Work of Melanie Klein』에서의 다음 인용문은 이것을 매우 분명하게 보여 준다.

유아의 미성숙한 자아는 태어날 때부터 선천적인 본능의 양극성—생명 본능과 죽음 본능 사이의 임박한 갈등—에 의해 일깨워진 불안에 노출되어 있다. …… 이미 죽음 본능이 그 내부에 포함되어 있고 이것이 유발한 불안을 방어하려고 죽음 본능이 외부로 투사되는 것과 마찬가지로, 삶을 보존하기 위한 자아의 본능적 갈망을 만족시킬 수 있는 하나의 대상을 창조하기 위해서 리비도 역시 투사된다.[35]

따라서 심리학적 의미에서 대상을 창조하는 것은 투사된 본능이 재내사되는 과정을 통해서이며, 최초로 내사되는 것은 페어베언이 주장하듯이 나쁜 대상이다. 처음으로 투사되고 처음으로 내사되는 것은 죽음 본능이기 때문이다.

환경적 요인의 중요성은 유아 자신의 본능과 환상의 측면에서 갖는 의미와 관련해서만 정당하게 평가될 수 있다. …… 외부세계가 나쁘다고 유아가 느낄 때에만 …… 그것이 실제로 나쁜 경험이 된다.[36]

페어베언은 이런 견해를 전적으로 거부한다. 유아는 날 때부터 전체이며, 그가 실제 세계를 다루어 나가는 과정에서 맺는 좋은 대상관계에 의해 그리고 주로 어머니와의 관계에 의해 충분히 오랫동안 보호된다면 그 이후에도 그럴 것이다. 좋은 대상경험은 정말로 좋은 자아발달을 이끈다. 충분히 좋은 엄마와의 경험을 했고 적절하게 안정적이고 성숙한 인격으로 성장한 사람들이 있다는 사실이야말로 그 증거이다. 하지만 사실상 완벽함이란 불가능하기 때문에 유아는 곧 불만족스러운 양육경험에 직면하며, 현실의 삶에서 만나는 나쁜 대상 어머니는 최초로 내면화되는데, 그것은 유아가 그녀를 통제하려고 노력하기 때문이다. 그러나 그녀가 전적으로 나쁜 것은 아니므로, 내면화된 이후에 그 불만족스러운 어머니는 좋은 엄마와 나쁜 엄마로 분열된다. 그리고 나면 현실의 관계를 가급적 안락하게 만들기 위해서 이상화된 외부의 실제 어머니에게 대개는 좋은 어머니가 다시 투사된다. 어떤 환자는 "나는 이 지구상에서 가장 훌륭한 어머니를 갖고 있습니다."라는 말로 분석을 시작했는데, 이때 나는 즉각적으로 그녀의 어머니가 그녀의 진정한 문제라는 것을 깨달았고, 그것은 사실로 드러났다. 좋은 대상은 외부의 나쁜 대상에 대항하는 보호막 역할을 한다. 그러나 내적인 면에서 볼 때 그 나쁜 대상은 유발된 증오로 인하여 좋은 대상에 대한 위협이 된다. 따라서 좋은 대상을 해칠지 모른다는 두려움이 간직된 내적인 상황은 죄책감과 우울의 느낌을 초래한다. 나쁜 대상 자체는 하나의 내적 대상으로서, 흥분시키는 대상과 거절하는 대상으로 분열된다. 그리고 나면 흥분시키는 대상은 끊임없이 추구되며, 만성적으로 의존성을 가진 사람들에게서 항상 발견되는 강박적이고 정서적인 욕구를 구축하게 되고, 벗어날 수 있는 어떠한 실제적인 방법도 없는 상황을 통제하려는 시도로서 거절하는 대상과 동일시되며, 가학적인 초자아 혹은 페어베언이 사용한 매우 적절한 용어로 반리비도적 자아antilibidinal ego는 아이의 욕구에 부응하기를 거절하는 부모와 동일시하는 상태로부터 벗어나 자라나게 된다.

불행한 현실생활의 경험에 대처하려고 투쟁하는 가운데 대상이 분열된 이 상태는 어머니나 다른 가족 구성원의 좋고 나쁜 측면 모두와 관계를 유지하기 위해 투쟁하는 가운데 자아가 분열되는 상황에 이르게 된다. 페어베언은 클라인이 내적 대상들을 다중화해 놓은 것을, 많은 가장된 형태로 나타날 수 있는 다음 세 가지 환상화된 기본 대상basic fantasied figures으로 축소시켰다. ① 만족시켜 주지는 않으면서 욕구를 자극하는 감질나게 하는 어머니인 흥분시키는 대상exciting object, ② 적극적으로 만족을 주지 않는 거부적이고, 화가 나 있고, 권위적이며, 반리비도적인 어머니, 약한 형태로는 '날 성가시게 하지 마. 나는 바빠.'라고 말하는 어머니인 거부하는 대상rejecting object, ③ 정서적으로 중립적이며 도덕적으로 이상화된, 아기가 너무 많은 느낌 없이 보려고 하고 그녀를 불쾌하게 만들지 않기 위해 자신의 욕구를 회피하며 최소한의 인정이라도 받고자 그녀에게 순응하는 것을 받아들이는 어머니인 이상적 대상ideal object이다. 흥분시키고 거부하는 대상은 모두 나쁜 것이며, 이것은 이중 초점을 가진 고통스럽고 무의식적이며 정서적인 내적 세계로서 억압된다. 이상적 대상은 외부세계에서 평화롭게 살기 위한 희망을 품고 실제 부모에게 다시 투사된다. 이 대상분열과 함께 자아분열이 진행된다. ① 유아적 리비도 자아infantile libidinal ego는 흥분시키는 대상에 의해 끊임없이 자극되며, 그것 없이는 정신이 강한 자아로 성장할 수 없는, 그러나 성인기에는 만성적인 과의존, 강박적 성 욕구, 감사에 대한 갈망으로 나타나는 인격적 관계를 탐욕스럽게 갈망한다. ② 유아적 반리비도 자아infantile anti-libidinal ego는 거부하는 대상에 동일시되어, 발달되지 않는 유치한 양심, 부정적이고 적대적이며 자기처벌적인, 두려움과 공포를 유발하고 심리치료에 저항하는 주요 원천이 된다. ③ 중심자아central ego는 대상과 자아 모두에게 정서적인 충격을 주는 측면들이 분리되고 억압된 이후에, 이상화된 부모에 맞추게 된다. 이것은 정신신경증과 정신병에 내재된 분열된 정신의 형태에 관해 기술하는, 내가 만난 가장 정확한 이론적인 분석처럼 보인다.

나는 지금 꿈의 형태로 이것의 예시를 들어 구체적으로 표현해 보려 한다. 40대의 한 남자 환자가 꿈을 꾸었다. "나는 벽을 마주보고 똑바로 앉아 있었어요. 그 벽과 나는 모두 위와 아래의 두 부분으로, 내 허리 위와 아래로 나뉘어 있었고, 그 사이에는 틈이 있었습니다." 그는 곧이어 "나는 마치 금방이라도 울음이 터질 듯 눈이 아리는 느낌을 느꼈습니다(그는 바로 전 치료 회기에서 처음으로 눈물을 쏟았고 그 이후 더 생생하고 전체적으로 자신을 느꼈다). 나는 감정이 북받쳤지만, 어떤 것을 생각해 내려고, 말하자면 뭔가에 대해 생각하려고 노력했는데 아무것도 생각할 수 없었습니다. 나는 그

것이 무엇인지 잊어버렸어요. 지금은 아무 생각이 안 납니다."라
고 말했다. 나는 "당신은 위쪽의 머리로 하는 생각과 아래쪽의 배
로 하는 생각이 분열된 것과 같이(당신의 감정이 격동되었을 때 반대
로 뒤집히거나 마음속이 울렁거리듯이) 느꼈습니다. 그리고 지금 당
신은 그 둘 사이의 단절된 틈에 빠져 있습니다. 당신은 자아가 분
열된 느낌을 가지고 있을 뿐입니다. 당신은 지금 이것을 극복하고
당신의 생각하는 자기(즉, 중심자기)와 느끼는 자기(즉, 리비도적 자
기와 반리비도적 자기)를 함께 이어 주려고 하고 있는 것입니다."라
고 해석해 주었다. 그저 흥분시키거나 거절하는 나쁜 부모 대상
에 고착되어, 무의식 내에서 자기의 부분들 사이에 생긴 균열이 얼
마나 생생할 수 있는가 하는 것은 또 다른 남자 환자의 두 가지 경
험에서 예시된다. 그는 한 회기에 다음 두 가지를 모두 경험했다.
① 그는 머리를 길게 길렀고 사람들이 그에 대해 말하고 있었다.
그러나 그는 "나는 유리창에 비친 내 머리를 보고 싶습니다. 그것
은 나를 성적으로 흥분시킵니다."라고 말했고, 이어서 사람들이 종
종 자신의 외모가 어머니와 닮았다고 한다고 말했다. 실제로 그의
어머니는 어린 시절에 그를 정서적으로 흥분시켰고, 그가 성장함
에 따라 점점 더 권위적이고 거부적으로 변하여 일단 화가 나면 그
를 길가로 내쫓고 문을 걸어 잠그기까지 했다. 머리를 길게 기르고
어머니처럼 보이는 것을 통해서, 또한 거울을 통해 비친 자신의 모
습에 흥분을 느끼는 것을 통해서 그는 실제로 자신이 그의 흥분시
키는 대상을 자신의 내부에 소유한 것 같은 생생한 느낌을 표현한
것이었지만, 여전히 결코 만족감을 느끼지는 못했던 것이다. 나는

이런 말을 그에게 해 주었고, 그는 또 다른 주제로 옮겨 갔다. ②
"저는 인종차별주의자가 아닙니다. 그리고 이런 말이 꾸며낸 것처
럼 들리겠지만, 저는 이번 주 내내 권위주의적인 종교를 가지고 있
고, 그들의 자녀에게 엄격하며 우리 사회에서 폐쇄적인 집단을 만
들면서 통합되는 것을 거부하고 있는 어떤 단체를 향해 화를 내며
말했습니다. 어쨌든 그것이 내가 그들에 대해 느낀 것이었습니다."
나는 그에게 "그 말은 당신의 어머니가 지닌 다른 측면처럼 들리는
군요. 흥분시키는 사람이 아닌, 엄격하고 다른 사람을 쥐고 흔드
는, 당신을 쫓아내고 문을 잠근 사람, 당신의 꿈속에서 당신의 자
동차, 당신의 성기를 훔친 사람, 그래서 당신을 발기부전으로 만든
사람 말입니다. 그녀는 당신의 기질 속에서 하나의 폐쇄된 공간이
며, 통합을 거부한 채 당신의 자발성을 짓누르고 있습니다."라고
말했다. 이것이 바로 거부하는 그의 내적 대상이었다.

어머니의 일차적인 모성(위니컷 참조)[11]이 아기의 욕구에 부응하
지 못할 때 이러한 분열과정은 확실하게 진행된다. 대상과 자기에
대한 통합된 경험을 상실하게 되면 이후의 각 발달단계가 여러 방
향으로 분기점을 틀게 되고 복잡해지는 결과를 초래한다. 페어베
언은 항문기가 강박적인 어머니를 만났을 때에만 나타나는 것이
지 실제로는 보편적으로 존재하지 않는 것이라며 거부했다. 구강,

---

11) 일차적 모성적 몰두(primary maternal preoccupation). 위니컷은 어머니가 출산 후
   몇 개월 동안은 전적으로 아기에게만 관심을 집중하게 되는데 이것을 일차적인 모
   성적 몰두라고 불렀다. 그는 이런 생후 최초의 경험을 통해 아기가 세상에 대한 환각
   적인 전능감(omnipotence)을 갖게 되고, 이것은 이후 자아발달이 이루어지는 기초
   가 된다고 보았다.

항문, 성기 단계 대신, 그는 구강, 항문, 성기적 정신병리를 전환 히스테리로 재해석한다. 즉, 그는 대상관계적 경험에 바탕을 둔, 그것과는 다른 발달의 도식을 제안한다. ① 미성숙한 의존기(유아기)immature dependency, ② 과도기(잠재기와 청소년기)transitional stage, ③ 성숙한 의존기(완전하고 동등한 인격적 관계를 맺을 수 있는 성인의 능력에 도달)mature dependence. 페어베언은 내재화된 대상들의 세계가 유아적 의존성이 지배하는 첫 번째 단계 동안에 생성되며 그 이후에는 이것이 정신병리적 무의식으로 지속된다고 본다. 그는 클라인이 말한 기본적인 발달의 두 가지 자리인 편집적 자리와 우울적 자리가 이 최초의 유아기에 속하는 것이며, 그 시기에 유아가 빠질 수 있는 두 가지 나쁜 내적 대상관계의 상황을 나타내는 것으로 받아들였다. 하지만 그는 분열성schizoid이 불가피한 발달의 자리에 내포된 한 측면이 아니라 두려움이 지배적인 상태에서 대상관계로부터 도피한 것이며, 정신질환의 가장 깊은 뿌리라고 보았다. 클라인이 주장하듯, 도덕성의 발달을 위해서는 우울적 자리가 중요하긴 하지만 정신건강의 기초가 되는 자아의 전체성을 상실하거나 보존하는 데 있어서 분열적 자리가 근본적인 것이다.

구강, 항문, 성기적 현상이 반드시 정신병리적인 것일 필요는 없고, 자연스러운 신체적 활동 지역이자 대상관계의 정신적 양식이라고 에릭슨이 재해석한 것은 중요한 발달의 세부과정을 기술하는 것으로서 이러한 전반적인 관점과 쉽게 맞아떨어진다. 내게는 클라인, 에릭슨, 페어베언을 조합하는 것이 초기 인간발달의 세부과정과 그 과정에서 일어나는 문제들을 매우 철저하게 전체적으로 그려 주는 관점인 것처럼 보인다. 우리는 한 사람의 정신분석적 사상가로서, 그것도 25년 전의 과거에 자아발달을 위한 결정요인이자 가장 중요한 필요요건으로서, 정신분석 이론의 필요한 형식으로서 대상관계 경험이 중요하다는 것을 일관되게 강조했던 페어베언이 인식했던 것을 인정해야만 한다고 생각한다. 그럼에도 그의 작업은 적어도 자아에 관해서는 자아분열에 대한 분석에서 멈춰서고 말았으며, 해결되지 않은 궁극적인 문제인 자아의 기원에 대한 문제, 우리가 다음 장에서 살펴볼 문제에 대해 여전히 문을 열어 두고 있다.

⊕ 원주

1. Erik H. Erikson, "Freud's the Origin of Psychoanalysys," *International Journal of Psychoanalysis*, 36, pt. I (1955): I.
2. Sigmund Freud, *The Outline of Psychoanalysis*, ed. and trans. James Strachey (London: The Hogarth Press; New York: W. W. Norton, 1949), p. 1.
3. 위의 책, p. 1.
4. 위의 책, p. 2.
5. 위의 책, pp. 2-3.
6. 위의 책, p. 3
7. 위의 책, p. 5.
8. 위의 책, 마지막 장.
9. Joan Riviere, in Melanie Klein et al, *Developments in Psychoanalysis* (London: The Hogarth Press; New Your: Hillary House, 1952), p. 12.
10. Freud, *The Outline*, p. 77.
11. Hary Stack Sullivan, *The Interpersonal Theory of Psychiatry*, eds,

Helen S. Perry & Mary L. Gawel (New York: W. W. Norton; London: The Hogarth Press, 1968), pp. 20-22.

12. 위의 책.

13. Erikson, "*Freud's the Outline of Psychoanalysis.*"

14. 위의 논문.

15. 위의 논문.

16. 위의 논문.

17. Sigmund Freud, *The Question of Lay analysis* (London: Imago Publishing Co., 1947), p. 2.

18. 위의 책.

19. 위의 책, p. 77.

20. 위의 책, pp. 58-59.

21. 위의 책, p. 79.

22. Erik H. Erikson, *Childhood and Society,* rev. ed. (New York: W. W. Norton, 1964), p. 89.

23. 위의 책, pp. 89-90.

24. Gordon W. Allport, *Personality: A Psychological Interpretation* (London: Constable, 1949).

25. 위의 책.

26. Erik H. Erikson, *Childhood and Society*, pp. 62-63.

27. 위의 책, p. 19.

28. 위의 책, pp. 32-33.

29. 위의 책.

30. 위의 책.

31. 위의 책, p. 66.

32. 위의 책.

33. W. Ronald D. Fairbairn, *An Object-Relationhs Theory of the Personality* (New York: Basic Books, 1954), p. 88.

34. W. Ronald D. Fairbairn, "Observation on the Nature of Hysterical States." *British Journal of Medical Psychology,* 27, pt. 3 (1954): 105-125.

35. Hanna Segal, *Introduction to the Work of Melanie Klein* (New York: Basic Books, 1964), p. 12.

36. 위의 책, p. 4.

제5장

결정적 쟁점:
'체계-자아'인가 '인격-자아'인가 – 하인츠 하르트만, 도널드 위니컷, 이디스 제이콥슨

우리는 이제 우리의 주장을 정리해야 하며, 둘을 혼합하고 혼동하는 대신에 어떻게 생물학과 정신역동학이 서로 구별되면서도 동시에 적절히 연결되어야만 하는지 알아보아야 한다. 그래야 정신분석학은 그 자신만의 적절한 과업, 즉 대인관계 속에서 성장하는 고유한 개별적인 인간을 연구하는 일에 전념할 수 있게 된다. 나는 하인츠 하르트만Heinz Hartmann, 도널드 위니컷Donald W. Winnicott, 이디스 제이콥슨Edith Jacobson의 관점이 지닌 몇 가지 측면을 비교함으로써 이 작업을 시작할 것이다. 1967년에 나온 위니컷의 책『성숙과정과 촉진하는 환경The Maturational Processes and the Facilitating Environment』은 생물학과 정신역동학을 본질적으로 대상관계적인 방식으로 연관시키고 있다. 성숙과정은 생물학적으로 주어진 것으로서, 한 개인이 살아가면서 선천적인 기질적 잠재력이 지속적으로 펼쳐지는 것이다. 그 과정은 그들의 잠재력이 바로 그들인 한 개인을 전제한다. 그는 진공 속이 아닌 환경 속에서 살아간다. 그의 선천적 잠재력은 그가 사는 외부세계에 대한 숭고한 무관심 속에서 외부세계와는 상관없이 이미 정해진 방향대로 성숙해 가는 것이 아니다. 그 과정은 개인의 성장을 이해하고, 지지하고, 허용하는 환경을 필요로 한다. 만일 환경이 이러한 필요를 채워 주지 못할 때, 발달은 정지하고 왜곡될 것이다. 잠재적으로만 존재하고 있는 참자기true self는 실현되지 않는다. 불만족스러운 환경에 대한 동조 혹은 적응이라는 형태를 띠고, 아니면 그 환경에 대한 반항이라는 형태를 띠고 거짓자기false self가 출현한다. 이 거짓자기의 목표는 최소한의 불편 속에서 생존하는 것이지, 활기차고 자발적이며 창조적인 완전한 자기됨selfhood을 향하는 것이 아니다. 이러한 적응의 결과는 길들여진 착함과 범죄성 둘 중의 하나이다. 그 본성 내에 잠재적 성숙과정을 포함하고 있는 개인은 그 속에서 성장할 수 있는 촉진적 환경을 필요로 하는바, 건강하고, 안정적이고, 협조적이고, 창조적인 인격이 출현하기 위해서는 다른 무엇보다도 이 환경이 유아 자신의 어머니인 것이다. 이러한 견해가 시사하는 바가 무엇인지는 하나의 생물학적 관점으로서의 하르트만의 정신분석적 견해와 비교할 때 분명해질 것이다. 제이콥슨의 위치는 어떤 면에서는 이 두 사람 사이에 있으며, 두 견해의 요소들을 모두 포함하고 있다.

1937년에 출간된 하르트만의 논문 「자아심리학과 적응의 문제

Ego Psychology and the Problem of Adaptation」에서 '적응'은 그가 사용하는 핵심 단어로 생물학에 속한다. 그는 "프로이트가 그의 신경증 이론을 구축한 기반은 '인간에게만 한정된' 것이 아니라 '일반적으로 생물학적인' 것이었으므로, 우리에게 있어 동물과 인간의 차이는 상대적인 것이다."[1]라고 쓴다. 동물의 정신분석이 가능하지 않다는 사실은 정신분석학이 일반적인 생물학 연구와는 구별되는 특수하게 인간에 국한된 연구 영역임을 시사한다고 생각할 수 있다. 하르트만은 그런 추론을 이끌어 내지 않았다. 그는 "이와 같은 것에 대한 연구는 그 출발점으로서 환경에 대한 인간의 관계를 사용하는 것이기에 행위에 초점을 맞추어야 한다."[2]라고 언급한다 그가 의미하는 관계란 인격적인 관계가 아닌 행위관계인데, 이는 생물학적이고 행동적인 관점이다. 정신인격적 관점은 어떤 행동 이전의 상태나 행위보다는 경험에 초점을 맞추어야 한다. 하르트만에게 있어 인간이란 적응해 가는 유기체이지, 결코 반복되지 않은 고유한 개성의 형태를 발달시켜 나가는 데 있어서 상대적이 아닌 절대적 가치를 지닌 본질적으로 의미 충만한 존재가 아니다. 그는 "그의 생산성, 삶을 즐기는 그의 능력, 그의 정신적 평형상태equilibrium가 방해받지 않고 있을 때 우리는 인간이 잘 적응해 있다고 본다. …… 그리고 우리는 적응하지 못한 것을 실패했다고 간주한다. 그러나 적응의 정도는 환경적 조건을 참조할 때만 결정될 수 있다. 적응이라는 개념은 정밀하게 정의할 수 없다. 그 개념은 생물학에 의해 오랫동안 보존되었다. …… 그러나 최근에 자주 비난받고 거부당해 왔다 "라고 쓴다, 하지만 하르트만은 생물학에서조차 한계를 지니고 있는 이 개념에 대해 경고를 받지 않은 채 심리학에 그것을 적용하는 데 이르렀고, "적응이라는 문제는 정신분석학 단독으로 해결할 수 없다. 그것은 생물학과 사회학의 연구 주제이기도 하다."[3]라고만 말한다.

정신분석학은 그것이 기원한 문화적 시대로 인해, '개인Person'이라는 개념을 이해하는 데 결함을 안고 출발했다. 그래서 프로이트는 "우리는 '내가 산다.'가 아니라, '그것'[1]에 의해 나는 살아지고 있다.'라고 말해야만 한다."라고 썼던 그로덱으로부터 '이드'라는 용어를 빌려 올 수밖에 없었다. 이는 한 개인의 고유하고 책임감 있는 개성을 완전히 말살하는 언급이다. 이것은 19세기와 20세기 초반의 과학을 지배하고 있던 물리주의적 결정론을 반영한다. 하르트만은 이 '이드'를 '인격의 중심 영역'으로 보고, 그것을 넘어서면 '다른 영역의 정신생활'이 자리 잡고 있다고 말했다. 이 다른 영역은 자율적으로 발달하는 조직, 기술, 전의식적 자동현상, 그리고 그가 '적응의 조직'으로 정의하고 있는 자아의 조절 원리들을 포함한다. 자아의 가장 우선적인 과업은 그로덱의 '그것'이 우리로 하여금 그것의 목적대로 살지 못하게 하여, 환경에 적응하기 위한 욕구에 강제로 복종시키는 것이다. 하르트만은 자아이론을 일반 심리학으로 확장하여, 모든 자아과정이 이드충동의 갈등으로부터 발달되어 나오는 것은 아니며, 자아는 이드가 아닌 외부세계를 고려하

---

1) 영어의 'It'을 말한다. 프로이트는 그로덱이 이 인용문에서 말한 '그것'에 해당하는 독일어 'Es'를 인용했다고 밝히고 있다. 영문 표준판(Standard Edition)에서는 Es에 해당하는 it이 아닌, 라틴어 id로 번역되어 있다.

여 자율적으로 성장하는 것임을 보여 주었다. 지각, 사고, 대상 이해, 주의, 언어, 기억현상, 생산성, 운동발달(쥐기, 기어가기, 걷기), 성숙, 학습과정을 담당하는 조직은 일반적으로 갈등의 영역 바깥, 즉 그가 '갈등 없는 자아 영역conflict-free ego sphere'[4]이라 부른 영역에서 발달한다. 이드이론을 받아들이면 이렇게 될 수밖에 없다. 그는 '이드와 초자아의 갈등에 관여된 자아의 기능들과, 환경과의 관계에 관여하는 자아의 기능들'[5]을 구분했다. 이렇게 해서 하르트만의 이론은 한편으로는 생물학적인 이드에, 다른 한편으로는 그와 동등하게 '적응'이라는 생물학적 개념에 뿌리를 내리고 있다. 그의 자아는 내적 세계에 대항하는 방어조직과 외적 세계에 적응하는 조직의 두 가지 측면을 지닌다.

프로이트와 마찬가지로 하르트만은 두 가지 종류의 적응에 대해 언급한다. 자기조형적인autoplastic 것 혹은 환경에 맞추기 위해 스스로를 변화시키는 것, 그리고 타자조형적인alloplastic 것 혹은 자기 자신에게 맞추기 위해 환경을 변화시키는 것이 그것이다. 그는 "둘 중의 어떤 것도 반드시 진정한 적응일 필요는 없다. 고도의 자아 기능은 무엇이 적절한지를 결정해야만 한다."[6]라고 논평한다. 하지만 이런 언급은 생물학을 넘어서는 것이며 그 이론이 감당할 수 있는 것 이상을 허용하는 것이다. '진정한 적응'이나 '적절하게 적응적'이라는 말은 무엇을 뜻하는가? 그가 말하는 이 '고도의 자아 기능'은 무엇인가? 그것이 단순히 어떤 적응이 유기체적 생존을 지켜 내거나 지켜 낼 수 없을 것인지에 대한 현실적인 판단에 불과한 것인가, 아니면 진정한 자아의 보다 높은 가치를 표현하는 전적으로 상이한 평가적 기능을 말하는 것인가? 만일 그렇다면 자아는 단순한 적응의 조직 이상의 것이 되어야만 한다. 또한 그것은 신체적 생존이 아니라 개인의 통합성을 보존하고 자신의 가치를 방어하는 것을 목표로 삼아야 할 것이다. 하르트만의 생물학적 이론은 이 두 번째 가능성을 적절하게 수용하지 않는다. 완전한 생물학적 수준에서는 진정한 의미의 타자조형적 적응이 이루어질 기회는 거의 없다. 동물은 자신의 욕구에 맞추기 위해 환경을 다른 것으로 바꾼다기보다는 그저 거기에 있는 것을 사용한다고 부르는 게 더 나을 만한 작은 방식의 변화 이외에는 자신이 살아가는 환경을 변화시킬 수 있는 지성과 수단을 결여하고 있다. 인간처럼 과학과 기술을 사용할 수 있는 능력이 없기 때문에 동물은 자연환경에 적응해야 하며, 그렇지 않으면 많은 동물 종이 그러했듯이 사라질 수밖에 없다. 그래서 파충류, 공룡류 그리고 브론토사우루스의 시대는 약 2억 년가량 지속되었고, 그 시대의 가장 강력한 지상 거주자였을 것으로 짐작되는 티라노사우루스를 포함한다고 해도 그것들은 그 이후에 완전히 사라졌다. 반면에 적응이 충분히 성공적이라면 그 결과는 침체상태이다. 적응을 너무 잘해서 수백만 년 동안 변치 않고 정체되어 온 종들이 있다. 공룡시대 훨씬 이전에 존재했던 거북이와 정확하게 동일한 뼈를 가진 거북이가 오늘날에도 존재한다. 생물학적 적응의 실제 의미는 생존을 위해 환경에 끼워 맞추는 것이다. '적응'이라는 개념이 그러한 가장 기초적인 생물학적 의미를 넘어서서 변형되고 복잡해질수록 점점 더 생물학으로부터 이탈하게 된다. 인간과 환경이 서로 적응한다는 측면에서 적응을 정의하고 있는 한 우리는 생물학을 한참 넘어서고 있는 것이며, 우리는 여전히 더 멀리 나아가야 한다. 환경이라는 개념은 이제 바뀌어 버렸다. 그것은 일반적으로 더 이상 자연을 의미하지 않는다. 과학은 우리로 하여금 가장 실제적인 목적을 위해 그것에 대처하도록 만들고 있다. 가장 중요한 인간환경의 일부분은 동료 인간들의 사회이다. 인간은 자신의 인간환경에 적응하기를 거부할 수도 있고, 생물학적 생존보다 더 귀중한 그 무엇, 그의 '영혼soul', 고유한 가치를 지닌 그 무엇을 의미하는 하나의 개인으로서 자신에 대한 진실을 지켜 내기 위해 자신의 생명을 내어 버릴 준비를 한다. 이런 맥락에서 적응기관으로서의 자아에 관해 말한다는 것은 그야말로 부적절한 것이다.

인간의 삶을 연구하는 데 있어서 '적응'은 보다 고도의 개념, 즉 가치의 면에서 의미 있는 관계성meaningful relationship에 대한 개념으로 대체된다. 자기조형적인 또는 타자조형적인 적응이 "반드시 진정한 의미의 적응일 필요는 없다."라고 말했을 때, 하르트만은 거의 이 점을 알았던 것 같다. 내가 말해야만 한다고 생각하는 것은 그 두 가지 의미의 적응이 인간관계를 위해 반드시 진정으로 중요한 것일 필요는 없다는 것이다. 적응은 인간관계의 수준까지 높일 수 있지만 인간관계는 적응의 수준까지 축소될 수 없다. 어떤 문제에 있어서 나보다 다른 어떤 사람이 더 옳다고 확신할 때, 나는 내 견해를 바꾸고 그의 견해를 받아들일 수 있으며, 다른 경우에는 나에게 흥미를 느끼지 않은 무엇인가를 하기 위해 다른 사람과 협력하려고 할 수도 있을 것이다. 이것이 자기조형적 적응이 인간관계의 수준까지 높여진 경우라고 할 수 있을 것이다. 타인을 우리에게 맞추도록 강제하는 타자변형적 적응은 인간관계에서는 완전히 금지된 것이다. 우리는 그것을 전체주의라 부른다. 우리는 설득하거나 동의를 얻어 낼 수는 있지만, 그럴 경우 그것은 다시 대인관계의 수준으로 올라가는 것이다. 하르트만이 "고도의 자아 기능은 무엇이 적절한지 결정해야만 한다."라거나 '진정으로 적응적인'이라 말했을 때, 대인관계를 이해하기 위해서는 '하나의 적응기관'보다는 더 고도의 자아개념이 필요하다고 말하는 것이 더 진실한 말이었을 것이다. 엄밀하게 말해서, 적응이라는 것은 일방적인 끼워 맞추기만을 표현할 뿐이다. 인간관계는 둘 또는 그 이상의 사람들 간의 의사소통이나 공유된 경험 속에서 이루어지는 상호적인 자기실현을 포함한다. 하르트만은 그것이 동물의 수준에서 인간의 수준으로 옮겨 갈 때 자신이 적응이라 부르는 그 문제가 얼마나 복잡한 것인지를 물론 알고 있었다. 그는 다음과 같이 말한다.

인간 유기체가 적응해야 하는 외부세계의 구조는 무엇인가? …… 우리는 사회적 조건들로부터 생물학적인 것을 분리해 낼 수 없다. 아이를 위한 첫 번째 사회적 관계는 아이의 생물학적 평형상태equilibrium[2]를 유지하는 데 있어서도 결정적이다. 인간의 첫 대상

---

2) 생물학적 관점이 강한 피아제(Piaget)의 발달이론에서도 중요하게 사용된 개념으로, 프로이트는 욕구들 사이의 그리고 정신구조 사이의 균형 상태를 기술할 때 이 용어를 사용하였고, 하르트만은 이 개념을 더 확장하여 생물학적이고 심리학적인 영역뿐 아니라 유기체와 환경 사이에 이루어진 균형 상태를 기술하기 위해서도 이 용어를 사용하였다.

관계가 정신분석에 있어서 우리의 주된 관심이 되는 이유가 바로 이것이다. 따라서 인간이 인간에게 적응해야 하는 과업은 생의 바로 그 첫 시작부터 제시된다. …… 인간은 일부분이 자신과 같은 종족과 자신에 의해 이미 주조되어 온 부분을 포함하고 있는 환경에 적응한다. 인간이 이루어야 할 결정적인 적응은 사회적 구조에 대한 것이고, 그 사회구조를 구축하는 데 그가 협력하는 상황에 대한 것이다. 사회구조는 적어도 부분적으로는 적응이라는 개념이 시사하는 '신체적 호응somatic compliance'[3]과 유사한 개념으로 고안된 사회적 호응이라는 용어에 의해 특정한 행동의 적응적 기회를 결정한다는 사실을 기술할 수도 있다. …… 우리가 사용하는 적응이라는 용어는 사회의 목표에 대한 수동적인 복종뿐 아니라 그 목표에 대한 적극적인 협력과 그 목표를 변화시키기 위한 시도도 의미하고 있는 것이다.[7]

매우 중요한 이 문장은 생물학적인 것과 인간적인 것이 분명하게 구분되지 않을 때 인간에게 특징적인 것이 일반적인 생물학적인 것으로 흡수되는 것을 허용하면서 필연적으로 뒤따를 수밖에 없는 심각한 사고의 혼란을 드러낸다. 하르트만은 발달하는 인간과

---

3) 신체적 호응(somatic compliance, 독: das somatische Entgegenkommen)은 프로이트가 도라의 사례(1905)를 기술하며 처음 사용한 용어이다. 무의식적 갈등이 신체기관을 통해서 표현의 통로를 찾을 때 그 갈등과 상징적으로 연결될 수 있는 신체기관이 호응해야 히스테리의 신체 증상이나 전환 증상이 만들어진다는 것이다. 하르트만은 이것을 사회적 환경에 대한 적응과정으로 확장하여 기술하기 위해 '사회적 호응'이라는 용어를 사용하고 있다.

인격적 현상을 인격 이전의prepersonal 생물학적 개념이라는 구속복(拘束服)으로 단단하게 가두어 두기 위해 애쓰고 있는 것이다. 정신분석학이 타인과 관계하는 한 인간으로서의 독특한 개성을 위해 타고난 자아 잠재력을 실현해 가는 인간에 관한 연구가 아니라, 마치 외부세계의 구조에 적응하는 인간 유기체에 관한 연구인 것처럼 다루어지고 있다. 하르트만이 정신분석이 대상관계에 관심을 가지는 이유는 그것이 생물학적 평형을 이루는 데 있어서 핵심이 되기 때문이라고 말했을 때, 그는 명백히 틀렸다. 인간의 첫 번째 대상관계는 그의 생물학적 평형을 위해 필수적이다. 좋은 어머니-유아 관계 없이는 갓 태어난 인간 유기체는 죽을 것이다. 하지만 생물학이 인간의 대상관계에 관심을 갖는 이유는 바로 그것 때문이다. 정신분석학은 그것과는 전혀 다른 이유 때문에, 다시 말해 위니컷이 너무나도 확고하게 보여 주었듯이 그 관계성이라는 것은 하나의 인격-자아로서 실체를 갖게 되고 성숙을 달성하는 데 있어서 결정적으로 중요하기 때문에 이러한 관계성에 관심을 갖는다.

하르트만은 인간이 적응해야 할 그 환경이 두 부분으로 구성되어 있다고 말한다. 그것은 인간에 의해 형성되지 않은 부분과 인간에 의해 형성되어 온 부분이며, 거칠게 말한다면 자연과 문명(혹은 사회)이다. "인간이 이루어야 하는 결정적인 적응은 사회적 환경에 대한, 즉 인간에 대한 인간의 적응이다."라고 말하면서, 그는 마치 그 두 부분에 대한 적응이 모두 동일한 종류의 과정에 따른 것처럼 말하고 있다. 그는 이것을 신체적 호응이라는 용어에 비유하여 만들어 낸 사회적 호응social compliance이라 불렀고, 이 두 가지 모두 환경적 호응environmental compliance의 특수한 형태라고 생각했다. 이것이 적응에 대한 하르트만의 개념이다. 정신분석학은 이렇게 해서 (개인이 아닌) 인간 유기체가 신체적 호응에 의해 그가 살고 있는 자연적 환경에 적응하고 그와 동등한 사회적 호응에 의해 인간환경에 적응해야 하며, 이것은 총체적인 개념으로서의 환경적 호응의 동일한 두 측면을 구성하는 것이라는 관점에 정착하게 되었다. 그러나 이 지점에서 하르트만은 뭔가 불편함을 느꼈는지, "적응이라는 용어를 사용함에 있어 우리는 사회의 목표에 대한 수동적인 복종뿐 아니라 그 목표에 대한 적극적인 협력과 그 목표를 변화시키기 위한 시도도 의미하고 있는 것이다."[8]라고 말하고 있다. 이것은 생물학을 수용하지 않은 채 생물학을 넘어서는 것이다. 환경을 변화시키기 위한 시도는 신체적인 또는 사회적인 호응도 아니고 그런 의미에서의 적응도 아니다. 개념을 더 엄격하게 사용하자면, 호응으로서의 적응이란 오직 자기조형적인 것, 즉 환경에 끼워 맞추기 위해 유기체를 변화시키는 것일 수밖에는 없다. 타자조형적 변화, 즉 유기체의 욕구에 끼워 맞추기 위해 환경을 변화시키는 것은 호응이 아니라 고도로 개인적인 반응이다. 그것은 적응적인 것이 아니라 반역적인 것이다. 인간에 필적할 만한 지성이나 기술을 가지고 있지 못하기에 동물이 그것을 달성할 가능성은 거의 없다. 그러나 상호 이해와 대인관계를 포함하는 인간 개인과 사회적 환경 사이에서 발생하는 복잡한 과정을 표현하기 위해서 이러한 개념은 전적으로 부적절하다.

따라서 과학 기술에 의해 자신의 물리적 환경을 타자조형적으로 조절할 수 있고 법과 힘의 정치에 의해 자신의 인간환경을 조절할 수 있는 능력이 인간에게 있다고 인정한다면, 우리는 아직 정신분석학의 연구 주제에 도달하지 못한 것이다. 환경적 · 신체적 · 사회적 호응이라는 그의 이론을 볼 때, 하르트만은 생물학적이고 사회적인 현상을 연구하는 순전히 객관적인 과학자로서 인간을 외부에서 연구하고 있으며, 건강을 생존에 필요한 성공적인 적응처럼 취급하고 있는 것이다. 그러나 신체적 생존은 생물학이 연구해야 할 일이지 정신분석학의 과제는 아니다. 수용하거나 저항하거나, 환경에 순응하거나 환경을 변화시키는 것이 단지 유기체의 생존이 아니라 인격의 특성에 봉사하는 것일 때, 우리는 그제야 정신분석적 관심사의 수준에 도달하는 것이다. 한 인간이 긍정적인 가치를 방어하거나 추구하기 위해 더욱 진정한 인간적 관계를 진전시키려고 하면서 자신의 신념에 따라 그의 환경에 도전하거나 대항하고 있다면, 그때 우리는 안전한 생존을 위한 생물학적 적응을 다루고 있는 것이 아니라 인격적 삶의 고유한 자질을 방어하려는 정신역동적인 동기를 다루고 있는 것이다. 이것은 그리스도나 소크라테스뿐 아니라, 게슈타포의 포로가 되어 개인을 파괴하는 데 이르는 적응을 거부하면서 자신의 목숨을 건 가치를 보존하려는 우리 시대의 수천 명의 평범한 사람들에게도 해당되는 것이다. 정신분석학이 관련성을 갖게 되는 지점은, 바로 여기서 단지 유기체적인 것이 아닌 인격적인 것과 함께할 때이다.

정신분석학은 개인, 즉 그들 역시 동시에 그와의 관계 속에서 성장하고 있는 타인들과 복잡한 의미 있는 관계 속에서 살고 성장하고 있는 독특한 개인을 이해해야 한다. 이러한 상호적인 삶은 생물학적 조건에서 시작하여 사회적인 조건 속으로 나아가지만, 그 자신의 특수한 의미의 수준, 즉 인간적 관계 속에서의 인격-자아의 수준에서 그 두 조건으로부터 영적인spiritual 독립을 성취한 다. 한 인간은 그 신체가 물질적으로 존재할 수 있는 기반과 정신적 자기의 목표를 이루어 나가기 위한 조직체라는 기반을 제공하는 정신신체적 전체이다. 그는 존재와 위대한 정신적 자산, 그리고 그의 복잡한 물질적 환경 및 인간환경과 관계하는 과정 내에서 발견하고 그 안에서 존재해야 할 자신의 존재 이유인 잠재적 자기를 위해 봉사하는 신체적 욕구와 기능을 지니고 있다. 이것은 행함doing보다 존재함being이 더 근본적이라는 것과 활동activity보다 질quality이 더 근본적이라는 것, 그리고 영국의 한 텔레비전 프로그램에서 어떤 중년 여성이 "나는 '행함'을 '존재함'으로 바꾸려고 일찍부터 결혼과 엄마 역할로 뛰어들었다."라고 말했던 것처럼 인간이 만들어 내는 현실은 그가 어떤 사람인가에 따라 결정된다는 것과 관련된다. 적응하는 것과 관계하는 것의 차이는 바로 여기에 있으며, 이것이 또한 "출발점으로서 인간이 자신의 환경과 맺는 관계를 이용하는 이와 같은 것에 대한 탐구는 행위에 초점을 두어야만 한다."라고 하르트만이 말했을 때 내가 그에게 반대해야만 하는 이유이기도 하다. 적응은 일방적인 것이며, 확실히 행위의 문제이다. 그러나 인간적 대상관계는 본질적으로 양방적인 것이며 그것이 인간적인 것이라는 점 때문에, 그리고 단순한 상호적인 적응의 문제가 아니라 상호적인 평가, 의사소통, 공유의 문제이고 각각이

다른 것을 위해 존재하고 있는 문제라는 점 때문에 상호적인 것이다.

"문제는 어떤 특정한 발달의 진행 방향이 평균적으로 기대할 수 있는 자극(환경적 방출물들environmental releasers)을 기대할 수 있는지 없는지 그리고 기대할 수 있다면 어느 정도로 기대할 수 있는지, 그리고 다른 종류의 환경적 영향에 의해 그 진행 방향이 바뀌게 될 것인지, 바뀐다면 어느 정도로 그리고 어떤 방향으로 바뀔 것인지이다."라고 말했을 때, 하르트만은 이 궁극적인 문제에 접근하고 있다. 결국 중요한 문제는 개인이 환경에 적응하는 것이 아니라 그 반대 상황, 즉 환경이 개인의 발달을 해롭게 방해하는 것이라는 것을 그는 알고 있었다. 독특하고 건강한 개인이 성장하려면, 자발적인 성장을 위해 그를 지원하고 동시에 그를 자유롭게도 해 주면서 그 개인의 욕구와 잠재력에 맞추어 환경이 적응해 주지 않는다면 불가능하다. 하르트만이 말하듯이, 개인의 욕구에 맞추어 주지 않는 그런 종류의 '환경적 영향력에 의해 발달은 빗나갈 수 있고' 그 때문에 너무나 많은 사람이 진정한 자기성취와 하나의 개인적 자기로서의 내적 실제에 대한 감각을 얻을 수 없고, 그리하여 신경증, 범죄, 자살 그리고 정신병리에 빠진다. 이런 병리들은 그들을 진정으로 수용하고 이해해 주지 않고, 참자아의 성장을 억누르는 환경적 조건들에 대한 그 개인의 필사적인 저항인 것이다. 위니컷은 '충분히 좋은 양육good-enough mothering'이 충분히 빈번하게 제공되어야만 하며, 그렇지 않을 경우 대부분의 사람은 심층부에 자리하고 있는 정신병의 증상을 나타낼 수 있다는 것을 관찰하였다. 반면에, 일상적인 인간관계에서 꽤 심각한 어려움을 겪는 것은 예외라기보다는 하나의 규칙이며, 이런 일의 상당수가 존경할 만한 좋은 행동의 가면 뒤에 숨겨져 있다는 것을 발견한다면, 우리는 엄청나게 많은 아이가 존경스러운 부모와 가족의 손에 맡겨져 미묘하게 고통받을 수 있는 '수용받지 못하는 행위들nonacceptances'이 어떤 것인지 알게 된다. 아마도 페어베언이 일찍이 했던 말 중에 가장 중요한 말은, "정신질환의 원인이 자신의 고유한 권리를 가진 개인으로서, 아이가 자기 자신만의 목적으로 사랑받고 있다는 것을 부모가 아이에게 이해시킬 수 없는 사실에 놓여 있다."는 것이다. 가정이나 사회문화적 분위기는 이 문제와 떼려야 뗄 수 없는 관계에 있다. 그래서 에릭슨은 아메리카의 수Sioux 부족 여성이 어떤 방식으로 남성에게 문화적으로 종속되어 있는지를 묘사하고 있다. 남성들은 사냥꾼이며 여성들은 그저 그 사냥꾼을 돌보아 주는 사람들이다. 그 결과, 수족 남성들 사이에서는 실제적으로 알려져 있지 않지만 자신들의 사회적 환경과 자신의 역할에 그저 너무나도 잘 적응하고 있는 수족 여성들 사이에서는 자살이 드문 일이 아닌데, 이것은 그러한 적응이 여성들로 하여금 진정한 인간적인 자기됨을 얻지 못하게 하여 인생이 계속 살아갈 가치가 없는 것처럼 보이기 때문이다. 그 개인, 자기됨의 질적인 측면은 생존보다 더 중요하며, 그것이 없다면 아무런 가치가 없는 것이다.

위니컷은 '평균적으로 기대할 수 있는 환경average expectable environment'이 아동기의 건강한 인격 성장을 위해 필수적이며, 그 환경 내에서 중요한 요소는 '충분히 좋은 어머니good-enough mother'라고 말한다. 그는 '환경적 방출물들을 기대할 수 있는 발달의 방향'이 아닌, 성숙과정과 촉진적 환경에 대해 쓴다. 여기에는 미묘한 차이가 있다. 하르트만의 표현은 그 자체 내의 자동적인 발달과정을 일깨우고 그 길을 따라가는 어떤 선천적인 과정에 대한 그림을 불러일으킨다. 위니컷은 지속적으로 도움을 주며 길러 주고 양육하는 환경, 유아의 미성숙한 의존을 수용하면서도 독립, 개별성을 향한 유아의 머뭇거리는 듯한 모험을 지원해 주며, 인격적인 관계 내에서 그리고 그 관계를 통과해 나가면서 자기 자신의 인생을 발견해 내는 환경을 말하고 있다.

런던 패딩턴 병원의 소아과의사였던 위니컷은 40년 동안 모든 발달단계에 놓여 있는 어머니와 아이를 연구할 수 있는 비할 데 없는 기회를 가지고 있었는데, 이것이 그를 성인분석으로 이끌어 주었다. 위니컷은 진정한 자기로 성장해 나가기 위해 유아와 아이가 겪는 투쟁이 성인이 경험하는 모든 문제의 속성과 그 상태를 얼마나 크게 좌우하는지를 보았다. 『가정과 개인발달Family and Individual Development』이라는 책에서, 그는 '생의 첫해'와 '생의 시작 단계에서 엄마가 아기와 맺는 관계'에 관해 쓰고 있다. 그는 서문을 다음과 같이 시작하고 있다.

정서발달은 인생의 첫 출발부터 시작된다. 인격과 성격의 발달에 대한 연구에서 삶의 첫째 날과 그 시간에 있었던 사건들을 무시하는 것은 불가능하다. …… 그리고 심지어 출생경험도 중요할 수 있다. 이런 문제에 대한 우리의 무지에도 불구하고 세상은 지금까지 지속되어 왔는데, 그것은 한 아기의 어머니에 관한 무엇인가가, 즉 그녀로 하여금 이 취약한 단계에 있는 그녀의 아기를 보호하는 데 특별히 적합하도록 만들고 그녀로 하여금 아기의 긍정적 욕구에 긍정적으로 도움을 줄 수 있도록 만드는 무엇인가가 거기에 있다는 이유만으로 가능했다. 어머니는 안전하다고 느낄 때, 아기의 아버지와 그녀의 가족과의 관계에서 사랑받는다고 느낄 때, 그리고 그 가정을 둘러싸고 있고 사회를 구성하는 보다 확장된 공간에서 수용되고 있다고 느낄 때 이 역할을 수행해 낼 수 있다. …… 그녀의 이러한 능력은 지식에 의존하지 않는다. 그것은 임신이 진행되면서 그녀가 얻은, 그리고 유아가 성장하여 그녀로부터 벗어남에 따라 점진적으로 상실하는 그 느낌의 태도에 의존한다.[9]

나는 이것이 사실에 입각한 설명이라고 본다. 이것은 수년간의 직접적인 경험의 열매로서, 죽음충동에 대한 사변적 이론을, 그리고 공격성을 선천적인 일차적 파괴충동으로 간주하는 사변적 이론을 완전히 무효화시키는 언급이다. 만일 인간 유아가 태어날 때부터 진정한 사랑, 외부로 퍼져 나가 진정으로 보살펴 주는 가족과 사회 환경으로 침투되는 사랑에 의해 둘러싸여 있지 않다면, 그때 우리는 두려움과 미움으로 찢긴 세계, 결혼과 우정을 망가뜨리고 얄팍한 공상세계 속에서 살아가는 비생산적인 히피에서부터 범죄자들, 비행청소년들과 사이코패스에 이르는 심하게 불안정한 사람들의 수를 늘리고 있는 극도로 불행한 사람들로 가득 찬 세계에 살고 있어야만 하기에 다음 세대를 향해 그 실패에 대한 대가를 치르게 된다. 그 두 세계 사이에서는 너무나도 흔한 과학적 · 정치적 · 경제적 · 교육적 이데올로기에 대한 광적인 옹호자들이 우리를 가지각색의 세속적 낙원으로 유혹하려는 일들이 벌어지고 있으며, 그러면서도 항상 그들의 자원을 하나의 필요한 것, 즉 아기와 어머니를 위한 안전이 다른 모든 쟁점을 능가할 정도로 중요하다는 사실을 인식하는 것에 에너지를 투자하지 못하게 만드는 상황이 벌어지고 있다. 이것이 성취되지 않는다면, 우리가 하는 모든 일은 그저 인간 집단으로 하여금 하나의 위기에서 다른 위기로, 사소한 실패에서 큰 실패로 옮겨 다니며 투쟁을 지속하도록 하는 것에 불과할 뿐이다. 오늘날의 세상은 더 이상 '이런 문제에 대한 우리의 무지에도 불구하고 지속되는' 상황이 아닌 것 같다. 또한 우리는 어머니들에게 심리학을 가르치는 장차 있을 수많은 과학적 교육자들을 원치 않는다. 아기가 인생에서 안전하게 출발할 수 있도록 해주는 어머니의 능력은 '지식이 아니라 그녀가 안전한 느낌을 가질 수 있다면 자연스럽게 그냥 따라 나오는 느낌'에 의존하기 때문이다. 위니컷은 "정서적 장애를…… 생후 일 년 동안에 탐지하고 진단하는 것이 종종 가능하다. 그러한 장애를 치료하기 위한 적절한 시점은 그 장애가 시작될 때이다."[10]라고 말한다. 이것은 우리의 사회적 목표를 결정하는 데 무엇보다도 우선시해야 할 사실이다. 따라서 정확한 사실적 근거에 의해서, 그리고 올바른 지적 분위기 속에서 정신분석적 이론을 구축하는 것이 핵심인데, 그것은 객관적인 물리적 과학에 대한 이론은 아니다. 이러한 것들이 항상 제대로 평가되어 왔다면, 정신역동적 이론이 그 많은 불합리한 것을 하지 않아도 되었을 것이다.

아기에게 안전을 제공해 줄 수 있는 안정된 어머니의 능력은 위니컷에 의해 '일차적 모성적 몰두primary maternal preoccupation'로 묘사되어 왔다. 그는 다음과 같이 말한다.

> 우리는 출산을 앞둔 엄마가 점점 더 유아와 동일시하고…… 그녀 자신에서 아기로 관심을 옮겨 가는 어머니 자신의 능력뿐 아니라 기꺼이 그렇게 하려는 자발성이 점점 더 커져 가는 것을 발견한다. …… 이것이 어머니로 하여금 필요한 것을 정확히 할 수 있는 특별한 능력을 부여한다. 그녀는 아기가 무엇을 느끼고 있을지 안다. 그녀 외에는 아무도 그것을 모른다. 의사나 간호사가 심리학에 관해서는 많은 것을 알고 있을 수 있고 신체의 건강이나 질병에 대해서는 물론 모든 것을 알고 있다. 하지만 그들은 매분 매 순간 아기가 무엇을 느끼고 있는지 알지 못하는데, 그들이 이 경험의 영역 바깥에 존재하기 때문이다.[11]

위니컷은 정신적으로 불안정하고, 강박적 혹은 병리학적 상태에 사로잡힌 어머니는 "거의 병적인 상태, 그러나 정신적으로 건강한 상태임을 나타내는 매우 분명한 징후인 이 예외적인 경험의 세계 속으로 몰입해 들어갈 수 없게 된다."는 것을 발견하였다. 결국 "어머니가 자기관심을 회복하게 되는 것이 정상적 과정의 한 부분인데, 그것은 그녀의 아기가 그녀에게 허용할 수 있는 정도에 보조를 맞추어 그렇게 하는 것이다."[12] 이렇게 어머니는 유아에게 인생의 출발을 선사한다. 그것은 우리가 상상할 수 있는 거의 완벽에 가까운 안전한 상태, 즉 완전한 신체적이고 정시적인 의존을 수반하는 한 인간관계 속에서 그리고 이후에는 점증하는 어머니에 대한 독립을 성취할 수 있도록 아기를 점진적으로 놓아줌으로써 가능하다. 그리하여 유아는 내면적으로는 항구적이고, 소속되어 있고, 관계를 맺고 있고, 안전하다는 내재된 감각을 손상시키지 않고서도 하나의 분리된 개인으로 성장해 나갈 수 있게 된다. 이러한 이상적인 출발과정에는 의존과 독립이라는 것이 갈등의 주제가 되지 않으며 그 둘은 상호 보완적이다. 내가 여태껏 페어베언에 대해 해 왔던 첫 번째 논의에서, 그는 "의존과 독립은 기본적인 신경증적 갈등이다. 한 사람이 의존하고 있는 사람은 그 사람이 반드시 떨어져 나와야 할 사람이다."라고 말했다. 나는 이 말이 담고 있는 깊이와 파급적 영향력을 그 당시에는 깨닫지 못하였다. 이 말은 분열성적 특성을 지니고 있는 사람들의 '안과 밖'의 갈등을 묘사한다. 이 갈등은 생의 초기에 양육과정이 지지와 자유를 동시에 제공해 주지 못한 것, 관계 맺는 것과 개성을 성취하는 것을 동시에 길러 주지 못했을 때 기원한다.

위니컷은 '기본적 자아관계basic ego-relatedness'라는 그의 중요한 개념과 함께 우리를 한 단계 더 멀리 이끌고 간다. 이것은 모든 아이가 이루어 가는 이후의 성장이 딛고 있는 기반으로서, 평생 동안 지속되는 내재된 경험이라는 맥락에서 충분히 좋은 어머니와 유아의 관계가 아이에게 무엇을 해 주는지를 개념화한다. '정서발달에 있어서 가장 중요한 성장의 신호들 중 하나'인 능력을 말하는 「홀로 있을 수 있는 능력The Capacity to Be Alone」이라는 논문에서 그는 이것을 기본적 자아관계와 연결시킨다. 이렇게 해서 성공적인 치료가 끝나는 시점에 가까워지면서 침묵이 이어지는 치료회기가 나타나는데, 이것은 환자의 성숙과 자기소유self-possession를 나타낸다. 그는 더 이상 치료자와의 관계에서 확실한 느낌을 얻기 위해 말하려고 할 필요가 없다. 성숙한 개인은 관계를 상실했다는 어떤 느낌도 가지지 않고서 고독과 사생활을 즐길 수 있게 되며, 정말로 이것은 창조성의 본질일 수 있다. 이 '세련된 홀로 있음sophisticated aloneness'은 "홀로 있을 수 있는 능력 위에 세워지며…… 이것은 생의 초기에 일어나는 현상이다."[13] 위니컷은 말한다.

다양한 유형의 경험들이 홀로 있을 수 있는 능력이 확립되는 과정에 연결되지만, 기본적인 한 가지가 있다. 그것이 충분히 주어지지 않는다면 홀로 있을 수 있는 능력은 생겨나지 않는다. 그것은 하나의 유아이며 작은 아기로서 어머니가 존재하는 상황에서 홀로 있을 수 있는 바로 그 경험이다. 따라서 홀로 있을 수 있는 능력의 기반은 역설적인 것이다. 누군가 다른 사람이 존재하는 동안 홀로 있는 경험이기 때문이다. 여기서 꽤 특수한 유형의 관계, 즉 홀로 존재하는 유아 혹은 작은 아기와 어머니의 관계가 시사되는데, 그 어머니란 사실상 그 순간에는 아기침대나 유모차 혹은 그 주어진 환경의 일반적인 분위기로 표상되는 것이라 하더라도 언제나 존재하는 어머니인 것이다. …… 이 특수한 종류의 관계를 위해서 나는 자아관계라는 용어를 쓰고 싶다. …… 자아관계는 두 사람 사이의 관계를 말하는 것으로, 그중 한 명은 어쨌든 혼자인데—어쩌면 둘 다 혼자일 수 있지만—그럼에도 각자의 존재는 다른 사람에게 중요하다.[14]

마지막으로, 위니컷은 자아관계를 "우리가 '철수withdrawl'라 부르는 속성으로부터는 상대적으로 자유로운, 고독의 의미를 공유하고 있는 것"으로 묘사한다.

그가 지금 여기서 묘사하고 있는 것은 어머니와 전적으로 정서적인 동일시 상태에서 삶을 시작하고 있는 유아가 "자신의 자아 미성숙ego-immaturity이 어머니로부터의 자아지지ego-support에 의해 자연스럽게 균형을 이루고 있다면" 어떻게 유아가 관계의 경험을 상실하지 않고도 어머니로부터 자신이 분리되어 있는 체험을 해 나갈 수 있는지 그 방식에 관한 것이다. 속해 있다는 느낌, 어머니의 사랑이 주는 신뢰성으로부터 아기의 내면에서 성장하는 안전하게 접촉되어 있다는 느낌은 그의 정신에서 하나의 확립된 속성이 되어 간다. 어머니를 볼 수 없을 때 그는 어머니를 상실했다고 느끼지 않으며, 그가 물리적으로 혼자일 때 그는 고립되어 있다고 느끼지 않는다. 어머니가 그를 지지하고 있을 때 느끼는 안전하게 연결되어 있다는 느낌과 어머니가 존재하지 않을 때에도 느끼는 여전히 안전하게 연결되어 있다는 느낌 사이에 존재하는 미묘한 중간 단계는 위니컷의 제안에 따르면 실제로는 어머니와 함께 있는 아이가 어머니에 대해서는 그저 안전함만을 느끼기 때문에 그녀가 여전히 거기 있음에도 그녀를 망각할 수 있는 하나의 단계이다. 아기는 어머니를 다시 기억해 내고 그녀가 여전히 거기에 있다는 것을 발견함으로써 자신의 신뢰가 정당화되는 증거를 획득한다. 그러고 나면 그는 어머니를 상실했다거나 세상에 홀로 남겨져 있다는 느낌 없이 그녀가 실제로 존재하지 않는 상황을 이내 견디어 나갈 수 있게 된다. 위니컷은 유용한 공식으로 이것을 상세하게 설명한다. 아기는 어머니의 부재를 x분 동안 견디어 낼 수 있게 된다. 그러고 나서 어머니는 아기가 품고 있는 자신의 이미지가 희미해지는 것을 방지하기 위해 되돌아와야만 하는데, 그렇지 않으면 아기가 어머니를 상실했다고 느낄 것이기 때문이다. 만일 그녀가 x+y분 동안 떨어져 있었다면, 특별한 보살핌과 응석을 받아 주는 행동을 통해 아기의 사라져 가는 이미지를 회복해 줄 수 있는 한 모든 것이 상실되지는 않을 것이다. 하지만 그녀가 x+y+z분 동안 떨어져 있다면, 아기에게 되돌아왔을 때 그녀는 아기에게 낯선 사람처럼 느껴질 것이고, 아기의 자아는 통합을 상실하기 시작한다. 말하자면 아기는 자아비관계$^{ego-unrelatedness}$라는 정신적 진공상태에 빠져 버린다. 이것이 분열적 상태에 대한 본질적인 정의이다. 환자들이 고립감, 비현실감 그리고 비통합의 느낌과 함께 급성 불안 상태에 이르렀을 때, 그들은 유아기의 모성적 돌봄의 실패에 의해 야기된 그 기본적인 자아비관계를 재경험하고 있는 것이다. 많은 사람이 완전한 상실과 접촉의 단절도 아니면서 그렇다고 접촉을 확신할 수 있는 것도 아닌 상태 사이에서 떠돌고 있다. 화이트$^{T. H. White}$의 전기(傳記)에 대하여 한 평론가는 "그의 불안한 마음은 내적인 공허함이자, 인간적 애착을 맺는 데 실패했다는 것을 나타내는 것이다."라고 말했다. 성인으로서 안전감을 느낄 수 있으려면, '인간적 애착'이 유아로서의 우리에게 주어져야만 한다. 게다가 기본적 인격구조의 부분으로서 이런 경험을 갖지 못한 사람들은 지지를 잃어버릴 수 있는 아주 작은 위험에도 극도로 취약하다. 그들의 만성적인 과잉의존은 노력 혹은 의지력에 의해서도 느낄 수 없는 진짜 강박적 충동인 것이다. 그들의 유일한 희망은 이것을 이해할 수 있고 이런 상태로부터 빠져나올 수 있도록 도와줄 누군가를 발견하는 것이다. 이것이 바로 심리치료이다. 이인화된 depersonalized 상태에 있는 인간의 가장 깊숙한 곳에 내재된 분열성 핵은 복잡한 이유로 인해 접근하기가 매우 어렵다. 그 분열성 핵은, ① 두려움으로 인해 철수되고 퇴행되어 있고, ② 연약한 유아가 의식으로 수용할 수 없기 때문에 억압되어 있으며, ③ 자아구조가 형성되는 첫 시작 단계에서 통합이 깨어짐으로써 비현실감과 자신이 제대로 된 인간이 아니라는 느낌을 가지게 되고, ④ 무엇보다 가장 심각하게는 그 잠재력이 일깨워지지 않고 비촉진적인 환경 속에서 결코 완전하게 소생하지 않았다.

이렇게 해서 우리는 인격-자아의 대상관계적 기원에 대한 급진적 이론에 도달했다. 대인관계 밖에서는 자아 혹은 참자기는 전혀 발달하지 않는다. 그리고 스피츠Spitz가 분명하게 말했듯이, 어머니로부터 심각한 양육 박탈을 경험한 유아는 심지어 죽을 수도 있다. 『문화적 경험의 위치The Location of Cultural Experience』에서, 위니컷은 이 이론이 개념화하는 사실들이 담고 있는 심대한 영향력이 무엇일지 암시한다. 그는 그의 초기 개념인 중간대상transitional object을 다시 불러왔다. 이 개념은 자신과 어머니가 분리된 대상이라는 사실, 그리고 그녀가 시야에서 사라질 수 있다는 사실을 깨닫기 시작하는 그 시기에 유아가 좀처럼 떼어 놓지 않으려 하는 부드러운 장난감이나 물건들을 말한다. 유아가 불안해졌을 때 어머니가 주었던 장난감은 그에게 구원이 된다. 그것은 그에게 어머니를 상기시키며 그녀와 그녀의 신뢰성을 상징하는 것으로서, 그를 인간적으로 다시 안심시켜 주기 위해 그녀가 되돌아올 때까지 그녀에 대한 정신적 이미지를 계속 살아 있는 것으로 유지시킨다. 어머니는 그녀에 대한 아기의 경험을 신뢰할 수 있는 것으로 느껴지게 하며, 아기의 중간대상이 어머니의 실제성에 대한 신뢰할 수 있는 표상이 될 수 있도록 만들어 준다. 위니컷은 이 장난감이 관계성에 대한 최초의 상징이며, 사실상 문화의 시작이라고 생각한다. 문화란 우리의 삶을 한 인격으로서, 삶의 가장 중요한 요소인 대인관계 속에서 성숙을 향해 우리의 인격이 의미 있게 발달되어 가는 과정에 있는 것으로서 표상하기 위해 우리가 늘 고심하여 만들어 내고 있는 상징들인 것이다. 이런 의미에서 예술, 문학 그리고 종교 전체는 문화 속에 포섭되어 있다. 과학은 우주에 대한 우리의 연구가 확장되고 우리의 상상력을 아무리 많이 자극한다 해도 재미없고 실용적인 것에 더 가깝다. 자아비관계가 분열성 상태의 본질인 비인격화, 비현실성 그리고 비실체성이라면, 자아관계는 하나의 분명히 구분되는 자기로서 느끼는 현존감inbeingness인 자아실제성ego-reality과 자기됨을 경험하는 바탕인 것이다.

뚜렷한 빙의possession⁴⁾ 혹은 정체성의 문제인 인격적 실제성과 자기됨에 대한 감각의 결여는 인간의 실존에 대해 제기될 수 있는 가장 큰 단일한 문제이다. 그것은 지금까지 항상 은밀히 감추어진 중요한 주제였고, 우리 시대에 와서야 우리는 공개적으로 그것을 의식하게 되었다. '인간의 양성성에 있어서 여성과 남성의 요소The Female and Male Elements in Human Bisexuality'에 관한 미출간 논문에서 위니컷은 여성의 요소를 '존재하는 것being'으로, 남성의 요소는 '하는 것doing'으로 간주했으며, 다소 다른 측면을 강조하긴 했어도, 이 두 가지 요소는 남성과 여성 모두에게 있는 것으로 생각했다. 이 기준에 비추어, 우리는 환자뿐 아니라 대중적인 견해에서도 발견될 수 있는바, 남성성과 여성성이 신경증적으로 왜곡되어 있는 정도를 평가할 수 있다. 즉, 여성을 나약함과 동일시하고 여성이 자신의 성을 경멸하게 만들고 아들러가 말한 '남성적 항거masculine protest'를 유발하는 것, 그리고 '남성'을 강함과 동일시하면서 대개 그것이 공격성을 의미한다고 여기는 것이 그 예이다. 프로이트의 가장 불행한 실수는 공격성, 파괴성을 그 자체로 일차적인 본능적 충동, 즉 죽음 본능으로 간주했다는 것이다. 사회가 더 원시적일수록 공격성은 더 자기방어에만 급급하게 된다. 마거릿 미드Margaret Mead는 한 평화로운 부족을 묘사했는데, 그 부족에서는 성 사이의 구별이 최

---

4) 흔히 '빙의'로 번역되는 possession은 현대의 정신의학적 진단 범주로는 '해리성 장애(dissociative disorder)'에 포함되는 것으로서, 타인의 인격을 자신의 것인 것처럼 덮어씌운 상태에 빠지는 것을 말한다. 아마도 중심인격이 확고하게 발달되지 못하였기 때문에 이런 상태에 빠지는 것으로 추정되며, 건트립은 그런 맥락에서 이 장애를 여기서 언급하고 있는 것으로 보인다.

소화되어 있고, 소년과 소녀는 서로 협력적이고 신사적인 놀이를 하며, 부모들은 아이들을 양육하는 데 있어서 동등하게 관심을 가지고서 자녀에게 풍부한 사랑과 관심을 기울여 주고 있었다. 사회가 더 복잡해짐에 따라 공포와 불안정감은 불신과 방어성, 공격에 의한 방어와 대응공격이라는 악순환을 더 많이 초래하게 된다. 공격적인 사회는 스스로 영속화되는, 거의 해결하기 어려운 하나의 문제가 된다. 그러나 우리는 이것을 본성이나 본능 탓으로 돌려서는 안 된다. 그것은 살고 사랑하려는 창조적인 역량이 파산했다는 신호인 것이다. 안정된 자기됨에 대한 확신의 느낌인 '존재함being'은 자발적인 창조적 활동인 건강한 '함doing'의 기반이다. 그러한 기반이 없다면 '함'은 스스로를 겨우 겨우 살아가도록 만드는 강요된 자기충동이 될 뿐인데, 이것은 공격성을 불러오는 마음상태이다. 우선은 자기 자신에 대한 공격성이 되고, 그러고 나면 그러한 자기처벌로부터 약간이라도 구제되기 위해 이번에는 타인, 상황 혹은 유발원인들을 향해 밖으로 방향을 전환하게 되는데, 이것이 광적인 사회적 신경증, 정치적, 종교적 혹은 특이한 신경증을 만들어 내는 것이다.

마지막으로, 위니컷은 탐닉적orgiastic 경험과 비탐닉적non-orgiastic 경험을 구분한다. 전자는 본능을 만족시키는 경험으로서 차고 기울며 프로이트의 긴장-방출하는 충족이라는 개념과 관련이 있다. 후자는 인격적인 관계가 이루어지는 매우 상이한 경험으로서 훨씬 더 심오하고 지속적이며 변동이 없는 자아경험의 항구적인 기반으로, 본능 만족은 이와 별로 관련이 없다. 아기의 배고픔이 충족될 수는 있어도 아기는 여전히 젖가슴에 머물 필요가 있는데, 그것은 음식 때문이 아닌 관계성 때문이다. 페어베언은 내게 한 환자에 대해 얘기했는데, 그 환자는 자신의 아기가 늘 울고 체중이 빠진다고 말했기에 페어베언이 아기의 음식을 바꾸어 보도록 권고했다고 한다. 그 아기가 모유를 먹고 있는 중이 아니었기 때문이었다. 그 결과, 아기는 다시 살이 붙기 시작하더니 곧이어 정상 체중을 회복했다. 그러나 여전히 우는 것은 변함이 없었기 때문에 페어베언은 경험 많은 사회사업가가 그 집을 방문하도록 조치를 취했다. 그 사회사업가는 그 아기의 엄마가 쿠션에 젖병을 괴어 놓고 아기가 젖을 먹는 것을 단지 지켜보기만 할 뿐 아기를 돌보지 않았다고 보고했다. 사회사업가는 이 젊은 엄마에게 아기의 정서적 욕구를 위해 아기에게 직접 젖을 먹이며 돌보는 것이 얼마나 중요한 것인지 설명해 주었다. 나중에 페어베언의 환자는 아기가 이제는 거의 울지 않으며 잘 지내고 있다고 말해 주었다. 어머니가 너무 오랫동안 아기를 홀로 내버려 두면 아기는 정서적으로 외상을 입게 된다. 위니컷의 말을 빌리자면 다음과 같다.

아기는 상상할 수 없는 불안…… 그 시점에 존재했던 어떠한 자아구조라도 그것이 해체되는 극심한 혼란의 상태를 경험했다. …… 정서적 성장은 중지되었다. …… 정신병적 상태는 인격적으로 존재할 수 있는 시점에 존재할 수 있는 그 무엇이라도 파괴된 상태이다. …… 아기는 항구적으로 박탈된 자신의 뿌리를 처음부터 다시 재건해야만 한다. 그 뿌리는 인격이 시작되는 시점과 연속선

상에 놓여 있는 것일 수 있다.[15]

만일 어머니가 이 비극이 발생하지 않게 한다면, 그때 아기는 "통합의 상징을 사용할 수 있는 능력을 발전시키며 그때 아기는 분리를 허락하며 분리로부터 유용함을 얻게 된다."

위니컷은 '아기와 어머니 사이의 신체적 관계의 이러한 장(場) field'과 '만족감이 주어지는 구강적 성애'를 특별히 구분한다. 그는 말한다.

> 내가 지금 묘사하고 있는 현상(즉, 기본적인 안전한 인격적 관계)은 클라이맥스를 지니고 있지 않다. 이 인격적 관계는 탐닉적 요소가 핵심 역할을 하고 그 만족이 클라이맥스와 밀접하게 연결되어 있는 본능의 지원을 받는 현상과는 다르다. …… 본능적 경험과 좌절에 대한 반응의 중요성을 의당 강조해 온 정신분석가는 대상과 관계를 맺는 데 있어 이 클라이맥스가 없는 경험들이 얼마나 엄청난 강렬함을 지니고 있는지에 대해 비교할 만큼 명료하게 혹은 확신을 가지고 말하지 못했다.[16]

갈등, 대항, 방어 그리고 본능을 다루고 있는 정신분석적 이론은 위니컷에 의하면 다음과 같은 것이다.

> 아직 질병과 삶을 분리하여 기술하지 못하고 있다. 즉, 삶이 무엇인지에 대한 질문에 아직 맞서지 못하고 있는 것이다. …… 이제

우리는 아기가 존재하기 시작하고, 삶이 실제라고 느끼며, 삶이 살 만한 가치가 있다는 것을 발견할 수 있도록 해 주는 것은 본능적 만족이 아니라는 것을 알게 되었다. …… 자기self는 자기가 본능을 이용하는 것에 선행해야만 한다. 기수는 말을 타야 하는 것이지, 말과 함께 도망가야 하는 것이 아니다.[17]

위니컷은 "나는 (만족 추구와는 반대되는 개념으로서) 페어베언(1941)의 대상 추구 개념의 영역에 있음을 알 수 있다."라고 언급함으로써 이 문제에 대해 결말을 짓고 있다.[18]

고전적인 정신분석적 견지에서 볼 때, 부분적인 경험들로서의 본능현상을 성장하는 인격-자아의 살아 있는 전체성 밑에 종속시키고, 그 본능현상이란 단지 충분히 좋은 인격적 관계경험의 결과물로 간주하는 것은 혁명적인 것이다. 1967년 처음 출간되었던 논문의 확장판에서 위니컷은 다음과 같이 질문한다.

내게 동료가 있는지 혹은 나 혼자인지 탐색하기 위해 잠시 멈춰서야 하는가? 가장 강렬한 경험이 본능적이고 탐닉적인 사건들에 속한 것이라고 생각하는 사람들이 있는가? 나는 정말 그런 생각들이 잘못된 것이며 위험한 것임을 아주 분명하게 말하고 싶다. 그것은 자아조직의 기능에 관해서는 아무것도 말하지 않은 채 방치하는 것이다. 개인적인 경험들을 하나의 자기가 될 수 있는 하나의 전체로 누적해 온 사람의 경우에만 본능적 만족이 파괴적인 요소가 되는 것을 피할 수 있거나 또는 생리학의 표본으로서의 제한된 의미를 넘어선 의미를 지니게 된다. …… 삶이란 무엇인가? 당신은 당신의 환자를 치유cure할 수 있겠지만 무엇이 그 환자의 삶을 지속시키는 것인지 알지 못할 수 있다. 첫 번째 단계는 정신신경증적 질병이 없을 때 건강하다고 할 수 있지만 그것이 삶 자체는 아니라는 것을 솔직하게 인정하는 것이다. 늘 삶과 삶이 아닌 것 사이를 떠돌고 있는 정신병적 환자들은 우리로 하여금 이 문제를 바라보도록 만들며, 이것은 실제로는 정신신경증이 아닌 모든 인간존재에게 속한 문제인 것이다. 나는 우리의 분열성적 환자들에게는 삶과 죽음인 이 동일한 현상이 우리의 문화적 경험 속에서 본질적으로 나타나고 있다는 점을 주장하고 있는 것이다.[19]

대체로 나는 이것이 정신분석학계에서 지금까지 출간된 것 중에서 가장 혁신적인 글이라고 생각한다. 신경증, 성, 공격성, 죄책감, 자아분열 그리고 내적 대상세계에 관한 모든 예비적 연구가 없었다면 이러한 통찰은 이루어질 수 없었을 것이다. 하지만 이것은 프로이트가 시작했던 모든 것의 진정한 목표, 즉 어떻게 우리가 인격적 관계 속에서 한 개인이 되어 가는지, 어떻게 인류가 모든 시대를 통하여 성장하고 있는 문화적 결과물 속에서 이러한 개인적 삶이 지닌 의미를 표현하려고 애써 왔는지를 이해하는 것이다. 위니컷이 다음과 같이 물었을 때 궁극적으로 풀어야 할 질문이 제기되었다. "삶이란 무엇인가? 당신은 당신의 환자를 치료할 수 있지만 무엇이 그 환자가 삶을 지속하도록 만들고 있는지 알지 못할 수 있다. …… 정신신경증적 질병이 없을 때 건강하다고 할 수 있지만 그것이 삶 자체는 아니다." 그는 지나치듯이, 그러나 분명히 '치유'라는 용어만을 썼다. 이것은 정신분석가들이 자주 쓰는 용어가 아니며, 심지어 의사들조차도 쓰기를 꺼리는 용어이다. 이 용어에 주어질 수 있는 가장 분명한 의미는 증상의 제거이다. 행동치료자에게 있어 이것은 치유이지만 정신분석가에게 있어서는 분명히 치유가 아니다. 증상이 존재하거나 지속될 때 환자가 치료를 구하는 동기가 되며 치료의 실제 목표는 성격, 즉 증상을 만들어 내고 있는 것과 관련된 영역에서의 성격에 대한 근본적인 변화를 위한 길을 여는 것이다. 증상은 문제의 진정한 본질을 나타내며, 질병(즉, 손상된 기능과 관련된 증상들)이 아닌 그 환자가 한 개인으로서 진정으로 느끼고 있는지 아닌지를 다루는 것이다. 그가 느낄 수 없다면 그는 모든 것에 대해 불안해질 수 있으며, 한 개인으로서 그가 얼마나 기본적으로 비현실성을 가지고 있는지에 따라 그 자신을 위해서 혹은 타인과의 관계 속에서 만족스러운 삶을 살아갈 수 있는 능력을 상실하게 될 것이다. 궁극적으로 이러한 정신적 질병은 엄밀하게 말해서 전혀 의학적인 문제가 아니다. 그 증상들이 너무 심하여 기본적인 인격이 심각하게 손상되었음을 나타낼 때 증상을 통제하는 것은 의학적 문제이며, 그러한 의학적 도움 없이는 정신분석적 치료가 실행될 수 없는 경우가 종종 있다. 하지만 결국에는 그 해결이라는 것은 전문적으로 이해될 수 있는 의학의 영역이 아니다. 그것은 인격적 관계, 자신에게 내재된 인격적 실체의 성장, 가치 있는 의미를 지닌 삶의 영역에 속하는 것이다. 진정한 인격적 관계가 형성될 수 있을 때에만 그것이 의미를 가질 수 있고 또 그렇게 될 수 있기 때문이다. 정신분석가를 훈련시키기 위해서는 의학적 교육만으로는 충분치 않으며, 심지어 여러 가지 면에서 그것이 부적절할 수 있다고 프로이트가 주장했던 것이 전혀 놀랄 만한 일이 아니다. 문화의 이해를 위한 심리학적 기초를 제공하지는 않았지만, 그는 정신분석적 치료를 위해서 필요한 지식으로 문화(문학, 예술, 종교)에 대한 지식을 포함시켰다. 그러한 치료가 결국에는 단순히 건강만이 아닌 '삶이 무엇인지'를 고려하기 때문이다. 위니컷이 그러한 질문을 제기하고 문화에 대한 심리학을 위해 기초를 제공해 준 것은 정신분석이 발전해 나가게 될 논리적인 진행 방향이다. 문화란 인간의 삶이 그에게 무슨 의미가 있는지를 정의하고 표현하려는 끊임없는 투쟁이기 때문이다.

요약하자면, 출생 이후부터 시작하여 유아가 정신적으로 어머니로부터 분리되어 가는 이후의 전 과정을 통하여 어머니가 아기의 자아를 적절히 지원해 줄 때에만 인간 유아는 출생 이전에 어머니와 전적으로 한 몸으로 동일시되어 있는 최초의 상태로부터 자라나와 인격-자아, 즉 하나의 자기self가 될 수 있는 것이다. 그리고 나면 미래의 성장을 위해 확립되어 있는 기반으로서 기본적인 자아관계라는 흔들리지 않는 깊은 경험을 갖춘 튼튼하게 형성되어 있는 인격 자기로서, 성인의 사회화된 자아는 고립되었다는 느낌 없이 혼자 있을 수 있고 동시에 자신의 고유한 개성을 상실하지 않고서도 진정한 자기헌신 또는 적절한 이유가 있다면 심지어 분명한 자기희생에도 참여할 수 있는 성숙한 능력을 발달시키게 된다. 이것이 아마도 (불행히도 쉽게 신경증적으로 모방되지만) 성숙의 정점으로서, 자아통합을 상실하지 않고서도 어떤 확고한 이유를 가지고서 사랑에 있어서 최고의 상태에 자신을 내던질 수 있는 것이다. 이에 대한 모델은 아기를 가진 성숙한 어머니로서, 위니컷이 말하고 있듯이 병적인 것처럼 보일 수도 있지만 사실은 건강을 나타내는 최고의 징표인데, 그것은 사랑의 열병이 아닌 진정한 자기희생이다. 이는 또한 사랑에 빠지는 성숙한 방식이 되어야 하며, 프로이트는 그렇게 생각했겠지만 신경증적 열병 상태로 간주할 필요는 없는 것이다. 그것은 또한 모든 우정관계의 성숙도, 그리고 마지막으로는 심리치료적 관계의 성숙도를 가늠하는 보증의 징표가 되어야 한다. 아마도 이것은 진정한 종교적 경험의 실체일 수 있는데, 이에 대해서는 탐색이 필요하다.

하르트만과 위니컷의 작업을 이디스 제이콥슨Edith Jacobson의 작업과 비교해 보면 이러한 입장이 더 분명하게 드러날 것이다. 이 분야의 점증하는 연구들과 마찬가지로, 제이콥슨의 관심은 다음에 기술하듯이 자아의 형성과 자아정체감의 발달이라는 문제에 집중될 수밖에 없었다.

> 정신분석의 지평과 경계선은 확장되고 성장하고 있으며, 심지어 정신병적인 환자들까지 도움을 받기 위해 분석가를 찾고 있다. 그런 환자에게서 우리는 우리의 개인적 정체감의 경험이 기초하고 있는 핵심적인 동일시 대상들이 해체되고 대상관계와 초자아 및 자아기능의 심각한 퇴화에 이르는 퇴행의 과정을 관찰할 수 있다.[20]

이런 언급을 접하면 이 '핵심적 동일시 대상들'의 지속이 정말로 '우리의 개인적 정체감의 경험들이 기초하고 있는 것 위에' 세워져 있는가 하는 중요한 질문이 당장 제기된다. 그것들이 발달의 가장 초기에 내재된 정신적 상태로 퇴행할 때, 이후에 경계선적 혹은 정신병적 질병으로 와해되는 양상으로 나타나는 기본적인 자아의 취약성과 더 관련이 있지는 않을 것이다. 프로이트는 동일시를 상실한 혹은 와해된 대상관계를 위한 대용물로 간주했다. 위니컷이 옳다면, 자아강도의 기초는 유아가 그의 일차적 동일시 혹은 어머니와의 심리신체적 일체성에서 벗어나 세상에 태어난 후 어머니와 대상관계를 맺는 과정에서 창조되는 것이다. 그 이후에 이루어지는 부모 및 타인들과의 동일시는 전체 인격을 더 발달시켜 가는 데 중요한 역할을 하지만, 그것은 일시적으로 이루어지는 것이며 다른 발달의 단계에서 이루어지는 것이다. 초기의 동일시가 지속된다면 거짓 정체감을 만들어 낼 수밖에 없으며, 이것은 아기 자신의 개성이 자연스럽게 발달하는 것이 아니다. 이것은 자아경직성을 유발하며, 자연스러운 자기발달을 촉진시키는 실제 대상관계에 의해 초기의 동일시가 해체되고 대체되지 않는다면 진정한 자기정체감이 확립될 수 없다. 이것은 이 문제에 있어서 완벽한 상태가 달성 가능하다는 것이 아니라, 건강과 성숙의 정도가 이 과정에 달려 있다는 것을 말하려는 것이다.

이러한 논의는 일차적인 상징적 어머니-유아 관계의 본성에 대한, 그리고 주체와 객체, 어머니와 유아의 분화가 진행되는 과정에 대한 제이콥슨의 견해 속으로 우리를 깊숙이 밀어 넣는다. 그녀는 프로이트가 『자아와 이드The Ego and the Id』에서 출발점으로 공식화한 것들이 '상당히 모호하고…… 너무나 혼란스럽고 명확한 설명을 필요로 한다.'[21]라고 결론짓는다. 『정신분석학 개요The Outline of Psychoanalysis』에서 개진된 프로이트의 견해, 즉 '아직은 분화되지 않은 자아-이드ego-id 내의 초기 상태', 그리고 그 상태 내에서 '리비도는 동시에 존재하고 있는 파괴적 충동을 중립화시키는 역할을 하는 상태'[22]에 관한 그의 견해는 일차적 자기애와 일차적 피학증에 대한 그의 개념에 대해서 극복하기 어려운 문제를 제기한다. 이런 문제는 '아기가 그의 자기와 대상세계를 발견하기 이전 상태인 일차적 정신 조직체'[23] 내에서는 아무런 중요성을 갖지 못한다. 이것은 신비주의적인 에로스와 타나토스 이론을 도입하면서 멜라니 클라인이 볼 수 없었던 점이다. 그래서 제이콥슨은 "일차적 피학증primary masochism의 개념, 즉 프로이트의 죽음 본능 이론이…… 상당히 사변적인 것으로 여겨져서 폐기할 수밖에 없다."[24]라고 느꼈다. 그녀는 다음과 같이 쓴다.

> 삶의 첫 시작 단계에서 본능적 에너지가 여전히 분화되지 않은 상태라는 가정에 의해서, 출생 이후부터 그 에너지가 외부 상황에 의해서, 정신적 성장에 의해서, 그리고 바깥으로 에너지를 방출하기 위해 점점 더 성숙해져 가는 통로가 열리는 과정에 의해서 영향을 받아 상이한 속성을 가진 두 종류의 정신적 충동으로 발달해 가는 것이라는 가정에 의해서 관찰 가능한 사실들을 더 즉각적으로 설명할 수 있는지 우리는 궁금해할 수 있다.[25]

따라서 리비도적 충동과 공격적 충동은 분리된 실체로서 더 이상 출생 이후의 유아기에 이차적으로 더 분명하게 나타나는 생득적인 것이 아니다. 제이콥슨은 이 충동들을 '자아형성ego-formation이 시작되는 단계에 자리 잡는 것'이며, 대상들 간을, 대상과 자기를, 그리고 '현재 체계-자아가 점진적으로 리비도적 투여cathexis[5]와 공격적 투여를 지속적으로 부여받는 과정에 의해 나타나는 상이한 표상들을 서로 구분할 수 있는 단계에 자리 잡는 것'[26]으로 보았다.

내 생각도 이런 견해와 거의 일치한다고 느끼지만, '체계-자아'라는 용어를 사용하는 것이 향후 직면하게 될 문제를 경고하는 것이란 점만 제외하면 그러하다. 1950년대의 제이콥슨은 1940년대 초의 페어베언의 저작물을 알지 못했던 것처럼 보이지만, 여기까지는 두 사람의 입장이 밀접하게 관련되어 있다. 페어베언에 의하면, 아무리 원시적인 것이라 할지라도 발달과정을 거치지 않은 전체로서의 정신신체적 자기whole psychosomatic self가 처음부터 있었다. 제이콥슨 역시 죽음 본능을 거부했고, 리비도적 충동과 공격적 충동은 대상관계적 경험의 결과로 출생 이후에 발달한다고 보았다. 제이콥슨은 일차적 자기애primary narcissism[6]라는 개념이 지닌 몇 가

---

5) 투여(cathexis, 독: Besetzung)는 경제학적 관점에서 심리적/정신적 에너지, 힘, 비용 등이 대상에 집중 혹은 투자되는 것을 의미한다. 리비도적 투여란 리비도적 에너지 (즉, 성 에너지)가 집중되는 것을 말하고 공격적 투여란 공격적 충동(즉, 죽음 본능의 에너지)이 집중되는 것을 말한다.

6) 대상 이전 시기, 즉 출생 전의 태아가 자궁 속에서 대상이 전혀 필요하지 않은 상태에서 느끼는 원초적 자족상태 또는 출생 후에 대상관계가 이루어지기 전의 가장 원시적인 자기애적 상태를 말한다.

지 가치를 보존하려고 노력했는데, 그 개념에 대해 "최초의 유아기를 기술하는 데 유용한 용어이며, 자기와 대상 이미지의 발달에 선행하는 것이고, 그 단계 동안에 유아는 아직 아무것도 자각할 수 없고 단지 자기 자신이 느끼는 긴장과 방출, 만족과 불만족의 경험만을 자각할 수 있을 뿐이다."[27]라고 묘사한다. 일차적 자기애라는 개념을 보존하는 것에 대해 어떤 이의를 제기하려면 일차적 피학증에 대해서도 똑같이 이의를 제기해야 하며, 우리는 둘 다 버리거나 아니면 둘 다 보존해야 한다. 더구나 (나르키코스가 웅덩이에 비친 자신의 모습에 반해 버렸다는) 자기애라는 개념은 제이콥슨이 '일차적으로 미분화된 정신신체적 모체primary undifferented psychosomatic matrix'라거나 '원초적인 정신신체적 자기primal psychophysiological self' 라 불렀던 것, 혹은 자궁 내의 유아의 주관적 상태이며 프로이트가 '자궁 내의 존재상태를 재현하는 것'[28]으로 간주했던 최초 유아기의 출생 후 수면상태를 적절하게 기술하기에는 너무나도 미묘하고 복합적인 용어이다. 제이콥슨은 "우울증적 혹은 긴장증적 혼수상태depressed or catatonic stupor[7]는 유아기의 수면상태에 대한 병리적 판본처럼 보인다."라고 쓴다. 이렇게 말하면서도 그녀는 "이러한 병리적 퇴행 상태는…… 파괴적 혹은 자기파괴적 과정을 나타내는 확실한 증거로 보이며…… 정상적인 수면상태와 초기의 유아기적 상태에서는 그러한 징후를 발견할 수 없다. 수면상태가 원기

---

7) 심한 우울증이나 긴장형 정신분열병(조현병) 환자들에서 보일 수 있는 증상의 하나로, 마치 혼수상태에 빠진 것처럼 외부 환경으로부터 오는 자극들로부터 거의 차단되어 있는 듯 외부 자극에 움직임과 반응을 보이지 않는 상태를 말한다.

회복의 기능을 갖는 것과는…… 매우 다르다."[29]는 점을 지적한다. 만일 프로이트와 멜라니 클라인이 주장하듯 유아가 자궁 내에in utero 있을 때 리비도적이고 파괴적인 충동이 동시에 존재하고 있는 것이라면, 수면은 진정한 원기 회복의 기능을 가질 수 없을 것이다. 수면은 일차적 자기애가 아니고, 자아발달과 관련된 많은 정신활동이 의식적인 자각상태에서 진행되는 데 반해서 거의 자각할 수 없는 이완된 안전한 상태에서 의식적으로 경험하는 외부세계로부터 단절된 것이다. 불안정한 상태의 자아 수면은 고통이다. 자아발달 이전에 자기애는 존재할 수 없으며, 그렇다면 불안정한 자아만이 뚜렷한 자기애적 자기관심을 발전시켜야 할 동기를 갖게 된다. 이것은 성장하는 아기가 보여 주는 자연스럽고 원기 왕성한 자기주장 행동과는 구별되는데, 이는 자아발달과 자아응집력이 증대되는 과정의 일부분이다.

제이콥슨은 자아발달에 대한 진정한 대상관계적 이론을 제시했다. 일차적 자기애와 피학증이라는 개념, 어떠한 대상관계 경험에도 선행하며 출생 이전부터 존재하는 리비도와 공격충동의 분화라는 개념은 미분화된 정신-신체의 초기 성장과정에서 주관과 객관의 분리가 이루어짐에 따라 독자적으로 생존 가능한 잠재력을 지닌 채 경험하는 결핍, 어려움, 불안, 욕구 그리고 불안정이라는 개념으로 대체된다. 이러한 과정 속에서 리비도적 충동과 공격적 충동이 발달하는 것이다. 그것은 주관과 객관의 분화가 이루어지기 전부터 이미 그곳에 존재하는 충동이 아니라 실제 외부의 좋고 나쁜 대상에 대한 자아 반응을 발달시켜 나가는 충동인 것이다. 자아의 발달, 대상세계의 속성에 따라 적절하게 분화되는 충동의 발달, 그리고 점점 더 분명하게 대상과 그 속성을 지각하는 능력의 발달, 이 모든 것은 함께 진행된다. 점진적으로 초기 단계의 자아구조는 어머니와 유아의 좋은 관계에 의해 그 경험들이 자리를 잡았을 경우에는 일차적 자아관계primary ego-relatedness의 기반 위에서 공고해진다. 리비도는 핵심적인 삶의 에너지로서 대상관계를 재촉하는 힘이며, 자아 또는 자기가 환경과 관계함으로써 성장하게 만드는 충동이다.

하지만 이 지점에서 정신분석학에서 너무나 상식적인 관념이자 본능이론에서 반드시 필요한 관념, 공격성이 어떻든 간에 최초에 존재해야 하며 그 자체로 선천적인 요인이라는 관념으로부터 제이콥슨이 완전히 해방되지는 못했다는 점이 분명해진다. 리비도적이고 공격적인 충동이라는 프로이트의 이중충동 이론을 그녀가 받아들임으로써 그 두 가지 충동은 여전히 동일한 발판에 서게 된다. 비록 충분히 성공적으로 완수되지는 못했지만, 그녀가 '내부로의 충동drives inwards'과 '외부로의 충동drives outwards'을 구분하려고 시도했던 점에서 이것이 분명해진다. 제이콥슨은 다음과 같이 시인한다.

본능적이고 정서적인 표현에서 나타나는 공격적 속성과 리비도적 속성을 분간하는 것은 유아기 그리고 심지어 초기 아동기 동안에도 쉽지 않다. 또한 불안과 분노와 같은 정서적 현상은 여전히 서로 밀접하게 얽혀 있다. 이런 개념이 좌절-공격 이론frustration-

212
제1부 이론

aggression theory[8]을 떠올리게 하지만, 미분화된 심리생리학적 에너지가 두 가지 질적으로 상이한 종류의 정신적 충동으로 변형되는 과정은 심리생물학적으로 이미 결정되고 외부 자극과 함께 내적 성숙에 의해서 촉진되는 것으로 보인다.[30]

이런 언급은 이론이 관찰을 뒤덮게 만드는 것이며, 두 가지 상이한 쟁점을 혼동하는 것이다. 분명한 리비도적 속성과 공격적 속성은 분간하기 쉽지 않다는 것과 분노는 불안에 대한 반응으로 보인다는 것이 그녀가 기록한 관찰결과이며, 이것이 좌절-공격 이론을 불러일으킨다는 것이다. 유아기에서 정신치료 과정으로 관찰을 더 진행해 나간다면, 나는 25년 동안 정신분석 치료를 해 오면서 분석될 수 없는 공격성을 보인 어떤 사례도 만나지 못했다. 즉, 내가 지금까지 발견한 것은 모든 형태의 공격적 반응이 두려움, 불안, 불안정, 내재된 취약함에 대한 느낌 그리고 특히 기본적으로 고립되었다는 느낌에 대한 반응이라는 사실뿐이었다. 「정상적인 마음에 대한 개념The Concept of a Normal Mind」이라는 아주 재미있는 논문에서 어니스트 존스는 이에 관해 매우 적절한 언급을 하고 있다.

'강인한 성격'을 나타내는 것으로 통용되는 많은 것은 분명히 착각이다. 완고함, 호전성…… 냉정함, 타인의 감정에 대한 무감각과

---

8) 미국의 행동주의 심리학자이며 정신분석학을 행동주의적 용어로 번역하려고 시도했던 달러드(Dollard)와 밀러(Miller)가 제안한 가설이다. 이 이론의 요지는 공격성이 어떤 선천적인 생물학적 요인에 의해서가 아니라 목표가 좌절되거나 저지되는 상황에서 초래된다는 것이다.

같은 특성들은, 그러한 성격의 소유자에게 그런 특성이 아무리 유용한 것이라 할지라도 그 사람이 두려워하는 사랑에 대한 방어에 지나지 않는다. …… '감정보다 우위에 있는' 상태인 사실에만 입각한 사무적인 태도는 종종 성격이 무너지지 않도록 힘주고 있는 것으로, 깊게 자리한 두려움 때문에 자신을 정당화하고 있는 것이다.[31]

친절하고 애정을 보일 수 있는 능력이 '내적인 자유'에 의존한다는 것을 관찰하면서, 존스는 다음과 같이 말한다.

내적인 확신과 안정감은 침착하게 반대를 견딜 수 있게 해 주며, 그렇게 함으로써 극단적이고 긴급한 상황을 제외하면 자신도 그에 대응하여 공격적으로 반격할 필요가 없을 정도로 적대적 태도에 의해 겁먹지 않게 된다.[32]

그는 성숙함의 이러한 특성을 '자신감 있는 차분함'이라 부르고 있는데, 이것은 분명히 두려움이 없는 상태에 의존한다. 그것은 자기확신감이 존재하고 공격적으로 반응할 필요가 없는 상태이다. 두려움은 항상 공격성의 근본 원인이며, 따라서 공격성은 '심리학적으로 궁극적인' 요인 자체가 될 수 없다는 나 자신의 확신은 존스가 이 주제에 관해 더 상세하게 설명한 것에 의해 강화되었다. 그는 다음과 같이 쓴다.

개인적으로 나는 어떤 견해, 즉 반세기를 넘는 과거에 독일의 작가 딕Dick(1877)이 표현한 견해에 동조하고 있었는데, 그것은 불안이 정신의학의 시작과 끝이라는 것이다. 나는 주저 없이 이 견해를 정상인의 심리학 영역으로 확장하였고, 발달과정에 있어서 어떤 개인도 다른 무엇보다 유아기의 그 원초적 불안을 다루는 데 더 많이 의존한다고 주장했다. 두려움은 두려움, 미움 그리고 죄책감이라는 세 가지 구성요소 중 가장 근본적인 요소이다.[33]

마지막으로, 그는 다음과 같이 설명한다.

우리는 정상과 비정상을 가늠하는 데 있어서 설정할 수 있는 가장 근접한 기준이 두려움이 없는 것이라는 결론에 도달했다. 가장 정상적인 인간은 지크프리트Siegfried[9])처럼 두려움이 없다angstfrei. 그러나 그렇게 말할 때 우리가 의미하는 것은 그것이 단지 용기를 보여 준다는 것이 아니라 무의식적인 불안을 감추는 모든 심층적인 반작용이 없다는 것이다. 그러한 것이 없을 때 우리는 그 모든 재앙과 우연들과 함께 삶을 기꺼이 혹은 심지어 즐겁게 수용한다. 이것이 자기 자신에 대해 주인이 된 사람의 자유로운 인격을 구별 짓는 것이다.[34]

프로이트의 공격성에 대한 이론을 생물학적 본능으로 존스가 수

---

9) 게르만 민족의 전설 속 영웅이다.

용했음에도 불구하고(하지만 존스 자신은 죽음 본능 이론을 거부했다), 존스의 임상 관찰 자료에서 도출될 수 있는 추론은 공격성이 두려움의 직접적인 결과이며 두려움에 대한 반응인 이차적인 표현이라는 것이다. 제이콥슨은 유아에게서 동일한 것을 관찰했음에도 불구하고, 공격성을 '정신적 충동의 질적으로 상이한' 두 가지 종류 중의 하나, 즉 '심리생물학적으로 이미 결정된 것'으로 간주함으로써 그것에 불필요한 속성을 부여한다.

사실, 제이콥슨이 여기서 말하고자 하는 것은 공격성의 문제에 대해 너무나도 많은 작가가 말했던 바로 그것이다. 공격성은 자연적인 주장성, 그 기본적인 속성이 공격적인 것이 아니고 활력적인 리비도적 에너지를 가진 활동적인 삶의 충동과 혼동되고 동일한 것으로 여겨졌다. 페어베언이 언급했듯이, '리비도의 목표는 대상'이며, 대상이 좋은 것이면 그에 대한 정상적인 반응은 사랑이다. '심리생물학적으로 미리 결정되어' 있고 '외부 자극뿐 아니라 내적인 성숙에 의해서도 촉진되는 것'은 바로 이 능동적이고 주도적인 리비도적 충동이다. 좌절 또는 위협과 직면하고 두려움이 유발될 때 유아는 도망가거나 싸워야 하는데, 유아가 신체적으로 이 두 가지를 모두 할 수 없기 때문에 두려움이 너무나도 빨리 각성됨으로써 자아가 심각하게 잠식되는 결과가 초래된다. 인생의 나중 단계에서 나타나는 공격성은 거의 대부분 이 기본적인 연약함을 극복하려는 필사적인 투쟁에 의해 유발된다. 물론 '성숙과정'에 의해 적어도 어느 정도 자아구조가 공고해지고 점점 발달하는 근육과 감각의 힘을 마음대로 사용할 수 있기 전까지는 노골적으로 공격적인 반응을 보이는 것이 불가능하다. 그렇다고 해서 이러한 '성숙과정'이 공격적인 충동 자체를 발달시킨다는 것을 의미하는 것은 아니다. 공격성은 항상 나쁜 대상세계에 대한 반작용이다. 임상적 관찰에 의해 지지되는 것은 오직 좌절-공격 이론이며, 출생 이후에 함께 발달을 시작하는 충동과 자아성장의 기원에 관한 제이콥슨의 대상관계 이론에서 실제로 이 점이 시사되고 있다. 일차적이고 이차적인 자기애 및 피학증 사이를 구별하려는 어떤 시도건 그것을 포기할 때, 그리고 그것이 소위 말하는 일차적 충동이라는 것을 거부할 때, 우리는 우리의 개념들을 사변적 추론이 아닌 임상적 근거 위에 확고하게 올려놓을 수 있는 자유를 얻게 된다. 환자들의 꿈이나 증상에서 나타나듯이, 자기애와 피학증은 (멜라니 클라인의 용어로) 내재화된 좋고 나쁜 대상관계가 표현되는 병리적인 자아상태라고 분석될 수 있다. 이러한 것들은 외부에 존재하는 실제로 살아 있는 대상관계를 상실함으로써, 그리고 그것이 내적 대상과의 동일시로 대체됨으로써 나타난다. 프로이트는 애도와 우울 상태에서 일어나는 이 과정을 상실한 애정과 미움의 대상이 자아 내에 다시 자리 잡는 과정으로 묘사했다.

여기서 우리는 '내부로의 충동'과 '외부로의 충동'이라는 개념을 대상관계적 용어 내에서 임상적으로 검증 가능한 개념으로 사용할 수 있다. 그러나 제이콥슨은 고전적 정신분석 이론으로부터 해방되었음에도 불구하고 그 이론의 영향력을 피하거나 그것을 완전히 포기할 수 없었다. 그녀는 다시 한번 이 정신역동적 개념을 순수한 생물학의 기초 위에 세우려 함으로써, 그리고 '내부로의 충동'과

'중화된 에너지'라는 개념의 필요성에 의존함으로써 그 이론으로 다시 돌아가고 있다. 그녀는 "정신생활은 외부의 감각적 자극으로부터 독립된 생리학적 과정에서 유래한다. 그러나 태어날 때부터 에너지 방출과정은 외부 자극에 반응하여 그 에너지를 방출하기 위해서 생물학적으로 미리 결정되고 선호되는 통로를 열어 나감으로써 확장된다."[35]라고 말한다. 또한 "인간 배아나 신생아 혹은 수면 동안에 일어나는 주로 정신생리학적인 '조용한' 방출과정과는 대조적으로, 성인의 정서는 내부를 향한 생리학적 방출에서 나타나는 것처럼 분비되거나 순환하거나 호흡하는 현상뿐 아니라 정형화된 운동현상과 우리가 느낌, 즉 외부를 향하여 방출되는 것을 나타내는 내적 지각의 형태로도 표현될 수 있는 통로를 찾는다."[36]라고 말한다. 그러나 우리는 "정신생활이 순전히 내적이며 외부 감각 자극과는 독립되어 있는 생리학적 과정으로부터 유래한다."라고 말할 수는 없다. 수정된 세포는 두 성인의 정신신체적 전체 인격의 산물이며, 정신적 · 신체적 측면 모두가 첫 시작부터 함께 발달해야만 한다. 이것은 (우리의 생각으로는) 자궁 속에서 출생 전의 배아가 처음으로 분간할 수 있는 움직임을 보임으로써 구분이 된다. 어떤 분간하기 어려운 방식으로 그 단계의 자궁 내부는 태어나지 않은 아기의 첫 번째 '환경'이 될 수밖에 없으며, 출생이라는 외상적 경험 이전에 대상관계 경험은 이미 그 가장 모호한 기원을 발견했다. 우리는 이제 태어나지 않은 아기가 빛과 소리에 반응한다는 것을 알고 있다. 이렇게 주체와 객체를 겨우 구분하기 시작하는 첫 출발을 초기에 시작하게 되고, 출생은 보다 명확한 구분을 할 수 있는 능력을 발달시킬 수 있는 최초의 대규모 자극들을 제공하게 되는데, 그 발달의 속도는 뇌와 감각기관의 성숙에 의존한다. 출생 전에는 그 활동이 어떤 의미에서도 리비도적이거나 공격적이지 않다는 것은 분명하며, 단지 생동감 있고 활동적일 뿐이다. 불안이 출생 외상birth-trauma과 함께 시작된다는 프로이트의 생각이 맞다면 두려움이 초기의 공격성을 유발할 것이며, 그것은 위니컷이 충분히 좋은 양육이라 불렀던 것에 의해 빠른 속도로 진정될 것이다. 그 이후에 무엇이 리비도적 충동이 되고 공격적 충동이 되면서 분화될 것인지는 아기의 대상관계적 경험에 따라 결정될 것이다. 제이콥슨이 내부로의 충동과 외부로의 충동을 구분하려 했던 것은 리비도뿐 아니라 공격성 역시 생물학적으로 미리 결정된 것이며 따라서 결국은 선천적이라는 것을 믿고 싶었기 때문이다. 대상세계를 향한 하나의 기본적인 정신생물학적 삶충동만이 있으며, 그 대상세계는 삶의 충동을 좌절시킬 경우에 두려움과 공격성을 유발한다는 것이 내가 보는 진실이다.

이러한 이론은 자아나 초자아가 사용할 수 있도록 에너지를 중화시킨다는 순전히 사변적이고 임상적으로는 관찰 불가능한 생각을 축출해 버린다. 그런 생각은 이드-자아 이론을 전제하고 있는데, 그것은 출생 이전에 이드-충동이라는 것이 존재하며, 그것은 리비도적이면서 동시에 공격적이고, 자아의 발달은 오직 출생 이후부터만 시작된다는 것이 증명될 수 있을 경우에만 실효성이 있을 것이다. 일단 이런 사변적인 생각을 대상관계 속에서 일차적으로는 리비도적으로 발달할 뿐 아니라 그 리비도적 욕구가 좌절될 경우 공격적으로도 발달할 수 있는 정신신체적 전체라는 개념으로 대체하게 되면, 자아는 전체로서의 정신적 인격, 기본적인 정신신체적 전체로서의 존재가 될 것이다. 이 인격-자아^{person-ego}는 그 자체의 에너지 혹은 삶충동을 지니며, 경험이 진행되어 감에 따라 그 경험을 조직화함으로써 구조적인 정체감과 독특한 개성을 발달시켜 나간다. 이 이론에는 그 자체 내에는 아무런 본유적인 에너지를 갖지 못한 체계-자아를 위해 사용되는 창백하고 아무런 특징을 갖지 않는 에너지를 만들기 위해 최초의 성적이고 공격적인 이드충동을 중화시킨다는 생각이 들어설 자리가 없다. 그런 개념은 하르트만의 체계-자아 이론의 맥락 내에만 속하는 것이며, 그 개념 자체에 존재하는 자가당착은 라파포트와 에릭슨까지도 인지한 바 있다. 그래서 아펠바움은 하르트만에 대해 "그의 자아는 지력과 판단력으로서 이드에 의해 표상되는 정서로부터 자유롭고, 중화^{neutralization}와 자율성에 기반을 두고 있다."라고 말하고, "에릭슨은 이런 견해에 의문을 제기하면서…… 기계화되고 정서로부터 독립된 자아는 건강하다기보다는 빈곤하다."라고 덧붙인다. "마찬가지로 라파포트는 가장 자율적인 자아란 강박적인 것이라는 사실을 관찰했다. …… 억제와 통제에 지나친 가치를 두게 되는 이러한 위험을 피하기 위해 자아심리학자들은 효율적인 자아가 그 자율성을 포기하고 중화과정을 거슬러 갈 수 있다고 제안한다." 그것은 "자아의 편에서 이루어지는 퇴행, 성적 기능의 만족, 방해받지 않는 수면 능력, 성공적인 창조활동을 다시 회복하기 위한 것이다."[37] 건강한 자아를 위해서 굴복해야만 하는 것이라면, 도대체 왜 중화라는 개념이 도입되어야만 하는지 의문을 품을 수밖에 없다.

일상적으로 '공격성'이라는 용어는 싸움, 적대감, 파괴성과 불가결하게 연결되어 있으며, 고전적 프로이트 이론에 의하면 가학증, 파괴성 그리고 죽음 본능과 동등한 것이다. 일상적으로 어떤 사람이 공격적이라고 말할 때, 그것은 그 사람이 건강하고 정력적으로 살고 있다거나 현실적인 문제들과 씨름하는 데 있어 용기가 있다는 것을 의미하지는 않는다. 그 사람은 '성질 더러운 사람'이며, 공격적으로 비판적이며, 싸우기 좋아하고, 나쁜 성질을 지니고 있고, 타인을 겁주어 자신이 원하는 방식으로 하려는 사람이라는 것을 의미한다. 이것은 자연스러운 본능의 표현이 아니다. 『인간의 공격성Human Aggression』이라는 책에서 앤서니 스토어Anthony Storr는 다음과 같이 쓴다.

> 공격성과 증오 사이를 구분하지 못함으로써 순진한 자유주의 휴머니스트들은 모든 공격성을 '나쁜' 것으로 딱지를 붙이고, 만일 인간이 절대 좌절되지 않는다면 전혀 공격적인 모습을 보이지 않을 것이라는 우스꽝스러운 믿음을 갖게 되었다.[38]

나는 스토어가 쓴 글에 대체로 꽤 동의하는 편이지만, 부득이하게 여기서는 동의하지 않는다. 스토어는 공격성을 생물학적인 필요성으로 간주했지만, 나는 이것이 이미 언급했던 것과 정확하게 동일한 의미론적 혼동을 포함하고 있다고 믿는다. '공격성aggression'은 실제로 '증오hatred'라는 의미로 사용되고 있다는 것을 인식하지 못한 것은 아닌가? 한편으로는 '공격성-증오'와, 다른 한편으로는 건강한 정신을 가진 사람들이 현실적인 문제들이나 개인적인 자아 성장을 위한 우리의 욕구에 반대하는 타인들과 맞서서 투쟁해 나가는 데 필요한 활력, 에너지, 용기 그리고 지구력 사이를 구분하지 못한 것은 아닌가? 고립된 상태에서 아프리카의 부시맨Bushmen은 단순한 생존을 넘어서서 칼라하리 사막에서의 끔찍한 생활 조건을 자유롭게 다루어 나가는 가운데 문화와 예술을 발전시켜 온 불굴의 용기를 보여 주었다. 그런 조건 속에서도 그들은 평화를 사랑하고 친절한 사람들로 남아 있다. 그들은 이미 문화적인 장애가 있는 북쪽의 흑인 약탈자들과 남쪽의 백인 약탈자들에 의해 침략을 받았을 때에만 공격성과 마주쳤다. 어니스트 존스는 공격성의 근원을 유아기부터 무의식 속의 깊은 곳에 저장되어 있던 두려움 속으로 추적하면서, 그리고 공격성의 부재를 기본적인 자아강도의 존재 속으로 추적하면서, 위니컷의 기본적 자아관계 이론을 지지하게 될 수밖에 없었는데, 그 관계란 정신건강과 인격 성숙 모두를 위한 기반으로서 진정으로 좋은 어머니-유아 관계의 산물인 것이다.

스포츠에서의 건강한 경쟁은 두려움, 방어, 방어에 맞선 방어, 공격이 최선의 방어인 더 큰 두려움, 오직 공포가 서로 균형을 이루고 있음으로 해서 위태롭게 유지되고 있는 정치적 안정이라는 악순환에 의해 오늘날의 우리 모두에게 조성되어 있는 공격성과는 아무것도 공유하는 것이 없다. 이 모든 공격성의 분위기는 두려움에 기반하고 있다. 그 두려움은 선진국과 후진국 사이의 차이,

222
제1부 이론

부유한 사회에서 부자와 가난한 자 사이의 차이, 그리고 텔레비전, 라디오, 제임스 본드 시리즈에 관한 값싼 책들과 외설적인 사디즘에 의해 쏟아져 나오는 폭력과 공격성에 대한 그칠 줄 모르는 선동에 의해 자양분을 공급받고 있다. 나는 최근에 런던에서 가장 큰 철도역의 서적 가판대 진열 선반 위에 놓인 책들을 죽 둘러보면서, 회전식 연발권총의 표지 사진, 나체의 여성들, 상처 입은 채 땅바닥에 누워 있는 나체의 남녀들, 그리고 잔인한 증오의 왜곡된 특징들이 있을 수 있는 모든 다양한 방식으로 표현되고 있는 그들의 얼굴들을 보았는데, 코지북Corgi Book 출판사에서 나온 그웬 데이비스Gwen Davis의 『전쟁 사생아들The War Babies』이라는 책 위에 우연히 시선이 머물렀다. 그 책 표지의 중앙에 다음과 같은 글이 쓰여 있었다.

"모든 것이 여기 담겨 있다. 폭력, 섹스, 정열, 섹스, 유머, 섹스, 인종주의, 섹스, 전쟁의 엄청난 파괴적 효과, 섹스, 이상심리학, 섹스." 이 글은 아마도 『디트로이트 신문Detroit Free Press』의 서평에서 인용된 것 같다. 이것은 단지 신경증적 성과 폭력의 강력한 최면이라는 이 흐름에 대한 직접적이고 가차 없는 비판에 대해 야단법석을 떠는 것에 불과한 것 아닌가?

여기서 미국에서 행해진 한 가지 실험[10]을 생각해 봐야 한다. 한 무리의 아이들이 다른 아이들을 공격하는 텔레비전 영화를 아이들에게 보여 주었다. 그들은 한가운데 실제 크기와 비슷한 인형이 있

---

10) 보보인형 실험(Bandura, Ross & Ross, 1961)을 말한다.

는 다른 방으로 옮겨갔고, 아이들은 즉시 인형에 달려들어 주먹으로 계속 때리고 발로 찼다. 사람들은 오늘날 문화적으로 조건화되어 현대의 대중매체가 발명되기 전에는 결코 가능하지 않았을 방식으로 성과 공격성이 자연스럽게 결합되어 있다고 받아들인다. 스토어의 『인간의 공격성Human Aggression』에 대한 평론에서, 시릴 코널리Cyril Connolly는 "경쟁은 늘 공격성을 유발하기 마련이며, 그것 없이는 사회가 존재할 수 없다."라고 쓴다. 이에 대한 '보통의 상식적인 감각을 가진 인간'의 반응으로서, 나는 요크셔 포스트The Yorkshire Post로부터 받은 한 편지를 인용하겠다. 편지를 쓴 사람은 영국 크리켓 경기에서 벌어졌던 사건들, 그리고 "이기기 위해 전력투구하는 가운데 승리를 위한 투지는 어떤 방법을 동원하건 그것을 정당화한다."는 태도를 용인하려는 시도를 언급하고 있다. 그는 이런 시도에 대해 적절히 논평한다.

윔블던 중앙 경기장에서 주디 테거트Judy Tegart의 모습의 한 선수가 분명히 국제 수준의 경기에서 성공하려고 열중하고 있었지만 게임 내내 가장 관대한 모습으로 경기에 임하고 끝까지 그녀의 성공적인 상대방 선수를 위해 훌륭한 스포츠맨십을 보이며 경기를 마감하는 장면을 목격한다는 것은 얼마나 큰 기쁨인가. 고도로 경쟁적인 수준의 게임에서는 어느 정도의 마찰이나 불쾌감 없이는 총력을 기울여 경기를 할 수 없다는 의견이 오스트레일리아 출신의 이 매력적인 소녀에 의해 완벽하게 부정되었다.[39]

나는 여기서 일부러 보통의 비전문가가 쓴 글에서 볼 수 있는 하나의 관점을 소개하였는데, 그것은 이 문제에 관해 소위 말하는 과학적 사고가 평이한 상식을 주입할 수 있을 것처럼 보였기 때문이다.

1890년이라는 이른 시기에 프로이트가 여태껏 탐험하지 못한 영역, 즉 인간본성의 심연을 탐색하기 시작했을 때, 그 당시 이미 존재하고 있던 '본능'이라는 개념을 사용하지 않고서 다른 어떤 방법으로 그것을 해낼 수 있었을지 알기 어렵다. 그럼에도 불구하고 그의 본능적 성욕과 본능적 공격성에 대한 이론은 심층 수준에서 심리치료라는 영역을 개척함으로써 끼친 좋은 영향만큼이나 오늘날의 일반적인 문화적 방향 정립에, 특히 두 차례의 세계대전에 의해 초래된 분위기에서는 해로운 영향을 끼쳤다고 믿을 만한 충분한 근거가 있다. 공격성을 설명하기 위한 근거를 생물학에서 찾으려고 하기보다는, 그들 자신이 공격성으로 가득 찬 사회 속에서 성장하였던 부모에 의해 이루어지는 다양한 아동 양육방식이 대다수의 인간을 첫 출발부터 어떻게 방해하는지에 관해 연구하는 데 집중하는 편이 더 나을 것이다. 너무나도 많은 적나라한 공격성이, 원래는 그러한 속성이 전혀 없었던 스포츠 자체로 유입되는 오늘날의 상황은 즐길 수 있고 휴식을 주는 경쟁이 아닌 스포츠의 상업화에서 유입된 것으로서, 돈이 곧 권력이라는 콤플렉스에 의해 자양분을 공급받고 있는 모든 두려움에 뿌리를 두고 있는 것이다. 그럴 수도 있지만, 진보적 휴머니스트가 순진한 것이라면, 그들이 두려운, 공격행동, 대응공격 행동, 그리고 수백 년에 걸쳐 증식된 두려움이 모든 사회적 조직의 가장 미세한 부분까지 엮여 들어왔던 엄청나게 복합적인 방식들과 직면하지 않기 때문이다. 그러나 콘 티키Kon Tiki 뗏목에 올랐던 용감한 항해자들이 태평양을 가로질러 고립된 태평양의 한 섬에 좌초했을 때, 그들은 단순하고 때 묻지 않게 행복하고 친절하고 순진한, 우리가 문명이라 부르는 것에 접 촉되거나 훼손되지 않은 주민들을 발견했던 것이다. 나는 사실상 모든 유아가 아마도 처음부터, 파괴적인 공격성에 대한 느낌과 환 상을 발달시킨다는 것을 당분간 부인하지는 않을 것이다. 그러나 그것이 공격성이 생물학적으로 타고난 파괴적 본능 자체임을 증명 하는 것은 아니며, 그것은 좌절과 두려움에 직면했을 때, 즉 프로 이트에 따르면 생의 첫 시작부터 출생의 외상에 직면했을 때에만 나타나는 것이다. 이 초기의 불안이 좋은 어머니의 양육에 의해 완 화될 수 있다는 것은 논란의 여지가 없다. 또한 상당수의 사례에서 이러한 완화가 일어나지 않는 것은 종종 어머니, 간호사 그리고 의 사가 성격 형성에 있어서 정서적 요인들이 가진 의의를 이해하지 않기 때문이라는 점도 분명하다. '향하여 걸어가다'라는 라틴어 ad 와 gradior부터 파생된 엄격한 어원학적 의미로 '공격성aggression'을 사용할 때, 그것은 살아가고 환경과 관계하려는 우리의 선천적이 고 생물학적인 것에 기반한 의지를 나타내는 데 잘 사용될 수 있지 만, 이 용어가 그렇게 사용되고 있지는 않다. 『옥스퍼드 사전Oxford Dictionary』조차 '공격성'을 '다툼을 시작하는 것, 정당한 이유 없는 공 격'으로 정의하고 있고, 『학생영어사전The Students English Dictionary』도 그것을 '폭력의 첫 행동을 개시하다.'라고 정의한다. 그것은 자아나 전체 자기에 대한 실제의 혹은 상상된 위협과 두려움이라는 조건하에서만 발생하는 것이다. 이 주제에 대해 잘 알고 있는 사람들이 이런 종류의 두려움이 유아기의 무의식 속에 뿌리내리고 있다는 것을 이해하기 시작해 왔다는 것은 스토어의 책에 대한 시릴 코널리의 평론에서 드러나는데, 그는 "젖먹이 유아는 분노로 펄펄 끓고 있다. …… 공격성을 자극하여 증오로 전환시키는 의식 아래에 잠겨 있는 기억—그것은 실제의 혹은 상상된 부당함과 관련하여 있다—과 함께 아이는 성인기로 진입한다. '건강하고 탐욕적인 삶의 즐거움에 증오라는 불순물을 섞는다'고 말하는 것이 더 진실에 가까울 것이다."라고 쓰고 있다.

그것을 이미 대상관계적 현상으로 설명했음에도 불구하고 제이콥슨이 선천적인 본능적 공격성이라는 이론에 여전히 집착하고 있었던 것은 자라나는 아이들이 보이는 '발달을 향한 야심찬 투쟁'에 관해 글을 쓸 때였던 것 같다. 이에 대해 그녀는 "그의 본능적 갈등이 미치는 영향 때문에 이 투쟁은 곧 고도로 공격적인 에너지로 점령되며, 이 에너지는 존경받는 강력한 애정 대상과의, 특히 그의 라이벌과의 경쟁적 투쟁과정 속에서 점점 더 자주 그 모습을 드러내게 된다."[40]라고 말한다. 아기는 아직 미성숙하고 그의 라이벌에 비해 상대적으로 정신적으로나 육체적으로나 동등하지 못하며 그 결과 불안정할 수밖에 없다는 사실만으로도 공격성이 왜 나타나게 되는지 설명하기에 충분하다. 가장 취약하고 의존적인 시기인 아동기는 우리가 정상적인 성인으로서 느낄 수 있는 그 어떤 것보다 두려움이 자극되는 상황을 더 예리하게 느낄 수밖에 없도록 노출되어 있다. 공격성에 대한 우리의 이론을 정확하게 받아들이는 것이 중요한데, 공격성은 반드시 표현되어야만 하는 선천적인 생물학적 본능이며 자유롭고 성숙하기 위해서는 공격적이어야만 한다는 생각을 너무나도 많은 전위적인 작가가 쉽게 이용하고 있기 때문이다. 원래의 분화되지 않은 에너지 전체는 출생 이후 단지 두 가지 주요한 충동인 리비도적인 것과 공격적인 것으로 분화되기 시작하며, 이 두 충동은 그 이후부터 근본적으로 서로 대립하며, 서로 융합되거나 아니면 다른 한쪽을 지배하게 된다는 것이 제이콥슨의 견해이다. 따라서 이 두 종류의 에너지는 어떤 가설적인 과정에 의해 중화되어야만 하는데, 그것은 에너지를 갖고 있지 않는 구조적 자아가 사용할 수 있는 종류의 에너지가 되어야 하기 때문이다. 그러나 이런 설명은 순전히 사변적인 가설로서, 이런 가설의 배후에는 자아 밖에서 작동하는 본능 실체가 있다는 오래된 고전적인 정신생물학의 가정이 깔려 있는 것이다. 무의식 속에 존재하는 타이탄족의 싸움이라는 라파포트의 유령이 여전히 배회하고 있으며 이것이 진정으로 임상에 근거한 대상관계 이론의 발전을 가로막고 있다. 정신-신체는 기본적으로 그 기반의 에너지가 리비도적인 것인 통합된 전체로 유지된다는 것과 공격적인 충동은 리비도적인 자아의 도움으로 발달한다는 것을 일단 받아들인다면, 전체 인격 자아는 그 대상관계 상황이 필요로 하는 어떤 방식이나 방향으로도 사용될 수 있는 그 자신의 일차적인 정신신체적 에너지를 보유하고 있다는 것을 자연스럽게 수용할 수 있게 된다.

⊕ 원주

1. Heinz Hartmann, *Ego Psychology and the Problem of Adaptation,* trans. David Rapaport (London: The Hogarth Press, 1959; New York: International Universities Press, 1964), p. 28.
2. 위의 책.
3. 위의 책, p. 3.
4. 위의 책, p. 8.
5. 위의 책, p. 7.
6. 위의 책, p. 27.
7. 위의 책, pp. 30-32.
8. 위의 책, p. 32.
9. Donald W. Winnicott, *The Family and Individual Development* (New York: Basic Books, 1965), p. 3.
10. 위의 책.
11. 위의 책, p. 15.
12. 위의 책.
13. Donald W. Winnicott, "The Capacity to Be Alone," *The Maturational Process and the Facilitating Environment,* The International Psycho-Analytical Library (London: The Hogarth Press; New York: International Universities Press, 1965b): 129.
14. 위의 논문, pp. 30-31.
15. Donald W Winnicott, "The Location of Cultural Experience," *International Journal of Psychoanalysis,* vol. 48, pt. 3 (1967).
16. 위의 논문.
17. 위의 논문.
18. 위의 논문.
19. 위의 논문.
20. Edith Jacobson, *The Self and the Object World,* The International Psycho-Analytical Library, vol. 67 (New York: International Universities

Press, 1964; London: The Hogarth Press, 1965), p. xii.

21. 위의 책, p. 6.

22. 위의 책, p. 22.

23. 위의 책, p. 7.

24. 위의 책, p. 15.

25. 위의 책, p. 13.

26. 위의 책, pp. 15-16.

27. 위의 책, p. 15.

28. Sigmund Freud, "A Metapsychological Supplement to the Theory of Dreams," *Collected Papers*, vol. 4 (London: The Hogarth Press; New York: Basic Books, 1959), p. 140.

29. 위의 논문, p. 12.

30. 위의 논문, pp. 13-14.

31. Ernest Jones, "The Concept of a Normal Mind," *Papers on Psychoanalysis* (Boston: Beacon Press, 1961), p. 210.

32. 위의 논문.

33. 위의 논문, p. 213.

34. 위의 논문, p. 125.

35. Jacobson, *Self and Object World*, p. 11.

36. 위의 책, p. 10.

37. Bernard Apfelbaum, "On Ego Psychology: A Critique," *International Journal of Psychoanalysis*, 47, no. 4 (1966): 452.

38. Anthony Storr, *Human Aggression* (New York: Atheneum, 1968).

39. *The Yorkshire Post*, Leeds, England.

40. Jacobson, *Self and Object World*, pp. 49-50.

제2부
치료

제6장

분열성 문제

정신역동적 연구에서의 이론적 발전에 대해 숙고해 보고 제1부의 마지막 장에서 공격성의 문제를 다시 고찰해 봄으로써, 우리는 인간이 그들의 인간적 환경에서 하루하루 살아가는 삶 가운데 마주치는 실제적인 어려움들의 한복판으로 다시금 되돌아오게 되었다. 아기가 그 속에서 태어나고, 꽤 잘 정의된 일련의 발달단계를 통과하며 자라나 성인이 되어 가면서 인격의 성숙이라는 목표를 향해 나아가는 배경이 되는 그 인간적 환경은 무한히 가변적이다. 충분한 수의 아이가 위니컷이 말한 대로 충분히 좋은 양육을 경험하여 생존에 '성공'하기에 충분한 안정감과 책임감을 갖고 이후의 사회적 상황으로도 신입될 수 있게 된다. 그런에도 불구하고 사회과학의 성장이 이루어지고 그 성장에 의해 파생된 오늘날의 고도로 증대된 사회적 자각 덕분에, 우리는 얼마나 많은 개인이 이 단계에 전혀 진입하지 못한 채 범죄자, 비행청소년, 사이코패스, 냉소적으로 자신의 동료를 착취하는 사람, 혹은 그 반대로 하릴없이 이리저리 빈둥거리는 사람, 환상세계 속에서 사는 히피, 약물중독자 등이 되어 가는지를 알게 되었다. 한때는 사회규범에 적응하지 못했던 사람들을 흥미로운 괴짜들로 보아 넘기든가, 아니면 도덕적이고 사회적인 법률을 깨뜨린 것에 대해 비난하고 처벌했다. 오늘날 우리는 이런 문제들을 더 깊이 고찰할 수 있게 되었고, 이들 외의 다른 사회의 구성원들이 다양한 지점에서 상해로부터 보호받을 수 있는 권리를 가지고 있지만, 우리는 그 불안감을 유발하는 개인들을 이해해 보려는 방식으로 접근할 수 있다. 결국 인간은 애초부터 범죄자나 알코올 중독자로 태어나는 것이 아니다. 우리는 질문한다. '그가 지금처럼 되도록 만든 그 무엇이 이 사람에게 발생했던 것일까, 그리고 우리는 그것에 대해 무엇을 할 수 있는가?'

타인과 안정적이고 건설적인 인간관계를 맺지 못하게 만들고 삶에 있어서 긍정적인 역할을 담당하지 못하게 만드는 어려움은 앞서 언급한 그런 극단적인 경우에만 국한된 것은 아니다. 우리는 두 가지 다른 유형을 고려해 보아야 하는데, 그것은 정서적으로 병든 emotionally ill 유형(나는 '신경증적neurotic'이라는 용어를 사용하지 않는데, 그 용어가 비난의 의미를 함축하거나 남용되기가 너무 쉽기 때문이다)과 '정상적인' 범위 내에서 어려움을 겪고 있는 유형이다. 1908년까지 거슬러 올라가, 프로이트가 오직 그의 본능이론의 용어로 사고하고 있었을 때, 그는 세 가지 가능성을 제시했다. 즉, 본능을 맹렬하게 몰아대어 범죄자가 되거나, 본능을 억압하여 신경증적인 상태가 되거나, 아니면 본능을 '승화'시켜 사회화된다. 여기서 마지막 방향은 불확실하고 성공 가능성이 가변적이다. 오늘날 우리는 이 문제를 그런 방식으로 기술하지 않겠지만, 여기에는 중요한 진실이 있다. 오늘날 우리는 본능 대신에 불만족스러운 초기의 삶에서 남겨진 유산인, 그의 인성구조의 깊은 곳에 자리한 풀리지 않은 갈등과 긴장으로 투쟁하고 있는 성인이라는 관점에서 생각한다. 반사회적인 유형의 사람들은 그들의 내적인 문제를 그저 타인에게 풀어 버리는 것으로 처리하며, 그 필연적인 결과는 그들의 외부에서 어떤 일이 발생하건 상관없이 내적으로는 그들의 문제가 결코 해결되지 않으며, 진정으로 보다 행복한 사람이 될 수 없다는 것이다.

반면, 내적인 긴장이 해로운 방식으로 타인을 향해 터져 나오지 않도록 온 힘을 쏟으며 막고 있는 사람들은 그렇게 하고 나면 내적인 갈등이 점진적으로 더 심해지며 고통을 겪을 수밖에 없게 된다. 그러면 그들은 막고 있는 자신과 터져 나오려는 자신으로 나뉘어 어떤 진단명이 붙을 수도 있는 신경성 질환이 되고 그 질환 때문에 치료를 받을 수도 있을 텐데, 치료란 아마도 정신과적 약물에 의한 것이거나, 더 건설적으로는 그 과정에서 적절한 유용한 약물로 (효과를) 지원할 수 있는 훈련된 심리치료자에 의한 것일 수 있다. 그러나 질병이 누구나 알아볼 수 있을 정도의 상태에 도달한 사람이라고 해서 별종인 것은 아니다. 정상적이며 사회적으로 잘 적응하고 있는 것으로 볼 수 있는 모든 다양한 유형의 사람과 그들이 보이는 반응을 좀 더 면밀하게 검토해 보면, 그들 중 상당수가 어떤 특정한 질병상태에 이른 사람들보다 단지 정도가 덜한 고통을 겪고 있을 뿐이며, 그들도 동일한 종류의 문제들을 겪고 있다는 것이 분명해진다. 오늘날 잘 훈련된 다양한 유형의 사회사업가들은 도움을 주어야 할 '정상적인' 사람들이 지니고 있는 문제들에 매우 친숙하다. 그런 사람들은 자신의 아이를 다루는 데 있어 혹은 친구관계나 부부관계 혹은 사업적 관계와 같이 좋은 인간관계를 유지하는 데 어려움이 있거나, 그런 어려움의 결과에 따른 기분 변동으로 고통을 겪는다. 간단히 말해, 현재 우리는 인간의 주요 문제란 그가 살아가는 일반적인 물리적 환경을 어떻게 이해하고 숙달해야 하는가가 아니라, 자기 자신을 이해하고 자기만족적이면서도 타인만족적인 삶을 살기 위해 어떻게 하면 서로를 도울 수 있는지를 찾아내야만 하는 분명한 시점에 도달해 있다.

분열성 문제에 대한 폭넓은 임상적 묘사

아마도 성격 문제에 대한 연구에서 금세기에 이루어진 주요 발견은, '성격장애personality disturbances'[1]를 두 수준으로 나눌 수 있는데

---

1) '성격장애'는 오늘날 personality disorder라는 용어를 사용한다. 여기서 건트립이 사용한 성격장애(personality disturbances)라는 용어는 오늘날의 용어로 말하면 정신장애(mental illness, disorder)가 적절해 보인다.

하나는 덜 심각한 것이고 다른 하나는 더 심한 것이라는 사실을 어느 정도 이해할 수 있게 되었다는 점이다. 엄격한 교과서적 용어로 말한다면 이것을 정신신경증psychoneurosis과 정신증psychosis이라 할 수 있지만, 우리는 더 이상 그것을 신경성nerves과 광증madness이라는 조악한 과거의 방식으로 생각하지는 않는다. 우리는 이러한 질병 결과를 초래하는 어떠한 개인의 발달과정에서도 그 원인이 연속선상에 놓여 있다고 볼 수 있게 되었다.

나는 정신증인 경우 분명히 어떤 사례에서는 유전적 혹은 기질적인 요인이 있을 수 있으며 그 요인은 우리가 이해할 수 있는 범위를 넘어선 곳에 있다는 것에 대해 위니컷이 반대하리라고 생각하지는 않는다. 하지만 위니컷은 다른 많은 정신증의 사례에서 그와는 다른 기준에 따라 그들을 두 집단으로 나누어야 할 이유가 있었다. ① 초기에 충분히 좋은 양육을 받았을 것으로 가정할 수 있는 사람들로서, 이후의 아동기나 성인 초기의 삶에서 가족들이나 다른 사적인 관계에서 심각한 스트레스와 긴장을 경험함으로써 이 후기 단계의 인격성장에 있어서 적절한 발달을 방해받았던 사람들이 있다. 그들의 문제를 신경증이라 불러야 하는지 아닌지는 그리 중요한 것이 아니다. 그들은 인간관계에서 겪을 수 있는 그런 종류의 어려움과 씨름하고 있는 사람들로서, 숙련된 치료를 받으면 그 문제로부터 벗어나는 데 상당히 성공적으로 도움을 받을 수 있다. 그들은 인간관계를 형성하거나 그 관계에 진입하는 데 있어서 어떠한 근본적인 무능력을 겪고 있지는 않다. ② 생의 초기부터 충분히 좋은 양육을 받았다고 보기 어려운 사람들로서, 그들의 어려

237

움은 훨씬 더 깊은 곳에 뿌리내려 있다. 이 집단에 속하는 사람들은 심지어 그들이 정신역동적으로 정신증 집단에 속한다고 이해될 수 있는 경우에도 결코 정신증과 동일하지 않다. 그들은 현실과 바로 그들의 '자기'가 지닌 생존력에 대해 뿌리 깊은 의심을 품은 사람들로서, 결국은 다양한 정도에서 이인화depersonalization, 비현실감, '속해 있지 않다'는 느낌, 근본적으로 고립되어 있으며 자신이 살고 있는 세상과 단절되어 있다는 느낌으로 고통받고 있다는 것을 알게 된다.

이것은 넓은 범위에서 '분열성 문제schizoid problem'로, 단절되고 분리되어 있고 이질감을 느끼며 어떠한 형태의 현실적인 인간관계에도 참여하지 못하게 되는 사람들이 지니고 있는 문제이다. 어떤 경우에는 소위 말하는 신경증적 문제들이 정말로 발달 후기의 원인에서 기원한 것으로 증명되며 그 증상을 깨끗이 제거하기가 어렵지 않지만, 또 어떤 경우에는 더 깊고 더 파괴적인 고립경험이 출현하는 것을 방어하기 위한 것임이 밝혀지기도 한다. 여기서의 문제는 타인과의 관계가 아니라 그 사람이 하나의 자기인지 혹은 하나의 자기를 소유하고 있는지이다. 여기서 우리가 인간의 삶에서 가장 심각한 문제와 마주하고 있다는 점은 의심의 여지가 없다. 이 문제는 이미 우리가 이론에서 탐색했던 것으로서, 어떻게 한 인간이 최초의 유아적 의존과 무력감으로부터 벗어나 확고하고 내적으로 안정감 있는 자기self, 성인기의 삶에서 마주치는 외적인 압력에 맞서 홀로 서 있을 수 있을 정도로 충분히 강한 자기의 느낌을 발달시켜 가는지에 관한 이론이었다.

유아기와 초기 아동기에 내부에 안정감과 확신이 있는 자기됨 selfhood의 단단한 기반을 진정으로 잘 갖추어 온 사람은, 성인기에 마주치는 대부분의 비정상적인 압력도 놀라울 정도로 잘 견디어 낸다. 우리는 어떻게 사람들이 정치적 처형의 공포나 강제수용소와 전쟁포로의 공포로부터 살아남아 왔는지, 그리고 상처 입고 멍들었지만 건설적인 활력으로 새롭게 삶을 시작할 수 있을 정도로 온전하고 전체성을 유지하고 있는 그들의 인격을 다시 회복해 내었는지 기억할 수 있다. 이보다 결코 덜 인상적이지 않은, 영웅적인 사례의 사람들이 가족의 질병, 경제적 불행, 좌절된 희망 그리고 누구도 피할 수 없는 사별이나 사고가 주는 압박을 견디고 있으며, 그럼에도 불구하고 불굴의 정신과 함께 그리고 특히 더 나빠지지 않은 채 그것을 이겨 내고 있다. 이런 종류의 사례들을 볼 때면, 우리는 생의 후반기에 겪은 혼란에 의해 야기된 것으로 간주되는 명백한 정신신경증적 문제들을, 특히 고전적인 정신분석적 접근으로 불릴 만한 치료법에 의해서는 잘 낫지 않는 사례들을 더욱 면밀히 조사해 볼 수밖에 없다. 사실 인간관계의 이런 문제들은 위니컷이 기본적 자아관계라고 불렀던 부적절한 발달의 문제로서, 처음에 일견 생각했던 것보다는 더 깊은 문제들에서 파생되는 경우가 너무나 흔하다는 것이 현재는 분명해졌다. 그것이 결핍될 경우, 그 불행한 사람의 전 인생은 진정한 개인이라는 느낌을 갖기 위해서 모든 종류의 피상적인 관계, 사람들과 사건을 다루는 기법들 그리고 역할연기들을 동원하는 투쟁의 장이 된다. 우리는 내부에 형성된 기본적인 자아관계의 경험이 어떤 손상도 받지 않는다고 가정할 수 없다. 오늘을 사는 우리는 아무리 강한 사람이라도 물리적 폭력에 의해 지원받고 있는 전체주의 정권이 가하는 극도의 압박이 얼마나 그 한계를 넘어서는 지점까지 몰아갈 수 있는지 생각해 봐야 한다. 「소외와 개인Alienation and the Individual」이라는 논문에서 펄 킹Pearl King은 한 개인이 전적으로 야만적이고 파괴적인 테러 조직에 의해 속수무책으로 좌지우지되고 있을 때, '개인의 소외경험'이 '수동성, 익명성, 개인적 정체성의 포기'라는 형태로 생존을 가능하게 해 주는 적응과 방어의 가장 중요한 메커니즘 중 하나로 사용되고 있는 방식에 대해 논의한다.[1] 그런 상황에서도 자신의 인격을 유지하는 사람들이 있었으며, 가장 실제적인 목적 때문에 우리는 그런 극단적인 사례들을 고려할 필요는 없다. 평균적이고 정상적인 사회적 조건에서 몰개성화된 자동기계처럼 되어 가는 사람들은 극단적으로 병든 것이지만, 문화적 이동의 결과로 소외되고 방향감각을 상실하고 자신이 살아가는 인간환경과 건강한 유대관계를 상실하게 되는 등의 덜 심각한 문제들은 펄 킹의 논문이 보여 주고 있듯 사회학자와 사회사업가들에게 점점 더 큰 관심의 대상이 되고 있다.

이후의 모든 발달단계도 고려해야 하지만, 정신역동적 연구자는 이 문제의 궁극적인 뿌리에 접근해야 한다. 그것은 인격이 성장하고 자아가 응집되기 시작하는, 위니컷이 말한 대로 '최초의at the beginning' 단계이며 출생 후 유아-어머니 관계로 진입하는 시점이다. 이 단계 이후부터는 아이-부모, 학자-교사, 피고용인-고용인 그리고 물질적 관계로 확장되어 진행되며, 만일 심리치료자를 발견할 수 있다면 종종 환자-치료자 관계로 들어갈 수도 있다. 많은 종류의 전문가들이 넘쳐나고 있는데, 그들은 어려움을 겪고 있는 사람들에게 다양한 방식으로, 그가 골칫덩이가 되지 않고 사회규범에 순응하도록 도와주려는 목적으로 일하고 있다. 그러나 정신역동적 관점이 사회사업 분야로 점점 더 침투해 들어가고 있으며, 우리는 오직 정서적이고 성격적인 문제를 가진 사람들이 자신의 고유하고, 자발적이고, 창조적이고, 우호적인 자기를 발견하고 또 그런 자기를 가질 수 있도록 돕는 것에만 관심이 있을 뿐이다. 이렇게 심리치료와 처치의 문제로 관심을 전환하면서, 나는 간략히 설명하는 것이 목적이므로 내가 근본적인 문제라고 믿고 있는 질병의 숨겨진 핵심 문제인 분열성 문제만 한정 지어 말하려고 한다. 그것은 고정된 실체가 아니라 인격 속에 있는 자기됨의 중심 핵이 지닌 기본적인 실제성과 생존력이 얼마나 불확실한가 하는 정도의 문제로서, 대개 그것이 형성되기 위해 투입되어야만 했던 나머지 모든 것의 배후에서 조만간 출현하게 된다.

우선 분열성 조건이 무엇인지 그 임상적인 실체를 폭넓게 묘사해 보자. '분열'이라는 의미의 그리스어 schizo-를 어원으로 하는 schizoid(분열성)란 용어는 느슨하게는 철수되어 있는withdrawn 인격이라는 의미로, 더 특수하게는 분열된split 인격이라는 의미로 사용된다. 철수되어 있다는 말은 일반적으로 내향적이고, 조용하고, 수줍음이 많고, 타인과 소통이 별로 없고, 거리감이 있고, 닫힌 인격을 기술한다. 이러한 특성을 가진 사람들은 수줍고, 불안하며, 위축되고, 당혹감을 느끼는 방식으로 감정을 표현할 수도 있다. 또는 이 사람들은 감정이 없는 사람처럼 보일 수도 있고, 냉담하고, 초연하며, 무감동하고, 자신의 주변에서 벌어지는 일들에 의해 동요되지 않는 것처럼 보일 수 있다. 정서적으로 철수되어 있는 사람들은 사실상 강한 욕구와 불안을 느끼고 있지만 사람들을 두려워하고, 사람들로부터 물러나 있다. 이들 중 냉담한 유형은 주로 지적인 접촉만을 보이기 쉽다. 또 다른 대안적인 용어인 '분열된 인격 split personality'을 사용한다면, 이런 차이점들이 피상적인 것처럼 보인다. 냉담하고, 정서를 보이지 않으며, 지적인 모습으로 나타나는 외형상의 방어를 뚫고 들어가면 비록 표면적인 자기, 즉 외부세계가 보고 있는 (위니컷의) 거짓자기와는 분리되어 있지만 비밀스럽고, 취약하며, 애정결핍이 심하고, 두려움에 휩싸인 유아적 자기가 그의 꿈과 환상 세계 속에서 드러난다. 이 수줍고 불안하고 속마음을 잘 드러내지 않으면서도 결핍감을 느끼고 있고 의존적인 사람들은 분석과정에서 바깥세상과의 모든 소통으로부터 전적으로 단절되어 있는 깊이 숨겨진 자기의 내부 핵이 드러난다. 이 자기의 핵은 마치 무의식 속에 있는 정신적 자궁 속으로 퇴행한 것처럼 궁극적인 방식으로 닫혀져 있어서, 의존할 누군가를 정말 발견해도 그들에게 어떤 느낌을 갖거나 정신적으로 접촉할 수가 없다. 정서적으로 애정 결핍을 느끼고 있고 환상세계 속에서 사는 자기를 숨기고 있는 냉정하고 지적인 유형의 사람들도 더 깊은 곳에 있는 이 상실된 인격의 핵을 드러낸다. 자아분열의 가장 심각한 상태는, 이 사람들이 사랑하고 이해한다는 느낌을 갖고 따듯함과 타인에 대한 인격적 관심을 가질 수 있는 의식적인 능력이 없이 그 내부에서 고립과 비존재라는 두려운 감각만을 자각하고 있는 것, 다시 말해 자기의 내부에 그 중심을 상실한 피상적으로만 조직화된 자기가 존재하고 있다는 것과 관련되어 있다. 심리치료 과정에서 가장 충격적인 경험 중의 하나는 오이디푸스 콤플렉스나 다른 콤플렉스, 가학-피학적 상태, 죄책감에 짓눌리고 우울한 상태, 공상, 결핍, 히스테릭하게 요란하게 표출되는 애정 욕구 등 환자로 하여금 그의 증상을 분석할 수 있도록 이끌어 나가다가 결국은 결코 참기 어려운 전적인 고립감이 출현함으로써 환자가 공포에 휩싸이는 상황이다. 한 환자가 있었는데, 그녀는 할머니였고 겉보기에는 냉정하고 침착했으며 모든 사람들이 그녀에게 찬사를 보냈다. 그 이유는 그녀가 위기 상황에서도 좀처럼 공포에 사로잡히지 않았기 때문이었다. 하지만 이것은 그녀가 실제로는 내면에서 공포에 의해 마비되어 마치 로봇처럼 반응하는 것이었음에도 밖으로는 그렇게 비춰졌던 것이다. 그녀는 수년 동안 일련의 정신신체적이고 전환증적인 증상을 겪었던 적이 있다. 오랜 분석 끝에 그녀의 이 모든 신체 증상이 사라졌고, 치료회기를 시작할 때면 늘 그녀는 "당신은 나와 너무 멀리 떨어져 있어요."라고 말했다. 그럴 때면 나는 "당신은 나에게서 철수되어 있습니다."라고 대답했다. 그러던 어느 날 아침 그녀는 일찍 잠에서 깼는데, 어둠 속의 공포감 속에서 그녀는 눈과 귀가 멀고, 말을 못하고, 자신을 둘러싼 세계와는 완전히 단절된 듯 느꼈다. 그 일이 있고 얼마 지나지 않아 한 치료회기에서 그녀는 "나는 당신과 접촉하고 있다는 느낌을 가질 수 없어요. 만일 당신이 나와 접촉할 수 없다면, 나는 행방불명된 것입니다."라고 말했다. 그리고 나서 그녀는 자신이 꾼 꿈을 이야기했는데, 그것은 분열성 문제의 가장 깊은 본질에 대한 완벽한 묘사였다. "저는 잠긴 철제 서랍을 열었고, 그 안에는 발가벗은 조그만 아기가 아무런 표정 없이 두 눈을 크게 뜬 채 아무것도 응시하지 않고 있었어요." 이것은 분명히 정의할 수 있는 정신병리적 '실체' 혹은 '분열성'이라는 용어가 적용될 수 있는 경험이다. 이러한 경험을 통해 나는 하나의 전체로서의 자아 내에는 최후의 마지막 분열이 존재한다는 것을 가정하기에 이르렀고, 페어베언은 그것을 수용했다. 그것은 내가 퇴행한 자아라고 부르는 것으로, 유아가 자신이 살고 있는 세상이 너무나 견디기 힘들어서 자신의 가장 민감한 핵심이 자기 내부로 도망친 것이다. 위니컷은 유아의 '참자기'를 언급하면서, 그것은 자라날 수 있는 자양분이 없는 환경에서는 이후의 보다 좋은 환경에서 다시 태어날 수 있다는 비밀스러운 희망을 품은 채 차가운 저장고 안으로 움츠러들어 있지만, 그 참자기의 의식적 표면 위에서 순응에 기반한 거짓자기가 발달되어 나온다고 말한다. "저는 실재하는 사람이 아닙니다. 저는 좋은 과학자이지만 다른 사람들과 어떠한 관계도 형성할 수가 없어요."라고 말했던 어떤 젊은 과학자의 사례처럼 이것은 단지 가장 심각한 사례일 뿐이지만 '자아분열'이라는 용어에 대한 가장 명확한 의미를 준다.

이러한 사례들이 사소한 정도에서는 적어도 실제적으로 많은 사람에게서 발견할 수 있는 보편적인 것이라고 생각되지만, 이런 극단적인 사례들을 제외하면 '분열성'이라는 용어는 그 정의의 단순함에 비해서는 너무나도 광범위하고 다양한 상태를 포괄하고 있다. 이러한 분열성 심리의 핵심을 알아채고 나서 정신신체적, 히스테리적, 강박적, 우울적, 성적, 공격적, 불안 등 모든 종류의 병리가 혼합되어 있는 하나의 정신병리적 흐름을 나타내는 데, 특히 다른 정신병리적 상태의 근간으로서 주의를 기울일 수 있도록 해 주는 데 있어서 이 용어를 사용하는 것이 더욱 유용하다. 분열성 특성은 잠시 동안만 나타났다 사라지는 일시적인 것에서부터, 지속적으로 내부에서 정신건강을 위협하는 기본적인 조건으로서 오랜 분석 기간 동안에도 그 병리적 힘과 파급력이 많은 방어기제 배후에서 겨우 드러나는 것에 이르기까지 다양하다. 우울증으로 분석치료 중인 한 젊은 부인이 휴가를 떠나기 직전에 치료회기에 왔다. 그녀는 말을 하지 않았고 반응이 없었으며 정신적으로 깊은 생각에 빠져 있었다. 나는 "당신은 곧 휴가를 떠날 예정이고, 이번 주에 저와 떨어져 있어야 된다는 것 때문에 두려워하고 있습니다. 당신은 저 없이 혼자서 무엇을 해야 한다고 느끼고 있으며, 그래서 아직은 그럴 필요가 없음에도 이미 그것을 하기 시작했습니다. 만일 지금처럼 당신이 저와 단절되어 있다면 당신은 휴가 기간 동안에 훨씬 더 불안해 할 것입니다."라고 말했다. 이런 말로 방해받자 곧 그녀의 철수상태는 사라졌지만, 이러한 일회적인 경험만으로도 그녀의 우울증의 밑바닥에 잠재되어 있던 꽤 심각한 분열성적 요인들이 나타날 가능성을 보여 주기에는 충분했다. 얼마 지나지 않아 이러한 가능성이 극적으로 확증되었다. 목소리가 크고 지배적인 시어머니가 그녀를 방문할 예정이었고, 그녀는 역으로 시어머니를 마중 나가기 직전에 치료를 받고자 방문하였다. 그녀는 창

245

245
제6장 분열성 문제

백했고, 말이 없었고, 이 세상에 없는 사람 같았다. 나는 그저 "당신은 시어머니를 두려워하고 있군요."라고만 말했다. 그녀는 작고, 긴장되고, 불안한 목소리로 대답했다. "저는 점점 더 멀리 떠나가고 있어요. 저는 너무나 멀리 떨어져 나왔어요, 다시 돌아갈 수 없을까 두려워요. 제가 미친 건가요?" 나는 그렇지 않다고 그녀를 안심시켰는데, 이것은 분석과정에서는 절대로 안심시켜 주는 말을 사용해서는 안 된다고 말하는 정통 정신분석가들에게 내가 동의하지 않는 하나의 지점이다. 물론 대부분의 경우에 안심시켜 주는 것은 분석될 필요가 있는 것을 그냥 눌러 버릴 수 있다. 그러나 이 사례에서 나는 안심시켜 주는 것이 진정한 문제에 대해 그녀의 주의를 환기시켜 줄 것이라 느꼈는데, 그 문제는 미칠 것에 대한 두려움이 아니라 시어머니에 대한 두려움 때문에 철수되는 것이었다. 우리는 상식을 따라야 하며 너무 이론에 좌우되어서는 안 된다. 그러고 나서 나는 그녀가 시어머니에 대해 무엇을 느끼는지 자유롭게 얘기할 수 있도록 그녀를 격려했고, 치료회기의 막바지에 이르러 그녀는 시어머니와 더 잘 직면할 수 있다고 느꼈다. 그럼에도 그녀는 그 이후의 3일에 걸친 저녁시간 동안 나와 접촉의 끈을 놓지 않기 위해 나에게 전화를 걸어야 했다. 그러나 시어머니가 되돌아가기 전에 그녀는 자신을 꽤 잘 제어할 수 있었고 철수되지 않았다.

이 사례는 분열성 반응이 두려움의 산물이라는 점을 특히 잘 보여 준다. 그 환자의 어머니는 거의 정신병적인 상태에 가까운 사람으로, 자살시도의 경력이 있었고, 심하게 방치되었던 아동기를 보냈다. 그녀의 우울증은 부분적으로는 자신의 나쁜 기질과 다투기 잘하는 특성으로 인한 죄책감에서 파생되고 있었으나, 그 우울 증상 자체가 그녀의 고통스럽고 철수된 정신상태에도 불구하고 사람들과 접촉을 유지하려 투쟁하게 해 주는 역할을 하고 있었다. 내가 공격성의 문제를 그렇게 충분히 다루려는 이유 중의 하나는 우리가 그것을 명확하게 파악하지 못하고는 그것을 넘어서서 볼 수가 없기 때문이다. 한 환자가 "당신을 사랑하기보다는 차라리 당신을 미워하고 싶습니다. 그게 더 안전하니까요."라고 말했을 때, 그 말의 진정한 의미는 "나는 너무 두려워서 사랑할 수도 미워할 수도 없을 것 같습니다. 그래서 나는 어떤 감정도 느끼지 않을 겁니다." 라는 것이다. 이 환자의 우울증 배후에 있는 것은 무감동의 느낌, 삶의 허무에 대한 느낌인데, 이는 페어베언이 분열성 성향을 가진 사람들이 종종 우울증이 있는 것처럼 보인다고 지적했던 바이다. 그녀는 일주일에 두 번, 마지막 2년간은 주당 1회로 줄여서 그렇게 집중적이지는 않은 7년간의 분석 끝에 '치료'상태에 도달했다. 그녀의 병은 아기를 출산하고 나서 자신이 아기에 대해 아무런 느낌을 갖지 못하고 있고 아기에 대해 아무런 관심이 없다는 것을 스스로 발견하면서 시작되었던 것이다. 이 사례는 '우울증'으로 진단되었는데, 이 진단명은 확실하게 적절한 약물로 치료할 수 있는 매우 특수한 정신병리적 실체를 지칭하는 것으로 오늘날의 정신과 의사들에 의해 사용되고 있는 것 같다. 임상현장에서 광범위하게 다양한 정신상태를 경험하는 환자들이 모두 자신의 상태를 '우울한' 것으로 묘사하고 있으며, 나는 여태껏 항우울제가 환자들의 문제를 기약 없이 선반에 얹어 두는 것 이상으로 다룰 수 있었던 사례를 본 적이 없다. 아기의 출생은 이 환자에게 그녀 자신의 결핍된 아동기와 관련하여 묵혀 둔 모든 느낌을 다시 불러일으켰으며, 이것이 그녀의 '우울한' 느낌을 유발하는 큰 원천이 되었다. 모든 실제적 목표에서 볼 때, 그녀는 지금 5년 동안 우울증으로부터 자유로운 상태를 유지하고 있다. 그녀에 대한 분석은 우울증만큼이나 그녀의 철수상태를 다루었고, 그녀는 자신의 아기에 대해 '느낌'을 가질 수 있게 되었으며, 전반적으로 삶에 대해 더 즐거움을 느낄 수 있게 되었다. 그녀는 그 정도 지점에서 안정감을 유지할 수 있었으며, 그녀의 유아기 과거력이 나로 하여금 아마도 그 지점에 있으리라 추측케 하였던 퇴행된 분열성의 핵 속으로 더 깊이 탐색해 들어갈 필요가 없었다. 완벽주의자가 되는 것은 위험한 일이다. 특히나 그 출현이 매우 파괴적일 수 있는 분열성 요인을 다루는 데 있어서는 더욱 그렇다. 환자들마다 회복을 위한 잠재력과 해결될 수 없는 것을 간직해 둘 수 있는 역량이 선천적으로 다르다. 모든 실제적인 목적에서 볼 때, 환자가 치료를 통해 얻은 적절한 이득을 유지할 수 있고 자신의 일상생활을 다루어 나가고 즐기는 데 있어서 안정을 유지할 수 있다면 그것이 어느 시점이건 바로 그때가 분석이 종료되는 지점이다.

히스테리와 분열성 문제의 관련성

심각한 히스테리는 그 뿌리를 정신분열증에 두고 있다는 것을 처음으로 관찰했던 분석가 중 한 명이 바로 페어베언이다. 지금은 분열성적 상태에 대해 더 정확하게 말할 수 있겠는데, 그것이 순수하게 정신역동적인 문제일 경우에는 정신분열증에 있어서 매우 큰 역할을 한다는 점이다. 히스테리 환자들은 성가시고, 타인의 관심을 구하며, 요구가 많고, 지나치게 의존적이며, 동정심이나 도움을 받기 위해 자신의 병을 과장하여 표현함으로써 자신을 치료하는 의사를 포함하여 타인을 조종하려는 특징을 지니고 있다는 것이 대개의 정신의학적 견해이다. 이 환자들은 질병의 이차적 이득 secondary gain[2]을 착취적으로 사용하는 전문가가 된다. 이러한 히스테리성 유형의 사람들은 자족적인 태세를 취하는 냉담하고 초연하고 지적인 분열성 유형의 사람들과는 너무나도 다른 것처럼 보인다. 히스테리적인 사람들을 이렇게 묘사하는 것은, 비록 그 나름의 진실이 있기는 하지만 매우 요구가 많은 환자들에 대한 의사들의 방어 때문에 지나치게 과장된 측면이 있다. 이런 유형의 환자들에게 가장 선호되는 처방은 "냉정을 되찾고 다른 사람을 더 많이 생각하십시오."이다. 히스테리적 성격을 가진 사람들이 함께 살고 있는 주변 사람들을 소진시키고 지치게 만들 수 있다는 것은 사실이

---

2) 히스테리 증상의 메커니즘으로, 그 증상 자체는 무의식적 갈등에 직면하지 않으려는 동기에서 파생된 것이므로 이미 일차적인 이득(primary gain)을 지니고 있지만, 이미 증상이 발현된 이후에는 그 증상을 이용하여 일상에서 마주치는 스트레스를 회피하거나 타인의 관심과 동정을 끌고자 한다는 의미에서 이차적인 이득이라 불린다.

지만, 의사를 조종하는 것과 같이 그런 상황은 자신들이 진정한 문제를 지니고 있지 않은 것처럼 이해되는 것에 대해 그들이 지닌 분노 때문에 복잡해진다. 그러한 충고가 얼마나 어리석은 것인지는 히스테리라는 문제의 진정한 속성을 조사해 보면 분명해진다. 강박적이고 우울한 사람들의 경우에 그 문제는 프로이트식의 초자아라는 측면에서, 혹은 무의식 속에 있는 극도로 요구가 많은 유아에게 사납고 처벌적인 페어베언의 반리비도적 자아라는 측면에서 묘사될 수 있다. 그런 환자들은 노골적으로 자신에 대해 적대적이며 자신의 욕구를 부인하려고 한다. 히스테리적인 상태는 적어도 표면적으로는 이와는 반대이다. 혼자 남겨질까 봐 두려워하면서 리비도적인 욕구가 좌절당하여 애정에 굶주린 아이는, 결국은 그것만 있으면 혼자 살아갈 수 있을 일차적인 지지적 관계에 대한 자신의 원초적 권리를 얻기 위해 투쟁하고 있는 것이다. 만일 그가 유아기의 적절한 시점에 그것을 얻었다면, 지금 그는 그처럼 약해져서 타인들에게 의존적인 상태가 되지는 않았을 것이다. 히스테리 성향을 가진 사람들은 어른의 몸으로 성장한 방임된 아이이며, 성인처럼 행동할 수 없기 때문에 다른 성인들로부터 이기적이라고 간주된다. 그들이 그렇게 할 수 없는 것은 정서적으로는 어른이 아니기 때문이다. 심각한 히스테리 환자에게는 진정한 공황적 공포감이 결코 멀리 떨어져 있지 않다. 그들은 필사적으로 지지적인 인간관계를 필요로 하고 있음에도 그 관계에 대해 정말로 믿음을 가질 수 없으며, 그런 관계를 가질 수 있는 상황에서도 그것을 받아들일 수 없기 때문이다. 이렇게 되는 가장 두드러진 이유는 히스테리 환자들은 대개 자신이 그렇게 요구가 많은 것에 대해서 실제로는 큰 죄책감을 느끼고 있으며, 그들의 초자아는 가장 고통스러운 전환 증상 속에서 스스로를 심하게 처벌하고 있기 때문이다. 한 환자는 "저는 모든 친구를 잃었어요. 제가 그들에게 너무나 많은 요구를 했기 때문에 그들이 저를 견딜 수가 없었던 거지요."라고 말했다. 가학적인 초자아는 강박적이고 우울한 사람들의 꼭대기에서 그리고 히스테리 환자들의 내부에서 강하게 활성화되어 있으며, 종종 거의 참기 어려운 신체적 고통 속에서 그들을 공격하고 있다. 히스테리 환자들은 요구가 많은 자신에 대해 죄책감을 느끼고 있는데, 이것은 그것이 공격적이기 때문이 아니라 나약하고 유치해 보이기 때문이다. 철제 서랍 속에 아기가 있는 꿈을 꾸었던 그 할머니는 뚜렷한 히스테리적 단계를 거쳐 갔는데 그 과정에서 꿈을 꾸었다. "저는 남편과 딸들 그리고 돌봐야 할 여섯 명의 손님이 있었고 치마폭에는 배고파서 울고 있는 아기가 있었기 때문에 그 상황에 대처할 수 없었어요." 침착하고 오랫동안 시달려 온 그녀의 남편이 가끔씩 그녀에 대해 인내심을 잃게 되는 것도 놀랄 만한 일은 아니었고, 그럴 때면 그녀는 큰 외로움과 배척당한 느낌을 가질 수밖에 없었다. 그녀는 "저는 제 마음속에 있는 아기를 남편에게는 표현할 수가 없어요. 그는 너무 좋은 사람이지만, 진정으로 이해하지는 못해요. 저는 이제 겨우 어른이 된 걸요."라고 말하곤 하였다. 그러나 사실 그녀는 어떤 특정한 지점을 넘어서지 못하고 있었다. 그녀는 어떻게 해야 했는가? 한 여자 히스테리 환자는 거의 정신분열증석인 상태임이 드러났고 "저는 다시 집으로 돌아가고 싶어요. 그리고 침대로 가서 아기가 되어 제 부모님이 처음부터 다시 저를 보살펴 주도록 요구하고 싶어요."라고 말했다. 이 할머니가 말한 대로 될 수는 없었기에 그녀는 가장된 형태로 그렇게 할 수밖에 없었으며 그에 대한 큰 대가를 치르게 되었다. 그녀는 오른쪽 팔에 극심한 고통을 느끼기에 이르렀고 무력한 상태가 되었다. 그녀의 의사는 뭔가 심각한 문제가 생겼다고 확신했고, 그녀를 자문 의사에게 보내어 엑스레이를 찍게 하고 약물과 두 달간의 신체적 치료를 처방했다. 그러나 아무것도 나아지지 않았다. 그녀는 치료를 받으러 오는 것에 너무 지쳤고 고통스러웠으며, 남편과 아내 모두 절망적인 기분을 느꼈다. 수일 동안 남편은 일하러 갈 수 없었고 그녀를 혼자 내버려 둘 수도 없었다. 나는 내가 좀처럼 하지 않던 것을 시도했다. 나는 그녀의 집으로 왕진을 갔고, 잠시 이야기를 나눈 다음 그녀가 마치 아기처럼 자신의 팔을 돌보고 있다는 것을 지적했고, 배고픈 아기 때문에 가족을 보살펴 줄 수 없었던 꿈을 꾸었던 것을 상기시켰다. 그녀는 이미 그런 생각이 떠오른 적이 있다는 것을 인정했지만, 그것을 공상으로 치부해 버렸다고 말했다. 하지만 치료를 다시 재개했고, 그날 이후 몇 주 만에 극심한 고통은 사라졌다. 철제 서랍 속에 아기가 있던 꿈에 의해 그녀가 가진 문제의 깊은 곳이 드러난 것은 오랜 시간이 지난 후였다. 그녀는 유아기와 아동기 동안 심한 애정결핍을 경험한 적이 있다. 그녀의 어머니는 남편보다 높은 사회적 계층에 속했고, 자신을 방치하는 술주정뱅이 뱃사람과 자신이 결혼했다는 것을 알게 되었으며, 그 기간 동안에 어머니 역할을 제대로 수행하기가 매우 어려운 상태였다. 나의 환자는 부모가 가장 원하지 않았고 또 마지막 아이로서, 가장 심한 증상을 겪은 환자들 중 한 명이었다. 히스테리 환자들은 그들의 요구하는 행동으로 인해 자신들이 받았던 상처의 대가를 타인들뿐 아니라 자기 자신에게도 치르게 만드는 사람들이지만 나약하다는 느낌에 대한 그들의 죄책감보다 더 깊은 곳에는 분열성적 고립에 대한 공포감 때문에, 그리고 그들이 그럴 기회가 있을 때조차도 진정한 인간관계로 진입해 들어갈 수 없는 실제적 무능력 때문에 자신의 그러한 삶의 방식에 죽기 살기로 매달릴 수밖에 없는 것이다.

극도로 심한 히스테리적 증상을 가진 한 중년 부인이 오랜 분석 끝에 분명한 분열성 문제가 드러나게 되었다. 술집이나 드나드는 아버지의 맏딸이자 반복적으로 임신하고 종종 아픈 어머니를 가진 여성으로, 그녀는 출생 시 원치 않는 아이였고 여덟 살이 되었을 때 그 가정의 '작은 엄마'라는 원치 않는 과중한 짐을 지어야만 했다. 그녀는 기계적으로 일을 처리하는 내성적인 아이로 성장하였다. 자신보다 훨씬 나이 많은 좋은 아버지상good father-figure의 남자와 결혼한 후 아기를 갖게 되었을 때 탈이 났다. 그녀의 아기는 제대로 엄마 역할을 하기에는 너무나 약했던 엄마를 미워하는 아이로 성장하였다. 오랫동안 그녀에 대한 분석은 두려움, 긴장, 원한, 질투, 성인기와 이른 아동기의 삶 모두에 대한 죄책감, 그리고 아버지의 사랑을 성나게 갈구하는 마음과 그녀의 남편에 대한 파괴적인 소유욕 및 과도한 의존을 훈습하는 것으로 채워졌다. 한 꿈에서 그녀는 아동기에 살았던 집을 모든 가족이 그 안에 있는 채로 태워 버렸고, 그 후 죄책감에 사로잡혀 그 안으로 달려가 가장 좋아하는 두 아이를 구해 내어 그들을 돌보는 데 여생을 헌신하였다. 이 꿈에서는 미움, 죄책감 그리고 우울감이 얼마든지 발견될 수 있었다. 하지만 조금씩 그리고 필연적으로, 더 깊은 분열성 수준에서 나오는 자료들이 밀려 나오기 시작했다. 그녀는 인간관계에 대한 욕구와 두려움 사이에서 오는 전형적인 갈등을 드러내기 시작했는데, 전형적인 분열성 안과 밖의 행동in and out behavior,3) 즉 한때는 반응적이다가 다른 때는 저항적이고 공격적이며 혹은 단절된 듯한 초연함을 보이기도 하였다. 그녀는 두 가지 꿈을 꾸었는데, 꿈속에서 그녀는 내가 앉아 있던 방의 문 앞에서 두려움에 떨며 서 있는 작은 소녀였다. 그녀는 "제가 그에게 다가갈 수 있다면 저는 안전하겠지요."라면서 나에게 달려오기 시작했다. 그러나 그 두 꿈에서 모두 같은 나이의 다른 소녀(그녀 자신의 또 다른 측면)가 성큼성큼 다가와 그녀를 밀쳐 버렸는데, 두 번째 꿈에서는 그녀의 얼굴을 잔인하게 가격하였으며 바로 그 부위에서 그녀는 종종 극심한 신경통에 시달렸다. 이런 꿈들은 종종 타인에게 과도하게 의존하거나 지나친 요구를 하는 자신을 비난하는 여성들이 꾼다. 이러한 깊은 두려움과 나에게 진정으로 의존하는 것을 결코 받아들일 수 없

---

3) in-and-out program 또는 schizoid compromise라고도 한다. 이는 분열성 성격을 지닌 사람들이 대인관계에서 특징적으로 사용하는 일종의 방어기제이자 보상적 행동이라고 할 수 있다. 자아상실에 대한 두려움으로 인해 전적으로 타인과의 관계에 몰입하지도 못하고, 그렇다고 전적으로 타인과 단절된 채 외로움을 견디는 것도 어렵기 때문에 타협책으로써 반은 자신의 안쪽에, 반은 자신의 바깥쪽에 머무는 분열성적 방식으로 적응해 나가는 양식을 보인다.

는 무능력 때문에 그녀의 내적인 고립감이 일깨워졌으며, 그녀는 급작스런 공황상태에 빠지기 일쑤였고, 모든 것으로부터 단절되어 전적인 고립감을 느꼈다. 그녀의 인격구조에 내재된 분열성 핵이 출현하였던 것이다. 이러한 끔찍한 고립은 너무나도 무서운 것이어서, 일단 한밤중에 그런 상태가 급습하면 그녀는 심각한 공황상태에 빠져서 가지고 있던 모든 수면제를 삼켜 버렸고 가까스로 목숨을 구할 수 있었다. 그런 일이 있고 나서 그녀를 향한 나의 태도가 변하지 않았다는 것을 알자(그녀는 내가 화를 낼 것으로 예상했던 것이다), 이 끔찍한 고립감이 다시 발전되기 시작하기 전까지는 꾸준한 진전을 보였다. 정말이지 그 끔찍한 정신적 고통을 견디기 어려울 것 같다며 그녀는 전기충격 치료를 받게 해 달라고 호소하였다. 심리치료가 이러한 그녀의 고통을 충분히 빠르게 완화시키지 못했기 때문에, 나는 그녀의 다급한 요청을 받아들일 수밖에 없었다. 전기충격 치료를 받고 난 후 그녀는 약 세 달 동안 심각하게 퇴행되어 있었는데, 이 문제는 그녀의 남편이 훌륭하게 다루어 주었다. 다시 한번 그녀는 서서히 나아지기 시작했지만, 특히 한밤중에 경험하는 그 무력한 고립감으로부터 자신을 보호하기 위해 약물을 요구하였다. 그녀가 집에서 혼자 있을 수밖에 없는 때가 있었기에 우리는 동의할 수밖에 없었다. 그러나 나는 그 주의 하루는 아침에 남편이 그녀를 돌볼 수 있을 때 약을 전혀 복용하지 말고 그 대신 남편이 나에게 그녀를 데리고 오도록 조치를 취했다. 그녀는 큰 고통 속에서 나에게 왔고 치료회기가 끝날 때쯤 되면 훨씬 침착해지고 자신을 추스를 수 있었다. 짐차 그녀는 고독의 공포에 대항하기 위한 방어로서 약보다 사람이 낫다는 것을 확신하게 되었다.

치료 그리고 관계에 대한 욕구와 두려움

기본적으로 약한 자아를 가진 환자를 치료적으로 지지하고 보살 피는 이런 유형의 문제는 인간관계에서의 경쟁, 질투, 원한과 좌책 감을 둘러싼 오이디푸스적 갈등을 치료적으로 분석하는 문제와는 너무나도 다른 것이기 때문에, 위니컷은 치료를 두 종류 또는 수준 으로 나누었다. 그것은 오이디푸스적 문제에 대한 고전적인 분석 Classical Ananysis과 생의 초기부터 충분히 좋은 보살핌을 받지 못했던 사람에 대한 관리Management이다. 앞서 말했던 환자의 어머니는 직 장에 나갈 때면 늘 그녀의 아기를 유모차에 태운 채 이웃 사람에게 맡겨 놓곤 했다. 내가 보기에 기본적으로 더 분열성적인 사람들보 다는 진짜 우울한 환자들과 더 진정한 치료적 관계를 맺을 수 있는 것 같다. 이것은 모두 정도의 문제이다. 그 둘이 서로 배타적인 진 단적 실체인 것처럼 우울한 환자이냐 또는 분열성적인 환자이냐를 선택하는 문제가 아니라, 어느 정도 우울하고 어느 정도 분열성적 인가 하는 문제인 것이다. 환자의 인격구조 내에서 어떤 조건이 더 강하건 나머지 한 조건은 방어로서 발달할 수 있으며, 그래서 멜라 니 클라인이 지적한 대로 환자들은 그 두 조건 사이를 왔다 갔다 할 수 있다. 한 가지 꽤 신뢰할 만한 기준은, 만일 어떤 환자가 진 정으로 더 우울한 상태이고 화가 나 있다면 그는 더 인간적이고 정서적인 것이라는 점이다. 부정적 전이관계 내에서 분노가 자신에게 돌려지고 있는 경우라 할지라도 그러하다. 분열성적 환자가 공격적인 모습을 보일 때, 그 미움은 냉담하고, 파괴적이고, 편집적이고, 감정이 결여되어 있다. 우울한 환자는 분노 속으로 솔직하고도 맹목적으로 몰입해 들어가며, 이후에 모든 것이 가라앉고 나면 누군가에게 상처를 준 것에 대해 죄책감을 느낀다. 분열성적인 사람은 감정을 느끼지 않으며 취약한 지점을 발견하여 표면 아래로 파고 들어가는 교묘한 능력을 가지고 있을 수 있고, 당신은 그 공격성이 표면적으로는 과하지 않지만 표면 아래에서 음험한 계획을 세우며 계속 남아 있는 것처럼 느껴지기 때문에 좀처럼 그 분노를 달래기 어려울 수도 있다. 이것은 인생의 시작 지점에서부터 그들이 가진 따뜻한 인간적 감정이 한 번도 일깨워진 적이 없기에 분열성적인 사람들이 너무나도 밑바닥에서부터 인간적인 고립상태에 놓여 있기 때문이다. 이런 점 때문에 멜라니 클라인은 분열성적이고 편집적인 마음상태[4]를 긴밀하게 연결시켜 놓았던 것이다.

　물론 모든 분열성적인 사람들이 이렇게 차갑고 해로운 분노를 발전시키는 것은 아니다. 어떤 사람은 기질적으로 더 느긋하고 어떤 사람은 더 공격적이다. 후자의 사람들이 훨씬 더 공격적이기 쉬운 반면, 전자의 사람들은 피한다. 한 상냥한 기질의 여성 환자는 실제로 그럴 만한 이유가 별로 없었음에도 엄격하기는 해도 폭력적이지는 않은 아버지를 점점 더 무서워하는 딸로 성장하였다. 하

---

4) 편집-분열적 자리(paranoid-schizoid position)를 말한다.

지만 그녀의 어머니는 그녀가 태어났을 때 신경쇠약에 걸렸고, 그녀가 매우 불확실하게 인생을 시작하게 만들었으며, 그 이후부터는 도덕적인 금욕주의자와 정서적으로 소유욕이 강한 두 면모를 번갈아 보였다. 이 아이의 민감한 마음은 자신 속으로 움츠러들었고, 항상 혼자라고 느꼈지만 감히 사람들과 접촉하려는 시도를 할수가 없었다. 한번은 꿈을 꾸었는데, 한 쌍의 남녀가 키스하는 것을 보고 그 자리에서 도망쳐 작고 어두운 별채에 숨는 꿈이었다. 나중에 그녀는 위쪽에 작은 구멍이 뚫린 쇠로 만든 커다란 공 속에 있었고, 필사적으로 옆으로 움직여 밖으로 나가려고 애쓰는 꿈을 꾸었다. 나는 밖에서 그녀를 격려하고 있었고, 드디어 그녀는 해낼 수 있었다. 그녀의 고립되고 비밀스러운 분열성 자아가 밖으로 나와서 구조될 수 있을 정도로 그녀는 나와 충분히 진정하게 관계한다는 느낌을 가질 수 있었다. 하지만 지금은 공허 속에서 자신의 자아를 상실할까 봐 두려움을 느끼는 대신에 반대로 관계 속에서 압도당하고 자신의 인격을 강탈당할까 봐 두려워하는 느낌을 갖게 되었다. 그녀는 자신의 모든 소중한 소유물과 함께 폐쇄된 방 안에 있었고 내가 그것을 강탈하기 위해 침입하는 꿈을 꾸었다. 의심할 바 없이 그녀는 성행위나 결혼을 두려워하고 있었지만, 그 꿈에는 위장된 성적인 상징 그 이상의 것이 있었다. 그것은 근본적으로 그녀가 어떠한 친밀한 관계도 견디어 내고 어떤 다른 인간관계에서도 생존 가능한 인격을 유지할 수 있을 정도로 강하다는 느낌을 가질 수 없었다는 것을 의미한다. 분열성적인 사람은 분명히 자신이 필요로 하는 인간관계를 맺을 수도 없고 그런 인간관계 없이 지낼 수도 없다.

분열성 이론의 뒤처진 발전

분열성적 조건이 형성되는 근본적인 원인은, 어머니가 아기의 유일한 환경이자 전체 세계여서 아기가 다른 대안적인 방어도 갖추지 못하고 있을 때 어머니와의 정신적 유대관계를 상실한 데 따르는 고립을 경험했기 때문이다. 어머니는 정신감각적인 안정감의 일차적 원천이며, 출생의 분리 외상을 상쇄시킬 수 있는 첫 관계의 제공자이다. 안정감이 신속하고도 틀림없이 회복될 수 있다는 이러한 주관적인 경험만이 유아의 정신이 가진 자아의 잠재력을 발달시킬 수 있다. 종종 오이디푸스적이고 우울증적인 문제는 본능 통제의 문제인 반면, 분열성적 문제는 관계의 문제와 관련된다고 말한다. 그래서 페어베언은 더 깊은 곳에 있는 분열성 문제를 어떻게 자신이 처음으로 자각하게 되었는지 기술하면서 한 환자를 인용하였는데, 그 환자는 "선생님은 항상 제가 이런저런 본능을 충족시키려 한다고 말하고 있지만, 제가 원하는 것은 아버지입니다."라고 말하였다. 하지만 이 말이 그리 오래가지 못했고 나중에 그는 자신이 궁극적으로 원하는 것이 어머니에 대한 것이라는 것을 알게 되었는데, 어머니 없이는 유아의 정신이 한 인격 자아가 되어 가는 데 있어서 첫걸음을 떼기 위한 어떠한 수단도 갖지 못하기 때문이다. 만일 우리가 성신신경증직인 강에는 타인과의 관계와 관련되어 있다고 말한다면, 분열성적 조건은 자신의 자기self와의 관계와 관련이 있다고 말해야만 할 것이다. 이는 공허감, 비실체감, 퇴락한 느낌으로 인하여 자신이 하나의 자기인지 아닌지 혹은 자신이 하나의 자기를 가지고 있는지 아닌지에 관해 늘 불확실한 느낌을 갖는 형태로 일관되게 드러난다. 분열성 환자들은 자신의 자기됨에 대하여 충분히 확고한 느낌을 가지고 있지 못하고 있기 때문에 타인들과 만족스러운 관계를 맺을 수 없다는 사실이 너무나도 자주 발견된다. 우리는 분열성적 문제가 어떻게 히스테리 증상으로 끼어드는지 보아 왔지만, 그것은 편집증, 우울증, 강박증, 공포증 그리고 다른 유형의 문제들에서도 똑같이 분명하게 나타난다.

우리는 지금 분열성 문제를 그 이론적 맥락 속에서 설정해야 한다. 그 현상은 항상 있어 왔던 것이지만, 그것이 얼마나 특별한 중요성을 지니고 있는지는 늦게야 알게 되었다. 프로이트는 전이신경증과 정신증 사이를 구분했고, 정신분석은 신경증 환자들에게만 적절한 치료법이라고 주장했다. 이는 신경증 환자가 관계를 형성할 수 있게 해 주는 전이를 허용하기 때문인데, 정신증 환자에게는 이것이 불가능하다고 보았다. 프로이트의 이러한 생각은, 신경증보다 더 깊은 곳으로 진입하는 조건들의 문제는 정신증 환자들이 인격적 관계를 형성하고, 따라서 전이관계를 형성하기가 불가능하지는 않지만 극도로 어려운데 그것이 관계를 형성하는 데 필요한 적절한 자기 혹은 자아를 지니고 있지 못하기 때문이라는 사실을 인식하기 위한 첫걸음이라는 것을 이제 알 수 있게 되었다. 분석가능한 정신증적이고 경계선적인 사례들은 분열성 문제를 집중적으로 보여 준다. 그러나 정신신경증의 사례에서도 분열성 문제는 존재한다. 제이콥슨은 다음과 같이 말한다.

> 정체성의 문제에 대해 관심이 급증한 것은 정신분석학의 지평이 확대되었고 점점 더 많은 경계선적 혹은 심지어 정신증적 환자들까지 도움을 받기 위해 분석가를 방문하고 있는 데 기인하는 것 같다. 그런 환자들에게서 우리는 대상관계 및 초자아와 자아의 기능을 심각하게 훼손하는 퇴행뿐 아니라 우리의 인격적 정체성이 기반하고 있는 본질적인 동일시들을 해체시키는 과정을 관찰할 수 있다.[2]

나는 이러한 언급이 분열성 문제의 출현을 인식하고 있는 것이라 생각한다.

이것을 표현하는 또 다른 방법은 정신분석에 적합하기 위해서는 환자가 손상되지 않은 자아를 지니고 있어야 하며, 이것은 신경증보다 더 깊은 장애를 지닌 정신증적, 경계선적 그리고 다른 유형의 사례들에서 보이는 장애는 제대로 된 자아를 결여하고 있다는 것을 보여 준다고 말하는 것이다. 이것으로 사실을 묘사하기에는 충분하다. 하지만 손상되지 않은 자아란 무엇인가? 그런 것이 있는가? 임상 실제에서 그런 용어는 무의미하다. 그러나 오랜 시간이 지난 후에야 본능의 문제가 아닌 자아의 문제가 정신장애의 전 범위를 관통하는 하나의 근본적인 문제라는 것이 분명해졌다. 손상되지 않은 자아란 전체적이고 건강한 인격을 오직 그려서 보여 줄 수 있을 뿐이다. 프로이트와 브로이어는 정신신경증으로서의 히스테리 환자들과 함께 시작하였다. 1890년대에 그들은 히스테리의 문제가 분열성적이고 정신분열증적인 문제로 회귀한다는 것을 알기 어려웠다. 그들은 전환 증상, 요란한 전시적인 반응들(악명 높은 히스테리 궁arc du cercle[5] 증상은 이제 사라진 것 같다. 나는 30년 만에 처음으로 그와 거의 비슷한 증상을 보이는 환자를 본 적이 있다)을 다루고 있었다. 히스테리 환자들이 보이는 충족되지 못한 욕구에 대한 강렬한 감각, 어린아이처럼 매달리고 의존하는 행동, 성적 문제들로 전이되기 쉬운 경향성 때문에 브로이어는 겁을 먹고 손을 뗐다. 그러나 프로이트는 굴하지 않고 계속해 나갈 수 있는 용기가 있었다. 프로이트가 그처럼 성을 강조했던 것은 초기에는 이처럼 히스테리 환자들의 증상에만 집중했기 때문이었다. 대체로 성적인 현상이란 위니컷이 언젠가 언급한 대로 '한 조각의 생리학a bit of physiology'인 순전히 생물학적인 본능 이외의 아무것도 아닐 때 인간관계를 보강하려는 욕구의 표현인 것이다. 페어베언은 그것이 강렬한 형태이건 미약한 형태이건 성적인 증상을 히스테리적 전환현상으로, 즉 자아나 인격의 상태를 몸의 상태로 대체한 것으로 간주했다.

이와는 대조적으로 공격성은 욕구가 박탈당한 것에 대해 분노를 표현하는 것이며, 그것이 자기에게로 방향을 전환할 때 프로이

---

5) 히스테리 궁(arc du cercle)은 온몸을 활처럼 휘게 만드는 고전적인 히스테리 증상 중의 하나로, 현재는 이러한 증상을 보이는 환자들을 거의 찾아보기가 어렵게 되었다.

트가 자신의 다음 탐구 단계인 강박신경증과 초자아에 대한 그리고 결국은 구조이론을 발전시키는 데까지 도달하도록 이끌었던 죄책감과 우울감을 유발한다. 프로이트가 히스테리 환자와 함께 시작했던 것은 행운인 동시에 불행이었다. 진지하고, 진정으로 객관적이고 과학적으로 그리고 근본적으로 성에 대해 탐구하는 역사상 첫 인물이 되도록 이끌었다는 점에서 그것은 행운이었다. 이것은 시급히 해야만 하는 일이었는데, 그 이전까지는 정신신경증이라는 현상이 감정, 도덕성과 가짜 도덕성, 그리고 그것이 정신적인 기원을 가지고 있다고 인식되지 않았던 생리적 증상론의 뿌연 장막 뒤에 숨겨진 채로 남아 있었기 때문이다. 그가 장막을 걷어 내는 이 작업을 너무나도 철저하게 수행하였기 때문에 임상적 사실들은 그대로 최종적인 것으로 확립되고 말았다. 하지만 그것은 단지 개정될 필요가 있는 초기의 설명 가설일 뿐이었다. 반면에 그 중요성을 너무 과대평가하도록 만들었기 때문에 처음부터 프로이트가 성에 사로잡힐 수밖에 없도록 만들었다는 점에서 그것은 불행이었다. 성적인 현상은 사실 훨씬 더 깊은 장애의 증상으로서, 인간이 겪는 문제들의 주요 원인으로 오랫동안 간주되고 있었다. 가학증과 피학증은 본능으로 언급되었고, 성과 공격성은 서로 혼동되고 그릇되게 관련되었고, 성적인 리비도는 삶의 충동 전체로 간주되었다. 프로이트에 대한 비평가들은 그를 범성욕론자로 비난하였고, 기술적으로 올바른 것이 아니었음에도 불구하고 허락될 수 있는 것보다 그런 비판이 더 타당성을 지닌 것처럼 평가되었다. 그럼에도 불구하고 유아 성욕, 성기 영역을 넘어서는 성적(감각적) 긴장, 즉 구강, 항문 그리고 신경 말단(피부)의 리비도적 흥분, 성과 증오의 혼합, 꿈, 신화 그리고 예술에서의 성적 상징, 무의식 내에서의 성에 대한 죄책감, 부모와 아이의 성적인 관계 등, 이 모든 것이 사상 처음으로 과학적인 방식으로 확립되었다. 이것은 엄청난 성과였다. 프로이트는 그저 성 본능을 수용하고 자신의 연구를 계속해 나갔던 것이다.

그 단계에서 아직 분명히 인식되지 못했던 것이 한 가지 있었다. 그것은 사람들이 정상적이고 생리학적으로 억제되지 않은 것처럼 보이는, 그럼에도 불구하고 사랑할 수 없고 더 깊고 더 인격적인 방식으로 타인에 대해 진정한 느낌을 가질 수 없는 것처럼 보이는 성적 반응들을 나타낼 수 있다는 것, 즉 사실상 성적 활동은 사랑이 결여되어 있을 때 빈번하게 사랑의 대용물로 이용되기 쉽다는 것이다. 성기적 성욕이 인격적 성숙과 동일한 것으로 잘못 받아들여졌던 것이다. 성숙이 성적인 능력을 포함하고는 있지만, 그 반대는 사실이 아니라는 점을 분명히 보지 못했다. 즉, 성적인 능력은 어떤 경우에도 인격적 성숙을 포함하고 있지 않다. 만족스러운 성 기능은 본능의 존재가 아니라 전체 성숙한 자아 혹은 자기의 일부분으로서의 성적인 욕구, 그 전체 자아의 전반적인 목적을 표현하는 것으로서의 성적인 욕구에 의존하고 있다는 것을 그 단계에서는 볼 수가 없었던 것이다. 프로이트는 이것을 간과했는데, 인격 person에 대한 만족스러운 개념이 그 당시에는 존재하지 않았던 것이 주된 원인이었다. 임상적으로 그는 성의 문제에서 통제의 문제로, 욕구에서 공격성과 죄책감으로, 히스테리에서 강박신경증으로 이끌렸다. 이것은 성이나 히스테리만큼이나 필요한 연구의 단계였다. 프로이트가 단순한 본능이론에만 근거했다면 히스테리에 대한 연구를 훨씬 더 진전시켜 나가기 어려웠을 것이다. 그것만 가지고는 충동의 운명, 만족, 좌절, 통제, 반항, 죄책감에 관한 이론밖에는 나올 수 없다. 프로이트의 고전적 정신분석 단계는 도덕성에 대한 생물사회적 이론이었다. 그래서 리프Rieff는 프로이트를 모럴리스트로 묘사했다. 그는 성의 문제를 연구하기 시작하면서, 도덕적 현상과 양심의 정신적 발달, 초자아 이론, 그리고 양심이 정신병리적인 것일 수 있다는 매우 중요한 사실에 관한 동등하게 사실적인 연구로 이끌려 나아가게 되었다. 정신병리에 있어서 초자아의 작동에 대한 분석은 생물학이 아니라 내면화된 인격적 관계, 내면화된 부모관계에 기반을 두고 있는 것이었다.

이것은 프로이트의 이론을 양분하는 위대한, 그 자신이 알아차린 것보다 훨씬 더 위대한 진전이었다. 강조점이 본능에서 자아를 그 중심에 두는 쪽으로 이동하는 사건이 1920년부터 발생하기 시작했다. 분리된 이드충동이나 본능의 충동을 통제하는 것을 넘어서서 자아, 전체 인격, 대상세계와 관계하는 자기로 관심이 유입되기 시작하고 나서야 분열성 문제가 부각될 수 있었는데, 그것은 하나의 자기로서 이미 그곳에 존재하고 있었기 때문이다. 그 전까지는 분열성 상태가 주로 기질의 문제로 다루어지고 있었다. 1944년이 되어서도 『오늘의 정신분석Psychoanalysis Today』에서 카디너Kardiner는 히스테리에 내재된 분열성을 언급하지 않았고, 힌지Hinsie는 정신분열증에 관해 그가 쓴 장에서 분열성적 속성을 기질적 요인으

265 265
제6장 분열성 문제

로 다루고 있다. 그러나 하나의 전체 자기로서 자아를 다루기 시작하면 관점은 변한다. 우울증은 여전히 애정 대상에게 상처를 주는 공격충동에 대한 죄책감으로 다루어질 수 있겠지만, 철수되고 단절되고 현실로부터 도피하고 있는 분열성적 상태는 분명히 자아, 즉 두려움과 고립에 사로잡힌 자기의 문제인 것이다. 그러나 완전한 도피는 죽음을 의미하는 것이므로, 유아는 어떻게 하면 투쟁과 도피를 동시에 달성할 수 있는지 그 방법을 찾아야만 하며, 그 필연적인 결과는 자아분열이다. 자신의 일부분은 의식의 수준에서 적대적인 외부세계와 공격적인 방식으로, 요구적이고 의존적인 방식으로, 또는 정서적으로 초연한 지적인 방식으로 관계를 맺고 있다. 반면에 자신의 보다 깊은, 민감하게 느낄 수 있는 능력을 가진 자신의 또 다른 부분과 함께 그는 도피의 길을 택하고 자기 자신 속으로 철수된다. 그의 정신적 존재의 살아 있는 핵심은 위니컷의 말대로 '차가운 저장고 속에 보관된 참자아'인, 철제 서랍 속의 아기처럼 되어 간다. 전문직의 매우 능력 있는 한 남성 환자가 꿈을 꾸었는데, 꿈속에서 그는 구덩이를 파서 만든 대피호의 바닥에서 살고 있었다. 그곳은 철로 된 작은 탑으로 덮여 있고 탑에는 밖을 볼 수 있는 두 개의 잠망경과 두 개의 구멍이 있는데, 한 구멍은 유입되는 소리를 녹음할 수 있고 다른 한 구멍은 자신의 메시지를 방송할 수 있었다. 그는 침착하고 다른 사람에게 쉽게 휘둘리지 않는 사람처럼 보였지만, 자신의 내부에서는 마치 구덩이 속에서 겁에 질려 웅크리고 있는 아이처럼 느끼고 있었던 것이다. 그 탑은 외부세계를 다루는 자신의 비인격화된 머리였다. 외출하여 거리를 걷고 있을 때 느끼는 극심한 흉통이 그의 주요 증상이었는데, 그 증상은 집(자신의 구덩이)으로 돌아오면 사라지는 것으로서 일종의 전환 히스테리 증상이었다.

히스테리, 몸이 된 자기와 자아분열

히스테리의 증상은 순수한 강박 증상보다 훨씬 흔하며, 심각한 강박 증상은 히스테리 환자들은 너무나도 잘 자각하고 있는 내면의 요구 많은 아기를 경멸하고 처벌하고 있기 때문에 매우 심각한 문제를 야기한다. 페어베언은 '다시 히스테리로!'라는 슬로건을 내세워, 우리로 하여금 히스테리의 성을 다시 한번 살펴보게 만드는 계기를 마련하였다. 강박신경증은 강박충동적인 사고와 관념을 사용하는 그 정교한 방식이 발달의 후기 단계에서 파생된 것 혹은 그 것을 활용하는 것임이 분명하다. 전환 증상으로 나타나는 히스테리는 매우 원시적인 수준에 있는 것이며, 아기의 경험 속에서 자신이 하나의 감각적인 전체로서의 신체-정신body-mind whole이 된 것이다. 그의 뇌는 비록 그것이 나중에는 발달이 시작되어 이미지에서 관념으로 이동하겠지만, 아직은 정신적으로 상상의 삶이 작동할 만큼 충분히 발달하지 못했다. 따라서 그 장애가 더 초기에 발생할수록 더 신체적인 고통의 형태로 자신을 표현할 가능성이 높으며, 따라서 욕구와 고통이 모두 성적인 통로로 유입될 가능성이 더 높아신다. 페어베인은 다른 기능들과 마찬가지로 성은 성격적인 문제가 활동을 개시하는 하나의 영역일 뿐, 고통이 경험되는 수준이 훨씬 초기에 발생하고 훨씬 덜 정교화될수록 그 증상이 더 성적인 양상을 나타낼 가능성이 높다고 주장했다. 성적인 통로를 따라 표출되는 특정한 문제들은 분명히 가장 근본적인 문제, 즉 어떤 환자가 '따뜻한 살과 접촉하는 안락하고 안전한 느낌'으로 묘사했던, 주고받는 정서적 온기가 동반되면서 스피츠와 설리반이 강조했던 신체적 양육과 돌봄으로 주어지는 관계 속에 자신이 존재하고 있다는 느낌의 형태로 표현되는, 유아의 애정 욕구와 관련된 문제인 것이다. 이것은 그 자체로 성기적인 성과는 너무나도 다른 그무엇으로서, 나는 감각적인 것과 성적인 것이라는 두 가지 용어를 사용함으로써 그것을 일관되게 구분해야만 한다고 생각한다. 하지만 성장과정에서 히스테리 환자들에게는 기본적인 그 감각적 안락함과 안전한 느낌을 추구하는 욕구가 성기적이고 특수화된 성적인 통로를 쉽게 침범하여 착취할 수 있다. 강하게 느껴지는 신체적 욕구는 그것이 무엇이건 항상 성적인 기관을 흥분시키는 방향으로 유입될 수 있기 때문에, 심지어 아주 마른 남자 아기의 성기를 발기시킬 수도 있다. 히스테리 증상을 분석하면서 나는 환자들이 그 기본적인 안전을 제공하는 가치―이것은 돌보아주는 어머니를 향한 욕구에서 시작된다―속에서 '인격적 관계'를 향한 훨씬 더 광범위한 기반을 가지고 있고 더 중요한 욕구를 그 신체의 성적인 증상들이 가리고 있다는 사실을 이해할 수 있도록 도와주는 것이 중요하다고 믿게 되었다.

더 특수화된 성기적 의미에서 히스테리의 성은 과도한 자극과 억제 사이를 오락가락한다. 과도하게 자극한다는 것은 유아가 배고프고 화난 욕구를 지니고 있음을 드러내며, 어린 소녀를 강간하거나 살해하는 남성 사이코패스 환자의 사례에서 가장 경악할 만한 형태로 그것이 분열성적 기반을 가지고 있다는 것을 보여 준다. 가장 기본적인 인간의 욕구가 전적으로 좌절되면, 인간은 그 정도로 비인간화될 수 있다. 그러나 그런 극단적인 편집증적 사이코패스를 제외하고도 가학적 충동은 두려움, 죄책감, 공포 반응을 불러일으키며, 통제되지 않은 가학적 충동 대신 피학적 충동이 발견될 수 있다. 그것은 가학적 충동이 자기를 향하고, 직접적인 성욕을 억제하고, 전환 증상처럼 그렇지 않았다면 다른 누군가에게 가할 고문을 히스테리 환자들이 자신의 몸으로 돌려 고통을 겪는 현상들인 것이다. 자신을 괴롭히는 것은 똑같이 비인간적이고 분열성적인 것이다. 좌절되고, 고통을 가하고, 고통을 당하는 이 모든 성적인 배고픔과 일차적인 정서적 욕구는 기본적으로 유아적인 것으로서, 삶의 출발점에서 경험한 총체적인 환경적 실패로부터 남겨진 유산이다. 페어베언은 "히스테리적인 성기적 성hysteric genitality은 또한 구강적인 것이기도 하다."라고 썼다. 한 여자 환자는 "저는 입 속에 그리고 동시에 똑같이 내 다리 사이에 무언가가 있기를 원합니다."라고 말했다. 창백하고, 조용하고, 단절되어 있는 한 여성이 어느 날 밤 공포감 때문에 잠에서 깨어 자신이 마치 모든 사람을 집어삼킬 준비가 되어 있는 하나의 큰 입에 불과한 존재처럼 느끼면서 진공청소기를 들고 서서 지나가는 모든 사람을 그 속으로 빨아들이는 꿈을 꾸었다는 것을 알게 되었다. 성행위 중에 그녀는 남편이 물러서기 진까지는 깊히 절정감을 느낄 수 없었는데, 그건

제6장 분열성 문제

은 자신이 남편의 성기를 어떻게든 물어뜯을 것 같다고 느꼈기 때문이다. 그녀는 "저는 감히 사랑을 할 수가 없어요. 그것은 모두 게걸스럽게 삼키거나 삼켜지는 것이에요."라고 말했다.

이러한 압도적인 결핍감은 인간관계로부터 분열성적으로 도피한 결과로서, 성적 본능을 만족시키지 못한 것이 아니라, 절망적으로 결핍된 사랑에 굶주린 자아에 의해 초래되는 전적인 철수 반응으로만 이해될 수 있다. 너무나도 절실하게 인간관계를 원함에도 불구하고 두려움 때문에 믿고 신뢰할 수 있는 인간관계로 진입할 수 없고, 자신이 너무나 약하다고 느끼고 있어서 타인들과 정신적으로 친밀한 상태가 되면 자신이 압도당한다고 느끼고 있다는 것이 분열성 환자의 비극이다. 그는 인격적 관계의 안과 밖에 존재하는 상태를 왔다 갔다 할 것이다. 내부의 고독감이 두려울 때, 그는 돌발적인 과도한 우정관계나 사랑의 열병 속으로 돌진해 들어가거나 아니면 자신이 얻을 수 없는 인격적 관계를 대신해 성적 활동을 시도하다가 결국에는 자신이 여전히 근본적으로 철수된 상태에 있기 때문에 환상에서 깨어날 수도 있다. 친밀한 관계에 대한 두려움이 지배적일 때 그는 수줍고, 단절되어 있고, 비사교적이고, 성적으로 마비되어 있고, 여성이면 불감증을 겪거나 남성이면 발기불능을 겪게 될 수 있으며, 진정으로 독립해 있고 불안이 없는 사람이 가질 수 있는 자기의존의 능력을 대신하여 자기억제적인 사람이 될 수도 있다. 성적인 억제는 과도하게 성적 자극을 추구하는 것보다 병리적 상태가 더 깊은 것인데, 분열성적인 철수와 절망에 전적으로 더 크게 지배당하고 있기 때문이다. 둘 다 바람직한 것은 아니지만 적어도 성적인 자극을 과도하게 추구하는 행위는 그 결과가 얼마나 위험한 것이건 상관없이 굶주린 자아가 삶을 위한 투쟁을 시작하고 있다는 것을 보여 준다. 반면에 성적인 억제는 뭔가 활력을 주는 것이 사라지고 없으며, 투쟁을 포기하고 두려움이 욕구를 지배하고 억압하고 있다는 것을 보여 준다. 이 두 가지가 모두 전환 히스테리 증상으로 위장된 분열성 문제인 것이다. 굶주린 유아적 자아이건 아니면 두려움에 사로잡힌 철수된 자아이건 모두 몸을 통해서 출구를 찾고 있는 것이다. 억제과정 내에서는 상실된 그 기능이 자기의 상실된 부분이 무엇인지를 나타내는 단서 역할을 한다.

이러한 모든 문제 속에서 우리는 정신적 통일성을 상실해 버린 인간, 자신의 욕구 및 자신이 만나는 사람들이나 상황과 갈등을 일으키고 양립할 수 없는 반응을 발전시키는 인간과 마주서게 된다. 이것이 우리가 넓은 의미로 자아분열이라는 말을 쓸 때 의미하는 바이다. 우리는 이러한 내적인 비통합성을 표현할 수 있는 용어가 필요하다. 그것은 본능이론의 용어가 아니라, 전체 자아 내에서 강력하게 지속되고 있는 태도와 반응에서의 차이로서, 그리고 삶에서 통합된 모습으로 스스로를 나타내지 못하게 만들고 자신감을 갉아먹는 것으로서 이러한 모든 차이를 명확하게 기술해 줄 수 있는 용어여야 한다. 프로이트는 우리에게 이드, 자아, 초자아라는 구조적 틀을 제공함으로써 출발점을 제시해 주었으며, 그것은 주로 우울증, 성적이면서도 공격적인 나쁜 충동에 대한 죄책감, 처벌과 같은 문제들을 표상해 주었다. 권위적인 부모와의 동일시를 표상하는 공격적인 초자아 혹은 원시적인 양심은 자아 속에 존재하는 죄책감을 일깨우고 이드 속에 존재하는 본능적 충동을 억제한다. 그러나 이러한 설명의 틀은 자아에 대한 너무나 피상적인 개념과 밀착되어 있기 때문에 자아분열을 기술할 수가 없다. 성격은 대상관계에서 겪은 좋은 경험과 나쁜 경험을 토대로 하여 그 내적인 차이를 드러낸다. 만일 초기의 경험이 충분히 좋았다면, 그것은 비온Bion이 말한 대로 '소화'되며, 페어베언이 말한 대로 좋은 자아발달을 촉진하고 안정된 인격과 기분 좋은 경험으로 남아 있게 된다. 만일 초기의 경험이 나빴다면, 유아는 그 경험을 처리할 수 없고, 비온의 용어로 말한다면 '소화되지 않은 이물질'로 정신 내에 남아 있게 된다. 멜라니 클라인의 내적 세계가 나타나게 되는 것이다. 나쁜 내적 대상은 오직 억압, 내적 갈등, 혹은 투사에 의해서만 다루어질 수 있으며, 그것이 가능하다면 좋은 내적 대상에 의해 상쇄된다. 이러한 구조적 패턴 속에서 개인의 모든 과거 경험이 구축되고 자리 잡으며, 유아기에 형성된 그 기본적인 역동적 패턴 속으로 동화되어 들어간다. 자아가 분화되어 나가는 이 복잡한 구조적 패턴은 수년간 지속되고 꿈속에서의 환상생활 속에서, 증상 속에서, 그리고 전이관계 속에서 의식된다. 유아기의 나약함을 보강해 주는 것으로서, 그리고 정신병리가 발병되는 원천으로서 그것은 지속된다. 좋은 분석가의 도움을 통해서만, 전이관계를 훈습하고 새로운 좋은 대상관계를 통해 지속적으로 더 통합된 정신구조를 발달시켜 감으로써, 환자는 그의 환상 속에서 표현되는 내적인 부조화를 극복하여 성장해 나갈 수 있으며, 그렇게 해서 자신의 본래

자기됨을 발견하게 된다.

멜라니 클라인은 이에 관한 대부분의 자료를 제공했지만 정신 내적 구조에 관한 새로운 이론을 위한 개념을 제공하지는 않았고 또 그렇게 할 수도 없었는데, 그것은 유아의 가장 일차적인 본래의 자기를 위해서 비심리적이고 비인격적인 '이드' 개념을 유지했기 때문이었다. 페어베언은 '이드'라는 용어를 '리비도적 자아'라는 용어로 대체했는데, 그것은 원래부터 단일한 것이었으나 아직은 요구가 많고 미발달되어 있는 아이의 속성을 기술하기 위해서였다. 내가 보기에 리비도적 자아는 우리의 정신생활이 시작되는 유아기적 시점을 나타낼 수 있는 분명한 정신분석적 용어이며, 그 이후의 발달단계, 즉 자아강도를 지닌 쪽으로 성장해 나가거나 아니면 자아분열과 자아취약성이 확대되는 쪽으로 나아가는 과정을 개념화할 수 있게 해 준다. 나쁜 내적 대상은 처음에는 흥분시키지만 좌절시키고 불만족감을 주는 부모의 측면으로서, 원시적인 편집적 수준에서는 순전히 박해자의 이미지를, 그리고 이후의 우울적인 수준에서는 도덕적으로 비난하는 사람의 이미지를 불러일으킨다. 프로이트는 이 두 가지 측면을 '가학적 초자아'라는 용어로 융합하고 혼동했다. 페어베언의 '반리비도적 자아'라는 용어는 내면화된 권위적인 부모상이 지닌 '모든 자연스러운 욕구에 대항하는' 속성을 정확하게 묘사한다. 유아에게 혼란을 주고 불안하게 만드는 것은 나쁜 부모가 자신의 욕구를 자극하면서도(단, 그 욕구는 그곳에 존재하고 그의 부모가 제공해 줄 수 있는 것일 때에만) 그 욕구를 만족시켜 주지 못하거나 만족시켜 주지 않으려 한다는 것이다. 유아는 자극하면서도 동시에 거절하거나 부인하는 나쁜 내적 대상과 직면해 있으며, 그의 약한 자아는 그 긴장 아래서 분열된다. 그는 한편으로는 거절하는 부모와 동일시하면서 반리비도적 자아를 발달시키고 점차 자신을 증오하게 되지만, 다른 한편으로는 흥분된 상태를 지속해 나가고 자신의 욕구를 자극하면서 자신의 권리를 위해 투쟁하는 리비도적 자아를 계속 유지해 나간다.

그러나 이 모든 것보다 더 깊은 곳에서는 만일 그 투쟁이 너무 힘겨운 것일 때 자신으로부터 분리되어 나온 보다 비밀스러운 한 부분이 그 가망 없는 투쟁으로부터 철수하여, 버려지고 퇴행된 또는 철수된 분열성 자아가 되어 간다. 이 모든 것이 의식 수준에서는 감춰져 있는데, 그것은 실제 삶에서는 부모를 이상화함으로써 문제가 일어나는 것을 피하는 순응하는 중심자아central ego 때문이다. 그러한 이상화는 어떤 심각한 히스테리 증상을 가진 젊은 여성이 치료의 첫 회기에서 자신의 어머니는 이 지구상에서 가장 훌륭한 사람이라고 공언했을 때처럼 종종 가장 비현실적인 방법으로 이루어진다. 이런 방법으로 그녀는 자신의 내부에 어머니에 대해 얼마나 통렬한 증오를 감추고 있는지 인정하기를 회피하고 있었다. 자아분열의 기본적인 삼중 패턴을 나타내는 페어베언의 용어인 리비도적 자아, 반리비도적 자아 그리고 중심자아(나는 여기에다 분열성적인 퇴행된 혹은 철수된 자아withdrawn ego를 덧붙이고 싶다)는 프로이트가 실험적으로 처음 시도한 정신 내부의 구조에 대한 정의로부터 발전해 온 것이지만, 이후의 연구에서 발전해 온 것들에 기초하고 있다는 점에서 더 정확하다는 이점을 지니고 있다. 이것은 삶의 가장 초기에 발생한 과도하게 불안정한 발달과정에 의해 유발된 내적인 분열에 대해 현재 우리가 알고 있는 지식들을 요약하기 위해 내가 발견한 가장 간편한 방법이다. 자아분열의 이 복잡한 패턴 혹은 일차적인 정신적 통일성의 상실과정 속에, 그리고 이 과정에 포함된 모든 취약성과 내적인 갈등 속에 이후의 삶에서 나타나는 성격장애의 근본 원인이 있는 것이다. 또한 자기의 가장 취약한 부분은 가장 깊이 숨겨진 부분인 분열성 자아로서, 이것은 무의식 수준의 깊이에서는 모든 인간관계로부터 단절되어 있다. 어떻게 인격적 자기의 이 잃어버린 핵심에 도달하여 도움을 줄 수 있는가 하는 것은 심리치료를 위해 제기할 수 있는 가장 심오한 질문인 것이다.

⊕ 원주

1. Pearl King, "Alienation and the Individual," *British Journal of Social Clinical Psychology* 7 (1968): 81-92.
2. Edith Jacobson, The Self and the Object World, *The International Psycho-Analytical Library*, vol. 67 (International Universities Press; London: The Hogarth Press, 1965), p. xii.

제7장

정신분석과 심리치료

　정신분석과 심리치료가 단순히 동일한 것이라고는 할 수 없는데, 그 이유는 안심시키기, 지지하기 혹은 권위적인 충고하기, 최면에 의한 유아기의 의존성에 대한 탐색 또는 몇몇 정신과 의사가 대화치료talking cure라고 부르는 몇 가지 치료적 활동에 기반을 두고 있는 비분석적 형태의 심리치료가 존재하기 때문이다. 이러한 치료들은 정신분석적 처치가 환자에게 제공하려고 애쓰는 근본적인 치료 성과를 목표로 삼고 있지는 않다. 이러한 타 치료법들이 어느 정도는 도움이 될 수 있다는 것을 아무도 부인하지는 않을 것이다. 특히 몇몇 환자는 분석의 결과를 받아들이려 하지 않거나 다른 치료법보다 더 철저하게 파고드는 이러한 분석적 접근에 저항

277

하지 않기 때문이다. 더구나 정신분석은 다른 치료법보다 더 근본적인 치료 성과를 얻는 것을 궁극적 목표로 삼고 있기 때문에 치료 실패의 위험이 훨씬 더 크다. 그리고 비록 바라는 충분한 치료 효과를 실현하지 못한 경우라 해도 그것이 전혀 아무것도 이룬 것이 없다고 말하는 것은 전혀 사실이 아니다. 어떤 환자들은 치료과정에서 얻을 수 있는 모든 것을 얻었다고 분석가가 느끼기도 전에 치료를 중단하려고 한다. 그러나 환자는 그렇게 결정할 수밖에 없었던 것이며, 항상 그 이후에 분석과정으로 되돌아오는데, 이것은 그리 드문 일이 아니다. 분석은 아무런 약속을 하지 않지만 자신의 인격적 문제를 깊은 수준에서 탐색하고 더 자연스럽고 자발적인 자기를 계발하기 위해, 그리고 스스로를 자유롭게 하기 위해 환자가 그것을 사용하기 원하는 한 믿을 수 있고 이해할 수 있는 관계를 환자에게 제공한다. 케임브리지의 실험심리학자 맥스 해머튼Max Hammerton이 최근에 BBC 방송에서 "저는 여태껏 프로이트식의 심리치료가 누군가에게서 어떤 것이건 치료했던 적이 있다는 증거가 없다는 저의 주장이 확고해졌기 때문에 행복합니다."[1]라고 말했다. 이에 대해서 그가 '행복하다'고 느끼는 것은 그가 한 말 전부를 들어 볼 때 분명하며, 분석가는 그처럼 전적으로 사적이고 비밀스러운 많은 자료를 출간할 수 없다는 점 때문에 불리한 위치에 있다. 어떤 경우이건 해머튼은 그것이 아무리 극적인 것이라 해도 '특정한 병력 자체는 아무것도 증명하는 것이 없다.'라고 주장함으로써, 그리고 오직 '실험집단과 통제집단의 통계적 비교'만을 받아들이려 함으로써 자기 자신을 안전하게 방어하고 있었던 것이다. 어떤 상황에서는 이것이 가능할 수 있으며, 칼 로저스Carl Rogers 가 편집한 위스콘신 대학과 멘도타 주립병원의 200명이 넘는 연구자들에 의해 5년에 걸쳐 수행되어 고무적인 연구결과를 얻은 실험처럼 극단적으로 철저한 예가 「치료적 관계와 그 영향: 정신분열증 환자들에 대한 심리치료 연구The Therapeutic Relationship and Its Impact: A Study of Psychotherapy with Schizophrenics」에 기록되어 있다. 이 연구는 특히 정신분석가에 의해 수행된 것이 아니라는 점이 매우 중요한데, 이 연구가 결국 정신분석 치료가 기반하고 있는 근본적인 가정, 즉 믿을 수 있고 통찰 촉진적인 인격적 관계가 치료적 효과를 낸다는 것을 지지하고 있기 때문이다. 비평가들은 정신분석 치료에 대한 자신들의 견해에 내포된 함의가 무엇인지를 깊이 생각해 보지도 않고 지나치는데, 그것은 서로에게 해를 끼칠 수 있고 또 실제로 나쁜 영향을 주고 있는 사람들은 서로에게 좋은 영향을 줄 수 없을 것이라고 단순하게 생각한다는 점이다. 이것은 정신분석은 말할 것도 없고 부모됨parenthood, 우정 그리고 결혼에 있어서 가장 중요한 모든 것을 무효화시킬 수도 있는 결론이다.

그러나 이 외에도 해머튼의 물리과학적 증명방법과 관련된 더 큰 난점이 있다. 즉, 정신분석적 치료의 성공은 너무나도 개인적이고 독특해서 연구에서 통제집단으로 기능할 만큼 적절한 대응 사례를 임상현장에서는 발견하기가 불가능한 경우가 너무나도 자주 보고된다. 수년 전에 어떤 환자가 우울증으로 의뢰되었다. 그는 수년간 만성적으로 재발하는 심각한 축농증도 앓고 있었는데, 그 증상은 의학적인 처치나 심지어 수술적인 치치 없이는 결코 사라지지 않았고 그 이후에는 항상 다시 재발하곤 하였다. 분석과정에서 그는 극도로 불행했던 어린 시절의 기억들을 파헤치기 시작했고, 어머니의 임종을 지키기 위해 홀로 남겨졌다는 사실이 드러났다. 어머니가 죽음을 맞이하던 나날에 대한 기억들이 완전히 공백상태로 남아 있다는 사실이 그를 항상 난감하게 했던 것이다. 그 이후에 그는 또다시 심각한 감염성 축농증이 재발하였고, 그다음 치료회기에는 그야말로 쇄도하듯이 내 방으로 들어와서 다음과 같은 얘기를 쏟아 냈다. "지난밤, 잠에서 깨었을 때 어머니의 죽음과 관련된 잊힌 모든 기억이 의식 위로 터져 나왔습니다. 그녀는 결국 미쳐 버렸고 나를 저주하며 돌아가셨습니다. 너무나 무서웠어요. 그래서 저는 그 기억들을 덮어 버렸지만, 그 기억이 되살아났을 때 제 축농증이 막 다시 시작되었고 고름이 쏟아져 나왔어요. 그리고 오늘 아침에는 축농증이 사라졌어요. 의학적 처치를 받지 않고도 그렇게 된 것은 처음입니다." 이후 축농증은 다시 나타나지 않았다. 이것은 분명 특이한 사례이며, 해머튼이 '그것이 아무리 극적인 것이건'이라고 말했던 사례에 해당하는 것이다. 하지만 그는 이 사례에 대한 비교 가능한 통제집단을 찾기도 쉽지 않을 것이며, 무의식 속에 억압되어 있던 것을 열어젖힌 정신분석적인 치료과정 외에는 그 치료 효과에 대해 달리 설명하기도 어려울 것이다. 이러한 사례는 우리가 결코 무시해서는 안 되는 하나의 사실을 보여 주는데, 그것은 정신분석을 통해 비로소 처음으로 과학이 독특한 개인을 이해하고 설명하려고 시도했으며, 이러한 시도가 과학이 무엇인지에 대한 우리의 관념에 있어서 새로운 발전을 이끌어 나가야만 한다는 것이다. 『인간의 정체성The Identity of Man』이라는 책에서 브로노스키Bronowski는 두 종류의 지식이 있다고 말하는데, 기계에 대한 지식, 즉 과학이 그 하나이고 문학으로 기술하는 자기에 대한 지식이 다른 하나라는 것이다. 그는 기계에 대한 지식만큼이나 자기에 대한 지식이 진정한 '지식'이라고 생각하고 있다. 정신분석은 기계에 대한 것뿐 아니라 자기에 대한 지식을 바탕으로 한 과학이 틀림없이 가능하리라 주장하지만, 기계에 대한 과학이 사용하는 방법이나 개념을 동일하게 사용할 수는 없을 것이다. 그것은 정신역동적 과학이 될 것이며, 그 자신이 다루는 독특한 현상, 즉 우리 자신의 주관적 경험과 '관계 속에서의 개인'으로서 상호작용하는 가운데 경험하는 현상을 다룰 수 있는 자신만의 용어를 사용하면서 독립적으로 진화해 나가야 한다. 이러한 과학은 현재 진행 중이며, 문제의 원인을 개인의 정서적인 삶의 역사 속에 내재된 기원 속으로 추적해 들어가면서 문제를 겪고 있는 사람들과 동행함으로써 그들에게 도움을 주려는 심리치료적인 노력으로 성장해 왔다. 사상사에 있어서 프로이트가 지니고 있는 궁극적이면서도 항구적인 중요성은 실질적으로 누구의 조력도 받지 않고 혼자서, 격렬한 편견과 반대를 무릅쓰고 정신역동적 과학의 초석을 마련하고 그 위에 심리치료를 위한 이론을 구축한 사람이 바로 그였다는 사실에 있는 것이다.

언젠가 페어베언이 나에게 "자아에 대한 심리학을 연구하면 할수록 분석은 점점 더 길어진다."라고 말한 적이 있다. 그 말은 분명히 맞다. 사실 패 빨리 증상이 완화될 수 있다고 증명된 사례들은 정신분석의 초창기에 그랬던 것처럼 지금도 신속하게 증상이 제거된다. 이것은 우리가 자아에 대해 연구하게 되면 한 개인의 정신 구조 속으로 더 깊이 파고들어 갈 수 있는 요인들을 훨씬 더 잘 알아차릴 수 있기 때문이다. 처음에 프로이트는 정당하게도 정신분석을 정신신경증에 대한 치료에만 국한시키고 정신증 환자들은 제외시켰는데, 그것은 단순히 그런 환자들의 경우에 전이가 불가능하다고 보았기 때문이다. 이러한 사실은 그 자체로 정신분석적 치료가 분석가와 환자 사이의 인격적 관계라는 기반에 얼마나 전적으로 의존하고 있는지를 보여 주는 것이다. 프로이트는 그러한 관계가 가능하지 않은 경우는 분석치료가 적용될 수 없다고 생각했다. 신경증적이고 오이디푸스적인 문제들의 경우에 자아는 손상되지 않았고 관계를 형성할 수 있는 능력이 있으며 치료가 가능한 것으로 생각되었다. 페어베언이 알아차린 것은, 프로이트에 의해 시작된 자아심리학이 오이디푸스적이고 정신신경증적인 문제들보다 연구를 훨씬 더 깊이 이끌어 갈 수 있다는 사실이었다. 그리고 전부 다 그런 것은 아니지만 많은 사례에서 이런 정신신경증적인 문제들은 그것이 관련되어 있는 더 근본적인 무엇에 대한 방어, 즉 인격적 관계가 방해받고 있다기보다는 자기됨의 근본적인 핵, 어쨌든 관계 맺을 수 있을 만큼 충분히 현실적인 자아도 포함되어 있는 그 무엇에 대한 방어라는 사실이었다. 이는 처음에 프로이트로 하여금 정신분석의 한계점을 설정하도록 만들었고, 현재는 그 자체로 중요한 관심사로 인식되는 문제로 방향을 전환하게 만드는 계기가 되었다. 그 문제란 바로 분열성 문제로서, 환자의 삶의 핵심이 비밀스럽게 고립되어 있는 지점에 존재하는 문제이며, 환자로 하여금 비현실감과 비실체감을 느끼도록 만들고 전이를 치료가 가능한지 여부를 판단하는 기준점만이 아니라 그것 자체를 하나의 주요한 연구 주제로 만드는 문제이다.

우리가 정신신경증에 대한 분석적 치료에 대해 논의하는 데 시간을 할애할 필요는 없다. 그에 대해서는 이미 많이 알려져 있으며, 따라서 우리는 그것을 알고 있는 것으로 간주하고 지나갈 수 있다. 내가 말할 수 있는 것이 있다면, 도대체 자신을 하나의 본래적인 자기로서 경험할 수 없게 만드는 더 깊고 더 두려운 경험 속으로 내던져질 것에 대한 방어로서 자신의 정신신경증적 갈등과 증상에 매달리는 환자의 사례에 대한 것뿐이다. 이 장의 나머지는 고전적인 정신분석이 이해의 길을 터놓은 훨씬 더 깊은 문제를 가진 사례들에서의 치료에 관한 것으로 할애하려 한다. 이렇게 해서 우리는 흔히 볼 수 있는 문제들보다 더 심한 사례들을 다루게 되는데, 물론 그것이 혼란스러운 행동으로 나타날 수도 있지만 전혀 아무런 행동으로 표현되지 않는, 즉 무력함과 사람들에게 다가갈 수 없다는 느낌으로 표현되는 사례도 있다. 우리는 그러한 능동적인 행동이 문제가 되는 전자의 환자들을 경계선적인 사례라고 부를 수 있고, 만일 보통 사람들보다 더 동떨어져 있고 반응을 보이지 않을 경우에는 분열성적이라고 할 수 있다. 여기서 중요한 것은 우리가 무엇이라고 생각하건 고전적인 정신분석의 규칙 안에 머물고 있지 않다는 것이다. 그 문제가 정말 정신신경증적인 것이고 더 깊은 것이 아닌 환자는 대개 그가 의식적으로 혹은 무의식적으로

283

제7장 정신분석과 심리치료

느낄 수 있는 저항이 있음에도 불구하고 자기 자신에 대해 말하려고 하며 비판하지도 않고 그가 무엇을 해야만 한다고 말하지도 않는 진정으로 관심을 가지고 들어주는 사람을 앞에 두고 있다는 것에 감사한다. 만일 그럴 기회가 있다면 그는 자신이 하고 있는 일과 관련된 전문적인 용어로 표현하지 않고서도 자유연상을 진행해 나갈 것이다. 그는 정말 정서적으로 걱정이 되는 무엇인가에 대해 말할 것이며, 자신이 처한 전반적인 상황의 전모가 드러날 때까지 얘기가 흘러가도록 내버려 둘 것이다. 이러한 것은 가장 치료하기 쉬운 사례에서나 일어날 수 있는 것이며, 환자가 겪고 있는 문제가 깨끗이 제거되는 대신 그를 더 깊고 더 심각한 깊이까지 이끌어 가려고 하면 할수록 치료과정은 방해받게 된다. 나는 정신분석가들이 틀림없이 단순한 정신신경증 환자의 사례를 만나면 감사하는 마음을 갖게 되겠지만, 훨씬 더 심각한 문제를 나타내는 환자들에게 점점 더 흥미를 느끼고 관심을 갖게 될 것이라고 본다. 이런 환자들을 만나면 우리는 우리가 사용하는 치료방법에 대해 의문을 제기하지 않을 수 없게 된다.

위니컷은 정신신경증 환자들은 고전적인 정신분석을 필요로 하지만 생의 초기부터 부적절한 양육과정에 의해 고통을 당해 온 환자들은 관리를 필요로 한다고 말하면서 이 문제를 단순하고도 명확하게 언급하였다. 하지만 그런 사례들의 경우에도 분석을 제외하거나 생략하지는 않는다. 어느 정도는 분석이 적합하다고 입증된 경우에 분석을 하면 혼란스러운 상황이 훨씬 분명하게 정리된다. 하지만 그 경우에도 치료자는 어쩔 수 없이 그의 문제에 대한 분석보다 환자의 기본적인 욕구에 대해 훨씬 더 많이 고려할 수밖에 없다거나, 과거에 한 번도 적절하게 충족된 적이 없는 궁극적이고도 기본적인 인격적 욕구와의 가장 밀접한 관련성 속에서 그 문제를 고려해야만 한다고 느끼게 된다. 그 궁극적인 욕구란 한 개인으로서 자신이 실제 존재하고 살아 있다는 느낌, 즉 자신이 존재하고 있다는 확실한 느낌을 갖고자 하는 욕구를 말한다. 이 시점에서 나는 '치료적therapeutic' 혹은 '정신분석적 기법psychoanalytic technique'이라는 용어를 다시 한번 유심히 생각해 보아야 한다고 생각한다. 오랫동안 신성하게 사용되어 온 용어에 단지 내가 도전하려는 목적이라는 인상을 주지 않았으면 한다. 다만 나는 '정신분석psychoanalysis'이라는 용어와 '기법technique'이라는 용어를 모두 비판적으로 검토해 보는 것이 현재 쟁점이 될 만한 중요한 현안이라고 생각한다. 이 두 용어는 모두 정신분석의 초기 시대의 산물로, 그 시대는 프로이트가 인간의 성격에 관한 과학을 만들어 내야 한다면 그가 받았던 폭넓은 자연과학적 교육에 의해 친숙하게 느끼고 있던 전통적인 방법과 용어의 종류에 맞출 필요가 있다고 당연하고도 자연스럽게 스스로 받아들이고 있었던 때였다. 그는 자신이 기계에 관한 지식을 넘어서서 자기에 관한 지식의 문제로 진입하는 전적으로 새로운 신기원을 열고 있다는 것을, 그리고 정신역동에 있어서 새로운 과학의 영역을 창조하고 있다는 것을 예견할 수 없었다. 내가 보기에 '분석'과 '기법'이라는 용어는 자연과학에 적합한 것 같다. 원자이건, 자동차이건, 인간의 신체조직이건, 식물이건, 혹은 태양계이건 상관없이, 기계란 생각 속에서 분해될 필요가 있고, 그 구성요소들이 확인되고 관련성을 맺으며, 그 부분들 간의 상호작용 방식이 정립될 필요가 있다. 이러한 종류의 지식에 근거하여 부분들이 다시 조립되고 새로운 기계가 만들어질 수 있다. 하지만 우리는 인간의 성격을 이런 식으로 다룰 수는 없다. 나는 그렇게 하려고 시도하는 것은 모든 조건화conditioning와 행동 패턴화 behavior-patterning[1)]의 목표라고 생각한다. 하지만 그 결과는 살아있는 창조적인 한 개인이 아니라 사회에 순응하는 인간, 아마도 전체주의 사회에서의 훌륭한 부분 인간party-man 혹은 심지어 '전형적인 사업관리자'나 '전형적인 아무것도 아닌 인간typical anybody'일 뿐, 예상하지 않았던 것을 만들어 낼 수 있는 창조적인 능력을 갖춘 고유하고 독특한 인간이 아닌 것이다. 우리는 인간을 부분들이 조립되어 예측 가능한 일관된 방식으로 작동하는 전체인, 그 행동을 예측할 수 있는 존재로 볼 수 없다. 정신분석에 대한 초기의 비판들 중의 하나는 정신분석이 사람을 조각내 놓고서 다시 합쳐 놓지 않는다는 것이었고, 어떤 비평가들은 정신분석이 아닌 정신합성의 이론이 필요하다고 제안하기도 하였다. 그러나 그들은 자신들이 동일한 실수를 범했다는 것을 인식하지 못했다. 인간의 각 부분들과 메커니즘 또는 기타 등등을 개별적으로 분석하는 것으로는 인간을 이해할 수 없으며, 또한 그러한 동일한 부분들을 합성함으로써

---

1) 여기서 저자가 인용한 용어들(conditioning, behavior-pattering)은 그 당시 유행하던 행동주의 심리학의 용어이다. 즉, 행동주의 심리학에서는 인간을 하나의 기계처럼 간주하여 그 기계에 투입된 자극과 산출된 반응 간의 관계를 학습하며 환경에 적응해 나간다고 보았다. 저자는 이러한 인간관에 반대하기 위해 이 용어를 사용하고 있다.

인간을 다시 만들어 낼 수도 없다. 한 인간은 전체로서의 자기이며 너무나 독특하기 때문에 수백만의 인간 중에서 과거에 존재했거나 지금 존재하는, 두 사람이 정확하게 똑같은 인간을 발견할 수는 없다. 아기가 태어날 때, 그 아기는 이전에 결코 존재한 적이 없던 독특함의 핵심을 지니고 있는 것이다. 부모의 책임은 그 아기를 어떤 고정된 틀, 형태, 패턴 속으로 집어넣거나 혹은 그를 조건화시키는 것이 아니라, 아기의 내면에 숨겨진 그 소중하고 독특한 것이 기어이 출현할 수 있도록 지지해 주고 아기의 전 발달과정을 안내해 주는 것이다. 이것은 사람마다 차이가 큰 요인으로, 어떤 사람은 다른 사람보다 강하다. 그것은 사회적이고 문화적인 환경으로부터의 지원을 요한다. 하지만 어떤 사람에게는 이것이 너무 강력하기 때문에 부모의 훈련, 사회적 관습 그리고 교육적 압력이 그에게 억제적으로 가하는 모든 속박을 부수고 터져 나올 수도 있다. 진정한 과학이 무엇인지에 관해 해머튼이 만들어 낸 조건들 중 하나는 그런 과학은 우리가 예측할 수 있도록 해 주어야만 한다는 것이다! 사실 한 인간이 앞으로 어떻게 될 것인지에 대해 일관성 있게 정확한 예측을 할수록, 그 인간은 위니컷이 '동조의 기반 위에 서 있는 거짓자기'라고 불렀던 것들을 더 많이 나타내게 된다. 사람을 미리 처방된 방식으로 행동하도록 조건화시킬 수 있는 기법들에 관해서는 나도 상상해 볼 수 있다. 또한 그들이 행동하는 작동기제를 분석할 수 있는 방법에 관해서도 상상해 볼 수 있다. 그러나 한 개인이 두려움에서 벗어나 자신만의 독특한 개성을 발견할 수 있게 해 수는 기법에 관해서는 상상알 수가 없다. 나는 하나의 기법으로서의 심리치료가 무엇인지 떠올려 볼 수는 없다. 단지 나는 오직 자신들에게 '골칫덩어리'가 되지 않기만을 바라는 사람들이 사용하는 통제적 기법들에 의해 참자기가 강압적으로 짓눌리고 있는 한 인간이 드디어 자신의 진정한 느낌을 느낄 수 있고 자신의 자발적인 생각으로 사고할 수 있고 자기 자신이 생생하게 살아 있다는 것을 발견할 수 있는, 진실하고, 믿을 만하고, 이해할 수 있고, 존경할 수 있고, 배려하는 인격적 관계가 있을 수도 있다는 가능성을 제공해 주는 것으로서의 심리치료만을 상상해 볼 수 있을 뿐이다.

나는 다음과 같은 말을 했던 한 환자를 생각한다. "제가 수년간 자주 꾸었던 꿈이 하나 있습니다. 저는 그것이 무엇인지 너무나 잘 알고 있고, 내가 꿈을 꾸는 동안에는 그것이 저에게 너무나도 친숙한 것이었습니다. 저는 그것이 내가 항상 꾸는 똑같은 꿈이라는 것을 알고 있습니다. 하지만 잠에서 깨자마자 그 모든 것이 사라져 버립니다. 단지 제가 똑같은 꿈을 꾸어 왔다는 것만을 알고 있을 뿐 모든 것이 사라집니다. 그 꿈에 대해 제가 말할 수 있는 것이라곤 내가 무엇인가 도둑맞았고, 강탈당했고, 진짜 내가 존재하지 않는다는 느낌뿐입니다." 나는 그녀의 잠재력에 대해 그녀보다 더 많은 것을 볼 수 있었다. 현실의 삶에서 심각한 위기의 시간을 보낸 후, 그녀는 중압감 때문에 병으로 쓰러질까 봐 두려워하고 있었다. 그럼에도 우리는 꿈속에서 떠오르는 모든 것과 그에 대해 그녀가 반응하는 다른 방식들이 무엇인지 볼 수 있을 정도로 깊이 파고들었고, 그녀는 자신이 그 상황을 어떻게 다루어 가고 있었는지 스스로 인식할 수 있게 되었다(그러길 원한다면 우리는 이것을 분석이라

부를 수 있을 것이다). 이때 나는 그녀가 그 상황에 대처해 나갈 수 있을 것이며 훨씬 더 강한 사람이 될 수 있을 것이라 확신했다. 실제로 그런 일이 벌어졌을 때, 한 치료회기에서 그녀는 "당신이 없었다면, 저 혼자 그 상황에 직면해야 했다면, 저는 쓰러졌을 것입니다. 이전에 어려움에 빠졌을 때 그런 적이 있습니다. 하지만 저는 당신이 내가 극복해 나갈 수 있을 것이라고 확신하고 있다는 것을 알았습니다. 당신이 저에게 믿음을 갖고 있었기 때문에 저도 제 자신에 대해 믿음을 가질 수 있었어요."라고 말했다. 이것은 분석적인 치료가 아닌 인간관계 치료이다. 나는 어떤 기법을 사용하지 않았다. 내가 만일 그녀를 안심시키거나 확신을 심어 주려고 노력했더라면 그것은 아마도 하나의 기법이라 말할 수 있을 것이다. 사실, 나는 그저 그녀의 내면에 있는 그 무엇인가, 즉 그녀의 부모가 결코 본 적이 없고 그녀의 어린 시절에 있었던 모든 인간관계가 그녀의 진정한 전체 자기가 풀려 나올 수 있는 데 아무런 도움도 주지 않았기 때문에 그녀 자신도 스스로 그것을 볼 수 없었던 그 무엇인가를 보았을 뿐이다.

'분석'이나 '기법'과 같은 용어들은 너무나 비인격적이다. 그런 용어들은 인간관계보다는 공학 기술 같은 것을 더 떠올리게 한다. 기법을 가르칠 수 있지만, 어떻게 하면 치료적인 인간이 되는지를 가르칠 수는 없다. 정신분석 훈련에서의 핵심은 이론이나 기법을 가르치는 것이 아니라 분석가가 되려는 그 사람의 내면에 있는 진정한 인간을 해방시키는 것이다. 부정적인 것들, 예를 들어 안심을 시켜 주거나, 비난하거나, 교훈을 주거나, 충고를 하거나, 비웃거나(비록 당신이 그냥 웃는 것일지는 몰라도), 혹은 환자를 다그치거나 심문하지 말라는 것 등을 가르칠 수는 있을 것이다. 설익은 해석을 강요하려 드는 것은 옳지 않다는 것을 가르칠 수도 있다. 해석이 가장 적합한 시점은, 환자가 무엇인가 중요한 것을 거의 볼 수 있게 되었지만 마지막 남은 한 조각의 저항을 극복하기 위해 약간의 도움이 필요한 바로 그 순간이라는 것을 지금까지 항상 가르쳐 왔다. 하지만 당신은 언제 그런 순간이 도래하는지를 알 수 있는 방법에 대해 예비 분석가에게 가르침을 줄 수는 없다. 그것은 그의 민감성과 직관적인 이해력에 달려 있을 것이며, 그런 것들은 한 인간으로서 그의 성숙함과 실제성을 나타내는 것이다. 환자에 대해 꽤 잘 알게 되었다고 느끼기 전에도 나는 종종 가능한 해석을 제시하곤 했는데, 그런 해석에 대해 그는 그 해석을 수용하고 따르거나 거부하거나 하였다. "당신이 지금 말하고 있는 것이 이것 혹은 저것을 암시하는 것이라 생각하나요?" 내가 어떤 해석을 했고 왜 그런 해석을 했는지 자문해 보면, 단지 넓은 의미에서만 그런 해석들이 내가 교과서에서 배운 것들에 바탕을 두고 있다는 것, 그리고 나의 이론은 자신이 현재 무엇을 겪고 있는지를 말하기 위한 환자 자신의 투쟁들로부터 나에게 실제로 생생하게 다가오는 것들에 의해 항상 압박을 받고 있다는 것을 깨닫게 된다. 치료과정에서 나의 초기 시절에는 결코 알 수 없었을 것들에 대해 내가 오늘 환자들에게 얘기하고 있다는 것을 알게 되었다. 그리고 나의 그런 깨달음이 옳았다는 것, 그것이 환자들의 내면에 있는 무엇인가를 해방시켰고 그리고 나서야 그들이 앞으로 나아갈 수 있다는 것을 말이다.

나는 내 초기 시절을 잘 기억하고 있는데, 그때는 내가 지침으로 삼아야 할 것이 교과서 밖에는 없었고, 환자가 자신의 문제가 깨끗하게 사라졌다고 내게 응당 말해 주지 않았을 때 벽에 부딪히는 느낌을 받았다. 더구나 나는 수년간의 경험에 의해 얻은 모든 통찰을 한 권의 책 속에 집어넣는 것이 가능하다고 생각지 않는다. 그런 것들은 우리의 마음속에 기록되지 않는다. 말하자면 개념화된 형태로 말이다. 해결되어야 할 문제가 아니라 이해되고 해방되어야 할 갇힌 자기를 우리에게 보여 주는 다른 인간과 함께 있는 생생한 상황 속에 우리가 함께 있기 전까지는, 우리 자신이 어떤 통찰을 획득했는지를 알지 못한다. 우리의 축적된 경험이 우리를 바로 지금의 모습인 실제의 인간을 만든다. 그리고 환자에 대한 직관적인 이해는 지적으로 아는 것으로부터 나오는 것이 아니라, 이 특별한 개인과 관계하고 그에 대해 어떤 감정을 느끼고 공감할 수 있는 우리의 능력으로부터 나오는 것이다. 이것은 위니컷이 어머니는 훈련된 의사, 간호사 혹은 심리학자가 아기를 이해할 수 없는 방식으로 자신의 아기를 '안다'고 말했던 것과 동일한 방식이다. 그럼에도 불구하고 그것은 환자들에 대해서 우리가 즉각적으로 바로 그 현장에서 얻을 수 있는 통찰의 주요하고 두드러진 측면으로서, 이로부터 우리는 정신역동학으로서의 인간본성에 대한 우리의 이론 속으로 편입될 수 있는 몇 가지 분명한 개념을 점진적으로 더 추출해 낼 수 있다.

그와 동일한 이유에서 나는 환자에게 카우치에 눕도록 지시하지 않는다. 나는 그가 무엇을 하려는지, 언제 그리고 왜 다른 사람과 다른 무엇인가를 하길 원하는지 보기 위해 기다린다. 어떤 환자가 나에게 그러한 전체 자료를 분명하게 보여 주었다. 그는 방 한가운데 서서 주변을 둘러보고는 "제가 만일 그 팔걸이의자에 앉는다면 너무 어른처럼 느껴질 것 같습니다. 하지만 또 그 카우치에 눕는다면 너무 아기처럼 느껴질 것 같습니다."라고 말했다. 사실 오랫동안 그는 카우치의 옆에 걸터앉아 있었다. 그리고 나서 그는 의자에 앉았는데, 그를 치료하는 과정이 훨씬 더 어려워지고 벽에 부딪혔다. 그것은 방어였으며, 그는 의자에 앉기를 포기하고 다시 카우치 옆에 걸터앉았다. 그 이후 한 치료회기에서 그는 몸을 반쯤 돌려 카우치 위로 한쪽 다리를 올려놓았으며, 그다음 회기에는 양쪽 다리를 모두 올려놓았다. 그가 카우치 위에 정말로 편안하게 누워서 자신이 실제로 느낄 수밖에 없는 의존적이고 무력하며 불안한 유아를 받아들였을 때 상황이 진전되기 시작했고, 진정한 치료적 결과들이 축적되기 시작했다. 내가 말하고자 하는 요점은 환자에게는 정형화된 기법을 적용할 수 없다는 것이다. 치료자는 환자를 위한 그리고 환자와 함께하는 살아 있는 실제의 인격이 될 수 있을 뿐이다. 비인격적인 과학적 기법들, 혹은 약물이나 환자에게 어떤 영향을 주어 그가 치료법이라고 받아들일 만한 것들을 찾아내기 위해 그토록 많은 노력이 투자되는 것은 바로 이러한 이유에서라고 나는 확신한다. 타인을 위해 진정한 인격이 되어 그가 결국에는 자신만의 진정한 자기로 해방되었다고 느낄 수 있도록 해 주는 것은 훨씬 더 힘든 일이다. 그러한 과정에서 우리는 자기 자신에 대한 분석으로부터 교과서와 학술지로부터 배워 온 모든 것을 활용해야만 하는데, 그런 모든 경험이 인격으로서의 성격구조 속으로 동화시키는 방식일 때에만 가능한 것이다. 그러한 인격은 "당신에게 다가갈 수가 없어요. 만일 당신이 내게 다가오지 못한다면 저는 저 자신을 상실하고 맙니다."라고 말할 수도 있는 환자들이 필요로 하는 것이다. 분열성적인 성향이 더 강한 환자들은 이런저런 방식으로 늘 "저는 타인과 관계할 수 있는 진정한real 자기를 가지고 있지 않습니다. 저는 진정한 인간이 아닙니다. 저는 제가 당신을 발견할 수 있게 해 주는 어떤 방식으로 당신이 저를 발견했으면 좋겠습니다."라고 말한다. 그렇게 되어야만 진짜 분열성적인 환자들이 자신의 심각한 내적 고립상태에서 구출되고 연결된다. 마치 아기가 이 엄청나게 공허한 세상으로 내던져지자마자 어머니가 아이와 자신을 연결하고, 비록 그것이 아직은 희미할지라도 아기를 위해 최초의 가장 중요한 관계의 경험을 만들어 주듯이 말이다.

물론 환자와 관계하는 유일한 치료적 방식이 관계하지 않는 것일 때가 있는데, 그 환자가 숨 막힐 듯한 혹은 압도되거나 삼켜지는 듯한 느낌을 갖고 있을 때 또는 박해받고 있다고 느끼거나 편집적인 상태에 있을 때가 그러하다. 치료자는 관계 속에서 어떻게 기다려야 하는지를 알아야만 한다. 일찍이 프로이트가 정신분석적 방법에 의해 정신신경증 환자를 치료할 수 있는 것은 신경증 환자들이 전이를 형성할 수 있는 능력, 즉 바로 지금 거기에 존재하고 있는 타인과 생생한 느낌을 가지고 인격적으로 관계할 수 있는 능력을 지니고 있다는 사실 때문이라고 인식한 것은 심오한 통찰이었다. 정신분석을 보다 폭넓게 적용하고자 어떤 시도를 하건, 그

전에 필요한 것은 한 인격을 가진 개인으로서 충분히 생생하게 타인들과 관계할 수 있는 능력을 가진 환자가 경험하는 인격적 관계에서의 모든 문제를 완전히 탐색하는 것이다. 비록 그 환자가 관계 맺는 방식이 어린 시절에 전혀 다른 사람과 맺었던 관계에 속한 감정에 의해 방해받고 있다고 하더라도 그러하다. 우리는 이것을 고전적 정신분석으로 생각한다. 만일 우리가 이 수준에서의 도움만을 필요로 하는 환자를 맞게 되었다면, 관계 형성에서의 그런 문제들은 좀처럼 발생하지 않는다. 치료자는 환자가 그와 꽤 직접적으로 관계한다는 것을 알게 되는데, 가끔은 그것이 부정적 전이관계 속에서 이루어지는 적대적인 방식인 것일지라도 그러하다. 나는 그 이유가 오랫동안 심리치료적 관계가 내포하는 본질적으로 인격적인 속성이 관계 속에서 진행되었던 훨씬 더 분명한 분석적 속성에 의해 모호한 채로 가려져 있었기 때문이라고 생각한다. 자신을 하나의 인격으로서 충분히 생생하게 느낄 수 없는 사람들이 관계를 형성할 수 있는가 하는 훨씬 더 근본적인 문제를 돌파해 올 수 있었던 것은 자아심리학의 훨씬 더 깊은 탐색과 함께 시작되었던 것이다. 하지만 우리는 지금 프로이트가 그럴 수밖에 없었던 것처럼 그저 이 문제가 정신분석의 범위를 벗어난다고 말할 수는 없다. 제이콥슨의 말처럼 점점 더 많은 경계선적, 분열성적 그리고 심지어 정신증적 환자도 도움을 받기 위해 정신분석가를 찾아온다. 이런 사례들에서 성공적으로 치료하기란 훨씬 어려운 일이지만, 분명히 이 정도로 심한 문제를 가지고 있는 환자도 도움을 받을 수 있다는 것이 증명되었으며, 그 과정에서 위니컷과 같은 사람들은 이런 환자들을 다루는 데 있어서 치료자가 그저 분석가의 역할에만 머물러서는 안 된다는 것을 깨닫지 않을 수 없었다. 양가적인 인간관계에 대한 고전적인 정신분석은 그런 문제를 가진 사례를 성공적으로 다룬 적이 있다고 해도 단지 방어로서 유지되어 왔던 갈등을 제거하기만 했던 것이다. 이렇게 하고 나면 환자의 진정한 문제인 내적인 고립과 비실제성의 정도는 놀랄 만큼 심한 강도로 나타날 수 있다.

해석은 여전히 치료자가 환자와 관계하는 가장 두드러진 양식이 될 필요가 있겠지만, 그것이 오이디푸스 콤플렉스에 대한 해석은 아닐 것이다. 그것은 환자가 어떤 활동을 하건 자기 스스로 어떻게든 생생하게 살아 있는 사람이 되기 위해, 그리고 매 순간 자신이 정말 대단한 사람이라는 확신을 갖기 위해 싸워 나가고 있다고 스스로 느끼기 위해 자신이 그 활동을 긴장되고 강박적이고 불안한 방식으로 하게 된다는 것을 스스로 볼 수 있게 해 주는 형태를 취할 가능성이 더 높다. 그는 자신에게 항상 자기 자신을 증명해야만 한다. 그렇기 때문에 편안해질 수 없고, 감히 잠이 들 수도 없으며, 실제로 의식적으로 자신의 그런 상태를 느끼면서 "제가 만일 잠이 든다면 절대 다시는 깨어나지 못할까 봐 두렵습니다."라고 말한다. 그런 환자들은 바닥이 없는 심연으로 떨어지는 꿈을 꾸곤 하며, 죽음에 대한 두려움이 너무나 생생하다. 그들은 실생활에서 책임지고 해야 하는 일들에 직면하면 그에 대처해 나가기 위해 광적으로 자신을 몰아대며, 그리고 나서는 정신적 철수상태 혹은 신체적 수진상태를 부입으로써 상황을 회피하려는 압도적인 욕구에 굴복하게 된다. 그러한 환자를 치료하게 되었을 때 위니컷은 한 숙련된 간호사를 배치하여 마치 그 환자가 무력한 급성 폐렴 환자인 것처럼 생각하며 간호를 하라고 지시하였고, 환자가 음식을 사는 것도 스스로 도와주었다. 이는 분열성 환자에게 있어서 그 병의 가장 깊은 뿌리가 결국은 순전히 양육의 파괴적인 결핍이며, 어쨌든 이러한 결핍상태는 치료자가 어떻게든 이해하고 치료할 수 있는 방법을 찾아내야만 한다는 것을 분명하고도 단순하게 보여 준다. 위니컷의 사례에서 그 결과는 성공적이었다. 나는 이것을 한 남자 환자가 꾸었던 꿈을 예로 보여 주고 싶은데, 그가 소년일 때 살았던 집에서 어머니와 함께 있었던 이야기를 들려주었다. 그 이야기는 황폐하고 불행해 보였다. 그의 어머니는 그를 버려 두고 밖에 나갔다. 나중에 그는 배가 고파졌고 어머니를 찾으러 밖으로 나왔다. 드디어 어머니를 발견했을 때, 그녀는 어떤 식당에서 한 무리의 친구들과 수다를 떨며 음식을 먹고 있었다. 그는 "밥 먹으려는데 어떻게 해야 돼요?"라고 말했다. 그러자 그녀는 그를 노려보기만 할 뿐 아무 말도 하지 않았다. 그는 낙담하여 다시 빈집으로 돌아왔다. 집 안에 들어섰을 때 갑자기 거대한 독일종 셰퍼드 개와 마주쳐 공포에 사로잡혔고 개는 그를 물었다. 이것은 구강적 가학증, 증오, 그리고 그가 다시 진정한 자신과 대면하게 되었을 때 그를 실망시켰던 어머니에 대한 분노의 배고픔을 보여 주는 분명한 사례로 볼 수도 있다. 하지만 이 사례에 대한 분석은 충분히 이루어지지 않았다. 이 소년이 이렇게 격렬하게 분노가 분출되는 것을 느끼는 것 외에 다른 대안은 무엇이었을까? 분노를 자신의 내면에 담아 두고 그 감정에 대처해 나가려고 투쟁함으로써, 그는 적어도 자신이 여전히 존재하고 있다고 느낄 수 있었다. 그 배후에는, 그리고 단 하나의 대안으로서, 빈집 외에는 아무것도 없다. 그집은 어머니의 양육이 비어 있는 세계에서 그가 아동기 자아의 붕괴를 경험한 장소였다. 그리하여 생존에 가장 필수적인 시점에 그는 실제로 아동기의 장애 속으로 추락해 들어가 무기력하게 누워 있었고, 어머니의 무릎 위에서 마치 죽어 가고 있는 듯 보였으며, 의사는 이러한 상태를 설명할 수 있는 아무런 신체적 원인을 찾을 수 없었다. 그의 어머니가 그를 떠나보냈을 때 그는 구원을 얻을 수 있었다. 그는 이미 자녀가 있었는데, 그 어린아이는 아이가 무엇을 원하는지 알고, 모성적인 양육을 줄 수 있는 사람에게 보내졌다. 이러한 정보가 치료과정에서 드러났을 때 필요한 것은 분석이 아닌 관계였다. 비록 환자상태의 그 어른으로 하여금 현재 무슨 일이 일어나고 있는지 이해할 수 있도록 여전히 도와주어야 할 필요는 있었지만 말이다. 우리는 원한다면 이것을 분석이라고 부를 수 있을 테지만 고전적인 용어로는 분석은 아니다. 그것은 오이디푸스적 분석이 아니다. 이 사례에서의 어머니는 그녀를 소유함으로써 아버지와 경쟁의식을 갖게 되는 성적인 애정 대상은 아니다. 이 어머니는 [오이디푸스적인 삼자관계가 아니라] 인생의 가장 초기인 전오이디푸스기 양자관계(兩者關係) 내에 존재하는 또 다른 필수적인 사람이다. 아기가 하나의 자아, 하나의 인격이라는 느낌을 갖는 데 있어서 안정적으로 출발해 나갈 수 있는 것은 바로 이 관계에서뿐이며, 아기의 현실감은 인생의 초기에서는 어머니가 그와

297

제7장 정신분석과 심리치료

관계하는 현실에 전적으로 의존하게 될 것이다. 고전적인 오이디 푸스적 분석에서 치료적 관계는 중요했다. 단지 관계에 대한 환자의 욕구가 생각만큼 크지 않았기 때문에 그 중요성이 그렇게 크게 부각되지 않았을 뿐이다. 분열성적, 경계선적 그리고 몇몇 정신증적 환자의 경우, 이러한 욕구는 긴급하고 필수적인 힘으로 출현하며 치료과정을 지배한다. 그리고 치료자가 그것이 나타나도록 해 주고 받아들여 줄 때에만 좋은 결과를 얻을 수 있다. 사실 치료의 모든 수준에 있어서 분석적 해석은 단순히 관계를 이해하는 매개체 역할을 할 뿐이다. 『영국 의학적 심리학회보British Journal of Medical Psychology』에서 남아프리카의 이본 블레이크Yvonne Blake는 자신이 어떻게 범죄적 사이코패스를 치료했는지, 그녀가 진정으로 그를 이해하고 있고 그의 편이라는 것이 확인되었을 때 어떻게 그의 공격성이 해체되었는지, 그리고 어떻게 하여 그가 미칠 것 같은 극심한 두려운 시기를 통과하여 심한 의존상태의 시기로 접어들었고 그 이후에는 자기 자신의 인격체로 성장하여 사회의 건설적인 구성원으로 치료를 마감하게 되었는지에 대해 기술하고 있다.

하지만 더 심각한 장애를 가진 환자가 보이는 이러한 극단적인 의존성의 문제는 결코 간단히 다룰 수 있는 문제가 아니다. 환자가 더 분열성적일수록 그가 기본적으로 느끼는 의존성의 정도는 더 크며, 환자 스스로가 그것을 인정하고 받아들이기가 더욱 어렵고, 자신의 가장 취약하고 고립되어 있는 잠재된 참자아를 치료자에게 의탁하는 것이 더욱 어려워진다. 때때로 그는 필요 이상으로 훨씬 더 실제의 관계를 두려워하고 겁낸다. 환자와 관계하는 유일한 방법이란 그와 관계하지 않는 것, 고요하게 아무 말도 하지 않고 있는 것일 때가 있다고 내가 말했던 그 상황이 바로 이런 종류의 저항과 마주치는 순간이다. 만일 환자의 관심이 결핍되어 있다는 것 때문에 치료자가 결국에 불안정해지기 시작한다면, 그가 방해받거나 강요받거나 정신적으로 침범당하고 싶지 않다는 욕구, 혹은 무엇인가를 받아들이도록 타인에 의해 강요당하지 않고 싶다는 욕구를 존중해 주기 위해 치료자가 그렇게 반응한다는 것을 이해하는 것이 가장 좋다. 이를테면 환자가 자신의 뜻에 반하여 도움을 받는다는 것을 두려워하고 있다는 사실을 치료자가 정말로 이해하고 있고 존중해 주고 있다는 것을 점차 분명하게 알게 되면, 이것이 모든 진정한 관계의 가장 중요한 구성요소, 즉 믿을 만하다고 생각되는 타인을 신뢰할 수 있는 능력이 될 수 있다. 그러나 그렇게 되고 나서도 환자는 자신의 욕구가 치료자를 지치게 만들지 모른다는 두려움을 가질 수도 있다. 분석가들이 항상 치료적 열정을 위험한 것으로 인식하는 것은 바로 이런 이유에서이다. 그런 열정은 환자에 대한 진정한 관심이 아니라 치료에 성공을 거둠으로써 지지받고 싶다는 욕구에서 나오는 것이다.

기본적으로 약해진 자아를 가진 환자를 치료하는 데 있어서 가장 어려운 문제 중의 하나는, 일단 그가 치료자를 수용했다면 정신신경증 환자들보다 자신의 치료자에게 훨씬 더 의존적인 상태가 될 뿐만 아니라 자신을 둘러싼 세상에 훨씬 더 많이 휘둘리고 취약한 상태가 된다는 것이다. 이는 그의 가장 가까운 가정생활과 그의 직업활동에서 가장 누드러질 뿐 아니라, 가끔은 그것이 확장되어 국제정세에 의해서까지도 보통 사람들보다 더 불안정해진다. 오늘날 대부분의 정상적인 사람은 국제적인 사건들과 관련해서 느낄 수 있는 불안이 어느 정도일 때 현실적인 것인지 알고 있다. 또한 베트남, 이스라엘과 아랍의 전쟁, 혹은 러시아와 체코슬로바키아의 상황에 대해 아무것도 느끼지 못한다면 그것은 성숙하다고 볼 수 없을 것이다. 항상 그런 것은 아니지만, 나는 정신신경증 환자들이 자신들에게 중요한 사람들과 일상적인 관계 속에서 느끼는 즉각적인 문제들에 너무나 집착하고 있기 때문에 국제적인 사건들을 고려할 만한 정신적 에너지가 남아 있지 않다는 것을 알았다. 반면에, 기본적으로 허약한 자아를 가진 환자들은 외부세계 전체에 대해 공포감을 갖고 있고, 마치 모든 국제적 위기 상황이 핵전쟁으로 치닫게 될 것처럼 비정상적으로 불안해한다. 한 환자는 모든 국제적 문제가 발생할 가능성이 있을 때마다 미리 공황상태에 빠지지 않게 되었을 때 치료가 눈에 띄게 향상되었다.

그러나 훨씬 더 심각한 문제는 그런 환자들이 실생활에서 책임지고 해야 할 일들에 대해 받는 압력에 만성적으로 취약하다는 것인데, 그들은 그런 일들을 스스로 감당할 수 없다고 느낀다. 더구나 그들은 함께 살고 있는 사람들과의 관계에서 받는 강한 긴장 때문에 주저앉고 마는 일이 너무나 자주 벌어진다. 함께 살고 있는 가족은 그들의 장애를 이해하지 못하고 있고, 그 장애가 가족에게 부과하는 부담을 견딜 수가 없다. 그런 사례가 하나 있었는데, 심하게 앓고 있는 아내는 남편의 혈전증을 일으키는 원인이었고, 자신의 아이를 적절하게 돌볼 수가 없었기 때문에 적의에 찬 요구를 함으로써 적대적인 관계를 유발한 측면이 분명히 있었다. 이런 가정은 마치 위기 때마다 표류하는 것과 같으며, 증상이 실제로 개선되고 이것이 지속될 수 있다고 생각하자마자 가족 내에서 어떤 불화가 폭발하여 환자가 이제 막 회복되려는 기회를 다시 전적으로 훼손시키고 만다. 몇몇 사례를 보면, 환자가 집에서 치료받기에는 너무나 증상이 심하여 입원을 해야만 한다. 다행스럽게도, 나는 당분간은 병원에 입원해 있어야만 하는 드문 환자들에게 심리치료를 시행할 수 있도록 해 준 병원장과 함께 일할 수 있었다. 이런 상황에서는 일이 잘 진행된다. 또 다른 경우, 나는 오랜 치료 끝에 좋은 결과를 얻었을 때 환자가 치료자인 나뿐만 아니라 함께 살고 있는 가족에게도 감사의 마음을 갖는다는 것을 항상 느껴 왔다. 안정적이고 지지적인 가족 기반이 없다면 어떤 환자들은 어떻게 해도 치료에 성공할 수 없다고 생각한다. 심리치료가 충동들 간의 갈등을 다루는 것을 넘어서서 더 깊이 들어가 그 충동들의 소재지인 자아 혹은 자기의 기본 조건들을 다루고자 한다면, 가장 우선적으로 고려해야 할 요인은 실제의 자기, 하나의 전체로서의 인격은 그 환자가 기본적으로 안전감을 제공하는 인격적 관계 속으로, 처음에는 치료자와의 관계 속으로, 그리고 치료자의 도움을 받아 가족의 다른 구성원들 간의 관계 속으로 들어올 수 있을 때에만 성장할 수 있다는 것이다. 가장 깊은 수준에서 심리치료는 대체치료replacement therapy로서, 삶이 시작되는 시점에 어머니가 제공해 줄 수 없었던 것을 치료자가 대신하여 환자에게 제공해 주는 것이다. 이때 가장 큰 문제는 그 환자가 이전에 한 번도 그런 안전감을 제공해 주는 관계를 가져 본 적이 없기 때문에 그런 관계에 대한 깊은 느낌을 가지고 있지 못하며, 그런 관계를 진정으로 믿지도 못한다는 것이다. 그때 심리치료의 문제는 페어베언이 언급한 대로 어떻게 우리가 하나의 폐쇄체계인 환자의 내적 세계로 들어가서 두려움 없이 인격 성장이 시작될 수 있는 자연스러운 과정을 발동시킬 수 있는가 하는 것이 될 것이다. 이는 당연히 우리를 기죽게 만드는 문제이며 해결하기 어려운 것처럼 보인다. 나는 어떤 그럴싸한 답변을 하지는 않을 것이다. 나는 다만 어떤 사례들은 실패했지만, 그 바닥으로부터 인성의 재성장이라는 이 치료적 과정이 정말 일어날 수 있다는 것을 분명히 보여 주면서 나를 떠났을 정도로 분명하게 성공한 또 다른 사례도 있었다는 것, 그것이 모든 환자는 아니지만 분명히 어떤 환자에게는 가능했다는 것만을 말할 수 있을 뿐이다. 이러한 치료적 성공을 위한 한 가지 매우 중요한 요인은 그 외의 다른 어떤 것으로는 만족할 수 없다는 환자 자신의 결심이다.

이 시점에서 그런 사례에 대한 한 가지 예를 드는 것이 적절할 것이다. 내가 이 사례를 제시하는 것은 그것이 모든 환자에게 설정 가능한 실제적인 목표가 될 수 있다고 생각하기 때문은 분명히 아니다. 이것은 많은 환자를 보고 있는 과중한 압박을 받고 있는 정신과 의사들에게 말할 것도 없다. 대부분의 분석가는 극소수의 환자만을 견디어 낼 수 있을 것이다. 결국에는 그러한 치료적 성공이 가능하다는 사실이 인간성격의 본질과 심리치료의 진정하고도 궁극적인 목표에 대해서 가장 중요한 시사점을 던져 주기 때문에, 나는 그러한 사례를 제시하려는 것이다. 그 환자는 30대 후반에 치료를 받기 위해 찾아온 독신의 여성으로, 사회적으로 무척 고립되어 있었다. 항상 직업과 거주지가 바뀌었으며, 여러 가지 약간은 엉뚱한 것들에 대한 비합리적인 증오심에 강박적으로 사로잡혀 있었고, 상당히 격렬한 자기비하의 태도를 보였다. 그녀는 사소한 문제로 곧잘 분노를 터뜨리곤 하였는데, 그럴 때면 항상 자기 몸에 주먹질을 해대는 방식으로 그 분노를 자신에게 돌리면서 자신을 경멸하였다. 그녀의 어머니는 피상적이며 완전히 자기중심적인 여자로서, 어떤 아이도 원치 않았고 유일한 아이인 그녀를 미워했으며 그 아이가 조금이라도 자신을 화나게 하면 때리곤 하였다. 그 아기는 어머니와 동일시했고, 엄마가 했던 것과 똑같은 방식으로 수년간 자신을 다루어 왔다. 그녀는 어머니에게 박해당하는 악몽을 빈번하게 꾸었는데, 그것은 직접적인 형태이거나 아니면 그녀가 어디로 도망가건 그녀를 쫓아다니며 그녀를 쪼아대는 독수리에 관한 꿈처럼 상징적인 형태였다. 그녀의 사례에 담긴 많은 세부사항은 고전적 정신분석의 용어로 설명할 수 있을 것이다. 예를 들어, 그녀가 아버지와 결혼했고 침대로 가려고 할 때 그녀의 어머니가 격분하여 방으로 달려 들어와 그녀를 밖으로 끌어냈던 꿈과 같은 것이 그렇다. 하지만 그런 자료에 대한 정통적인 분석은 별로 중요하지 않다. 그녀의 기본적인 문제가 나타나는 방식, 그녀가 감히 인정할 수 없다고 느끼는 엄청난 두려움과 자신이 약한 사람이라는 깊은 느낌을 명료화하는 것을 제외하면 말이다. 그녀는 침대와 잠자는 것을 증오했는데, 이를테면 그녀는 "당신이 잠이 들게 되면 당신은 아무런 가치도 없는 사람이 될 뿐입니다."라고 하였나.

그녀는 극도로 긴장된 삶을 살고 있었고, 신체적으로는 강해 보였다. 수년간의 분석치료를 받고 나서, 그녀는 자신이 나에게 실제로 의존하고 있다는 것을 깨닫고는 그것을 수용하기 시작했으며, 점점 무기력해져서 하루 일과가 끝나면 지쳐서 앓았다. 공황상태가 되면 그녀는 다시 저항하고 공격적인 태도를 보였고, 힘겹게 투쟁하였으며, 그녀의 신체적인 에너지와 강인함을 다시 회복하였다. 10년 이상의 분석과정을 거치면서 그녀는 느리게 변화를 보여 왔고, 만일 이 치료가 실패한다면 자신에게는 아무런 희망이 없다고 말하면서 포기하지 않았다. 점차 그녀는 자신이 나에게 의존하고 있다는 것을 다시 받아들였고, 그녀의 자기self 안에서 자신이 전혀 존재감을 가질 수 없다는 것을 얼마나 깊이 느끼고 있는지 알아차릴 수 있었다. 자신을 박해하는 어머니와 방어적으로 동일시하고 있는 상태는 서서히 약화되었고, 그녀는 박해받는 아기가 되었고, 이전처럼 신체적 건강이 심하게 악화되었다. 그녀의 꿈속 세계에서 어머니와 함께 삶을 영위하는 방식은 상황이 변하고 있다는 조짐을 보여 주었다. 약 15년간의 분석 후, 한 치료회기에서 그녀는 오랫동안 침묵에 빠져 있더니 고개를 들고는 "이제는 안전해요. 그녀는 갔어요. 지금이 전환점입니다. 저는 더 좋아지고 있어요."라고 말했다. 이것이 2년 전의 일이었고, 회복과정은 복잡했다. 우리는 우리가 진행해 온 과정을 이해할 필요가 있다. 가장 나빴던 기간에 그녀는 "나는 여자가 아니에요. 나는 남자예요, 남자."라며 비명을 지르곤 하였다. 자신이 남자라고 하는 것은 자신이 어머니를 지배할 만큼 충분히 강한 존재임을 의미하고, 자신이 여자라고 하는 것은 자신이 약한 존재이며 어린 시절 내내 공포에 질려 있었던 작은 소녀임을 의미하는 것이었다. 그녀의 정신구조 내에서 어머니는 사라졌으므로 그녀는 자신의 여성성을 매우 행복하게 받아들였지만, 육체적으로는 허약한 상태가 지속되었고 사실 몸은 자칫 병들기 쉬운 상태였다. 그녀는 자신이 여자로서 행복한 상태를 유지하는 한 자신의 신체는 허약할 수밖에 없다고 자동적으로 가정하고 있다는 것을 깨달았다. 그 이후로 점차 이런 신념이 그녀를 지배하지 못하게 되었고, 그녀의 건강과 활력이 개선되었다. 함께 사는 친구는 "이제는 너와 함께 사는 것이 즐거워. 넌 완전히 변했어."라고 말했다. 그 변화가 매우 공고해졌기 때문에 그녀는 치료를 끝냈으며, 그야말로 정상적이고 자족할 수 있고 친절한 사람이 되었고 직장에서는 승진도 하였다. 물론 이런 경우에 "그것이 아무리 극적인 것이라 하더라도 사례 보고는 아무것도 증명하는 것이 없다."라고 비판한다고 해도, 그런 비판은 나에게 전혀 설득력이 없다. 우리는 지금 여기서 현실의 다른 질서를 다루고 있는 것이며, 그것은 전통적인 과학적 방법에 의해 다루어질 수는 없는 것이다. 반론의 여지가 없는 한 가지 사실은, 이 여성의 병이 그녀의 무의식적 정신구조에 영향력을 행사하는 박해하는 어머니에게 항상 초점이 맞춰져 있었으며(어머니는 수년 전에 사망하였다) 이 영향력이 약화되면서부터 그녀의 병이 사라졌다는 것이다. 그처럼 영향력이 약화된 것과 관련되어 있는 유일한 요인은 ① 우리가 그 영향력이 그녀의 삶에 미치는 다면적인 효과들을 의식적인 수준에서 니 더 깊은 곳에서 꿈꾸는 자기의 정서적 세게 속에서 지속허으로 탐색했으며, ② 내가 그녀를 일관성 있게 이해해 주고 그녀의 친구가 지속적으로 보여 준 시시적인 정서적 태도에 의해 그녀가 어머니를 대체함으로써 그녀가 경험한 기본적인 안정감을 새롭게 얻을 수 있었던 것이었다. 하나의 인격으로서 우리가 누구이며 누가 될 수 있는가 하는 것이 우리에게 가장 중요한 인격적 관계의 질과 전적으로 함께 묶여 있다는 사실은 너무나도 분명하므로 증거를 필요로 하지 않는다. 단지 증상 제거만을 추구하지 않고 더 많은 내적인 자기확신, 안정감, 성숙, 두려움으로부터의 자유뿐 아니라 자신이 가진 재능이 무엇이건 그것을 창조적으로 사용할 수 있는 능력으로 자연스럽고 자발적인 방식으로 삶을 즐길 수 있는 자유를 얻는 방향으로 인격의 질적인 변화를 추구한다면, 단 하나의 진정한 치료적 요인은 정확한 이해를 바탕으로 보살필 수 있는 좋은 인격적 관계인 것이다. 페어베언의 대상관계 이론을 치료에 적용할 때, 치료과정에 대한 어떤 공식적인 선언서와 같은 의미에서의 치료지침은 없다고 나는 알고 있었다. 페어베언 자신은 정신분석에 있어서의 대상관계적 기법이라 부를 만한 어떠한 공식적인 지침을 실행하려고 했던 적도 없고 또 그렇게 하려고 하지도 않았다. 그런 것은 있을 수도 없고 있어서도 안 된다는 것이 내 생각이다. 나는 그 출발점부터 대상관계적 사고가 프로이트가 마주쳤던 정신적 장애—특히 신체적 원인에 의해 파생된 것이 아닌, 인격으로서의 인간의 정서적 발달이 밟아 온 정상적인 과정에 심각한 장애가 생긴 정신적 장애—에 대한 그의 혁명적인 접근이 담고 있는 진정한 정신의 최전선에서 항상 점진적으로 출현해 온 것이라고 생각한다.

따라서 심리치료란 나쁜 관계에 의해 초래된 나쁜 영향을 좋은 관계를 사용하여 해체시키는 것이라는 의미에서, 그저 인격적 관계가 지닌 근본적인 중요성을 적용하는 것뿐이라는 결론이 자동적으로 뒤따라 나온다.

이러한 종류의 심리치료가 지닌 특수하게 정신분석적인 측면은 정말로 충분히 진행된 좋은 치료적 관계에 내재된 하나의 구성요소이다. 그것은 환자를 이해하는 능력과 환자가 수용할 수 있는 방식으로 그러한 이해를 전달할 수 있는 능력 모두를 포함한다. 이해받고 있다는 경험은 자기 자신을 한 번도 이해해 본 적이 없고 아무도 그들을 이해해 준 적이 없다고 느끼는 기본적으로 외로운 사람들에게 새롭게 활력을 주는 엄청난 요인이다. 갑자기 그들은 인생에서 자신들이 더 이상 혼자가 아니라는 것을 알게 된다. 여기서 임상경험을 통해 지속적으로 검증된 하나의 정신역동 이론을 구축해야 할 필요성이 제기된다. 모든 환자가 각자 그의 개성에 있어서 궁극적으로 독특한 존재라면, 우리가 지니고 있는 인간으로서의 기본적인 기질적 유산을 모든 환자가 공유하고 있다는 것도 사실이기 때문이다. 모든 인간은 공통적으로 근본적인 것들을 지니고 있다. 비록 각각의 환자 모두 개별적으로는 미묘한 차이가 있지만, 우리는 환자들을 거쳐 가면서 같은 종류의 갈등, 정서적 장애, 방어적인 증상 표현 양상들과 마주친다. 우리는 이러한 경험들로부터 얻은 지식을 모으고 걸러 내어, 인간발달의 공통적인 단계가 무엇이고 그것이 어떻게 방해받고 왜곡되는지에 관하여 항구적으로 정확하고 확장된 정보체계를 얻게 될 것이다. 하지만 우리는 기금 이 순간 환자에게서 무슨 일이 일어나고 있는지에 대해 직관적으로 이해한 바를 따를 때에만 이러한 지식을 개별적인 환자에게도 적용할 수 있을 것이다. 나는 정신분석은 인간이 그로부터 파생되는 고통을 겪을 수 있는 가장 깊고도 가장 두려운 감정을 자아내는 문제, 즉 전적인 분열성적 고립이라는 비밀스러운 핵을 드러내었다고 믿고 있다. 최근에 어떤 사람이 "인생에는 아무런 의미가 없고, 삶을 지속해 나갈 아무런 필요가 없다고 느낄 때가 있습니다."와 같은 녹음된 메시지를 남기고 자살했다. 우리가 알고 있는 것보다 훨씬 더 많은 사람이, 비록 모두가 동일한 정도는 아니겠지만 내면에 이런 느낌을 깊이 간직하고 있다. 우리는 이 문제 앞에서 잠시 멈추어 설 필요가 있는데, 이 문제는 어떤 정신의학적 혹은 행동치료적 기법이나 고전적 오이디푸스적 분석으로도 해결할 수 없다. 누구든 경험할 수 있는 이 궁극적인 고립감과 그에 따르는 인생의 무의미를 치유할 수 있는 유일한 방법은, 누군가가 그로 하여금 인생에 어떤 의미를 줄 수 있는 관계 속으로 되돌아갈 수 있도록 해 주어야 한다는 것이다. 우리는 환자가 발가벗겨진 인생을 견딜 수 있다고 확신할 수 있을까? 또는 그런 인생이 그를 닥치는 대로 파괴하지 않도록 그를 홀로 내버려 둘 수 있을까? 환자는 그것을 견딜 수 있고 삶에 대한 새로운 신뢰와 새로운 의미가 다시 소생할 수 있기까지 우리가 자신을 지지해 줄 수 있다고 확신할 수 있을까? 이런 질문들에 대해서 항상 누구도 답을 말할 수 없다. 그러나 환자가 치료자와 함께 문제를 끝까지 해결해 나아갈 준비가 되어 있다면, 내 경험상 그때는 비극적인 실패의 위험이 있음에도

불구하고 상당수의 사례에서 심오한 보상을 주는 성공을 성취할
수 있다. 나는 환자들로 압박을 받는 개업한 분석가가 어떻게 이것
을 통계적으로 타당성이 있다고 검증할 수 있는지는 모르겠다. 하
지만 환자는 말 그대로 자신이 언제 '다시 태어났는지' 알고 있다.

⊕ 원주

1. Max Hammerton, *The Listener* (August 29, 1968).
2. Yvonne Blake, "Psychotherapy with the More Disturbed Patient," *British Journal of Medical Psychology 41*, no. 2 (1968): 199.

찾아보기

Fromm, E. 49

G

Glover, E. 79, 101

Groddeck, G. 156

H

Hammerton, M. 26, 278

Hartmann, H. 49, 50, 60, 61, 62, 79, 80, 93, 98, 100, 102, 174

Helmholtz, H. 156

Hinsie, L. 265

Horney, K. 49

Huxley, T. H. 52

J

Jacobson, E. 206

James, M. 25

Jones, E. 36, 59, 69, 77, 88, 213, 222

Jung, C. G. 43, 89

K

Kardiner, A. 265

King, P. 240

Klein, M. 49, 55, 60, 89, 99, 122, 123, 273

M

Mead, M. 198

P

Penfield, W. G. 41

Phillips, R. 38

R

Rangell, L. 36

Rank, O. 60, 88

Rapaport, D. 155

Rieff, P. 265

Riviere, J. 53, 128

S

Salzman, L. 52, 53

Schrödinger, E. 40

Segal, H. 91, 98, 100, 101, 104, 119, 163

Skinner, J. 38

찾아보기

저자 소개

해리 건트립 Harry Guntrip(1901~1975)

대상관계 이론의 발전에 중요한 역할을 한 영국의 정신분석가로, 개신교 회중과 목사이면서 20대부터 페어베언과 위니컷에게서 분석을 받았다. 고전적 프로이트 이론에 내재된 생물학적 관점을 비판하고 인간관계 속에서 성장하는 하나의 인격으로서의 자아를 중심으로 한 대상관계 이론을 형성하였다. 영국 심리학회 회원이며, 리즈 대학교 정신의학과에서 심리치료자이자 강연자로서 활동하였다.

〈주요 저서〉

Schizoid Phenomena, Object-Relations and the Self (1992)

Personality Structure and Human Interaction (1995)

역자 소개

정승아 Seung-Ah, Jung
연세대학교 대학원 심리학 박사, 임상심리전문가
한양대학병원 신경정신과 연구교수
현 조선대학교 상담심리학과 부교수

〈저서〉
강박장애(학지사, 2018)
정신병리학 특강(공저, 집문당, 2017)
임상심리검사의 이해(2판, 공저, 학지사, 2014)
콤플렉스는 나의 힘(좋은책만들기, 2012)
다름의 아름다움(공저, 고즈윈, 2008)

짧게 쓴 정신분석의 역사
인격-자아를 향한 여정과 분열성의 문제에 대한 탐험
Psychoanalytic Theory, Therapy, and the Self
– A basic guide to the human personality in Freud, Erikson, Klein,
Sullivan, Fairbairn, Hartmann, Jacobson, & Winnicott

2020년 2월 20일 1판 1쇄 인쇄
2020년 2월 25일 1판 1쇄 발행

지은이 • Harry Guntrip
옮긴이 • 정승아
펴낸이 • 김진환
펴낸곳 • (주) **학지사**

04031 서울특별시 마포구 양화로 15길 20 마인드월드빌딩
대표전화 • 02)330-5114   팩스 • 02)324-2345
등록번호 • 제313-2006-000265호

홈페이지 • http://www.hakjisa.co.kr
페이스북 • https://www.facebook.com/hakjisa

ISBN 978-89-997-2043-7 93180

정가 15,000원

이 도서의 국립중앙도서관 출판시도서목록(CIP)은 서지정보유통지
원시스템 홈페이지(http://seoji.nl.go.kr)와 국가자료공동목록시스템
(http://www.nl.go.kr/kolisnet)에서 이용하실 수 있습니다.
(CIP 제어번호: CIP2020005745)

출판 · 교육 · 미디어기업 **학지사**

간호보건의학출판 **학지사메디컬** www.hakjisamd.co.kr
심리검사연구소 **인싸이트** www.inpsyt.co.kr
학술논문서비스 **뉴논문** www.newnonmun.com
원격교육연수원 **카운피아** www.counpia.com